이해와 번역

번역학총서 · 13

이해와 번역

Paul Kußmaul | 고려대학교 독일어권문화연구소 옮김

Verstehen und Übersetzen

고려대학교출판부
KOREA UNIVERSITY PRESS

Verstehen und Übersetzen: Ein Lehr- und Arbeitsbuch
by Paul Kußmaul

옮긴이 서문

성경을 그리스어에서 라틴어로 번역했던 히에로니무스(347-420)의 "번역에 잘못은 있을지언정 절대 범죄는 없다"는 강변强辯이나, 핀란드 시골 출신의 사제로서 핀란드어로 성경을 번역했던 아그리콜라(1510-1557)가 자신의 번역을 비판했던 사람들을 향해 "그러면 당신들이 직접 번역을 해보시오. 그게 그렇게 쉬운 일인지"라고 한 호소는 시대를 초월하여 번역이라는 작업이 얼마나 어렵고 지난한 일인지를 역설적으로 보여 준다. 칼을 맞아가면서도 수많은 성직자들은 자신들의 민족어로 성경을 번역하였으며, 그 정점에는 마르틴 루터의 독일어 성경 번역이 위치한다. 루터가 성경을 독일어로 번역하면서 저잣거리 아낙네들의 말투에도 귀를 기울였던 것은 무지몽매의 어둠 속을 헤매던 민중에 대한 사랑이 가슴속에서 솟구쳤기 때문이다. 루터의 문하에서 잠시 공부를 했던 아그리콜라의 생각 역시 이와 다르지 않다.

농부가 사랑으로 작물을 가꾸듯, 번역을 하는 사람은 독자의 가슴에 한 뿌리 정신의 작물을 심기를 원한다. 그리고 그것이 잘 자라기를 원한다. 이

책《이해와 번역》 역시 세상에 태어나면서 이와 같은 소망을 품는다. 이 책은 독일의 대학에서 번역에 관심 있는 학생들을 대상으로 하여 교재로 사용되고 있으며 번역에 대한 흩어진 생각이나 여러 가지 실제를 일목요연하게 정리하여 보여 주어 실전의 많은 예를 통해 번역이란 무엇이며, 어떻게 해야 하는지 섬세하게 가르쳐 준다. 번역에 임할 때 "이해"와 "번역"이 어떤 관계에 있는지, 어떤 과정을 거쳐 번역이 이루어지는지 분명하게 알려 준다.

번역의 기본기를 담은 이 책은 우리 연구소 연구원들의 번역 작업의 결실이다. 번역에 뜻을 같이 했던 마음들이 한 권의 책으로 결집되어 이렇게 세상에 선을 보이게 된 것을 기쁘게 생각한다. 작업에 참여했던 여러 선생님들(김인순, 박성철, 육현승, 정명순, 이은희, 이경미, 이정린, 장영익, 송민정, 안철택, 이군호, 김용현, 문광훈, 권영경, 이선묵)(책의 구성 순), 특히 마지막 순간까지 문장을 다듬느라 정성을 쏟아 준 김인순 박사에게 특별한 감사를 전한다. 그리고 고려대학교출판부 여러분에게도 고마움을 표한다.

2011년 2월

고려대학교 독일어권문화연구소장

김재혁

책머리에

나와 한스 회니히Hans Hönig는 몇 년 전에 군터 나르Gunter Narr 출판사로부터 우리의 공저 《번역의 전략*Strategie der Übersetzung*》을 개정 출판하지 않겠느냐는 제의를 받았다. 그리하여 다시 한 번 우리의 저서를 훑어본 결과, 우리는 현재 있는 그대로 두는 편이 좋겠다는 결론에 이르렀다. 그 책은 번역의 기능에 대한 문제가 서서히 크게 부각되던 시기에 처음 출판되었다. 그런데 오늘날까지 독자들의 관심을 끈다는 것은 그 책이 여전히 흥미롭다는 표시이다.

우리는 이해와 의미론을 주제로 하는 새로운 책을 집필하기로 결정했으며, 정년퇴임 후에 강의 부담에서 벗어나 함께 그 책을 쓸 수 있어서 기뻐했다. 그러나 한스 회니히가 2004년에 세상을 떠났고, 그 계획은 성사되지 못했다. 나는 혼자서라도 그 책을 집필하기로 결심했으며, 한스 회니히가 어깨 너머로 나를 지켜본다고 생각했다. 이 책에서 중요한 문제를 논할 때마다 그의 이름이 빠지지 않고 거론된다.

이 원고가 완성되기까지, 여러 사람들이 많은 도움의 말을 해 주었다. 주자네 하게만Susanne Hagemann은 원고를 처음부터 끝까지 읽어 주었고, 원고에 관한 예리한 논평과 함께 많은 자극을 주었다. 이 자리를 빌려 그녀에게 감사의 말을 전한다. 또한 각 장마다 값진 논평을 해 준 지크리트 쿱슈-로제라이트Sigrid Kupsch-Losereit, 울리히 카우츠Ulrich Kautz 그리고 내 아내 게르트루트 쿠스마울-에베르트Gertrud Kußmaul-Ebbert에게도 고마움을 표한다. 군터 나르 출판사의 위르겐 프로이틀Jürgen Freudl이 나와 함께 이 책을 기획하고, 책이 출판되기까지 끈기 있게 나를 격려하며 지켜보았다. 그에게도 진심으로 감사의 말을 전한다.

2007년 여름, 란다우에서
파울 쿠스마울

차례

3 얼마나 정확하게 번역을 해야 하는가?

4 이해, 자료조사, 텍스트 분석

5 번역 과정의 관찰

6 번역가는 얼마나 창의적일 수 있는가?

7 시각화

8 전문적인 문제 해결을 위한 번역

서론

"낱말들, 낱말들, 낱말들." 무엇을 읽고 있느냐는 폴로니우스의 물음에 햄릿은 이렇게 대답한다(〈햄릿〉, 2막 2장). 무척이나 성의 없는 답변에 폴로니우스는 곧바로 다시 말한다. "제 말은 전하께서 읽고 계시는 내용이 〔…〕 무엇이냐는 뜻입니다." 우리는 물론 고립된 개개의 낱말들을 읽는 것이 아니라 특정한 주제를 다루는 텍스트를 읽고, 이 점에서는 폴로니우스의 말이 맞다. 우리는 누군가에게 뭔가를 듣는 경우에도 마찬가지로 개개의 낱말들이 아니라 뭔가를 의미하는 의사표현을 듣는다. 그러나 여기에서는 일단 햄릿의 말을 곧이곧대로 받아들여 개개 낱말들에 주목하려 한다. "그런데 그 낱말이 무슨 뜻이야?" 우리는 이따금 상대방에게 이렇게 묻지 않는가. 또한 외국어로 쓰여진 글을 읽거나 특히 번역하는 경우에는, "이 낱말이 도대체 무슨 의미일까?" 하고 자주 묻게 된다. 브리타 노르트Britta Nord는 경험적인 연구 결과를 토대로 번역자는 무엇보다도 먼저 개개 낱말들의 의미를 탐색한다는 결론에 이르렀다(Nord 2002: 216). 낱말들의 의미는 실제로 자료조사의 주요 테마를 이루며, 이것은 대학 강단에서 수십 년 동안 축적된 내 경험과도 일치한다. 낱말들의 의미는 대학생들에게 무엇보다도 많은 문제를 야기하고 중대한 오류를 낳게 한다. 따라서 우리는 번역자들이 처한 상황에 주목해 낱말과 그 의미에 관심을 집중하려 한다.

낱말의 의미를 간단히 사전에서 찾는다는 얘기가 귀에 못 박히도록 들려오는데, 그런 경우에 "사전"은 대부분 2개 국어사전을 뜻한다. 자료조사를 하는 과정에서 실제로 사전은 중요한 역할을 한다. 우리는 이 책에서 앞으로 거듭 이 문제에 부딪히게 될 것이며, 특히 4장에서 이 문제를 집중적으로 논하게 될 것이다. 또한 많은 경우에 1개 국어사전이 2개국어사전보다 풍성한 정보를 제공하며, 사전 이외에 다른 자료조사 가능성이 있다는 것도 알게 될 것이다.

그런데도 이 책의 제목은 "낱말의 의미와 번역"이 아니라 "이해와 번역"이다. "의미"라는 개념은 정적인 면을 수반한다. 의미는 이른바 사전에 보존되어 있다는 것이 일반적인 견해고, 흔히들 우리의 기억 속에 "저장되어" 있다고 말한다. 그에 비해서 "이해"의 개념은 동적인 요소를 내포한다. 이해에 이르기 위해서 우리의 머릿속에서는 일련의 과정이 이루어진다. 그런데 인간의 두뇌 속에서 진행되는 과정이 어떤 결과에 이를지는 그 누구도 미리 확실하게 말할 수 없다. 인간은 뭔가를 올바르게 이해할 수도 있고 잘못 이해할 수도 있으며, 또한 무엇을 어떻게 이해할 것인지는 결코 확정되어 있지 않다. 우리는 동일한 의사표현을 두고 사람마다 제각각 다르게 이해하는 것을 일상생활에서 자주 경험할 수 있다. 또한 동일한 텍스트를 번역자마다 다르게 번역하는 것으로 보아 각자 다르게 이해했다고 추측할 수 있다. 대학 강단에서 번역을 가르치는 사람들 역시 하나의 텍스트 구절이 얼마나 다양하게, 심지어는 반대로 이해되고 번역되는지 입을 모아 말할 것이다.

그러므로 이해의 의미론이 이 책의 이론적인 토대를 이룬다. 이해의 의미론은 언어 형식들이 우리의 머릿속에서 불러일으키는 생각들을 다루는데, 언어학에서는 "인지론"이라 불린다. 이것은 비교적 새로운 의미론으로서, 상당히 오래전부터 확고하게 자리 잡고 있는 "구조의미론"을 보완한다. 이 책에서 인지론의 모델들을 빌려 묘사하고 설명한다면, 물론 그것은 구조의미론을 무시한다는 뜻이 아니다. 먼저 1장에서는 두 이론의 핵심 개념들에 대해 설명하려 한다.

이미 "이해"의 테마를 다뤄 본 사람은 '그렇다면 이론적인 토대로서 해석학, 해석의 기술은 어떠한가?'라는 물음을 제기할 수 있다. 실제로 해석학은 이미 오래전에 이해라는 주제를 깊이 파고들었으며, 현재 번역학에서 상당히 중요한 역할을 맡고 있다(Paepcke 1986, Stolze 1992가 대표적인 예이다). 해석학을 추종하는 번역학자들은 바로 이해의 동적인 특성을 강조하는데, 이 방향의 대표자로 손꼽히는 프리츠 파엡케Fritz Paepcke가 이 점을 아주 적절하게 표현했다.

> 이런 견지에서 번역은 텍스트의 모든 가능성을 열어 놓는다. 즉, 텍스트의 내용을 머리에 떠올린다. 일단 번역했다 하더라도 새로운 구상을 떠올리며 온갖 가능성을 시험해 보는 가운데 번역은 성사된다.(Paepcke 1986: XVII, Stolze 1998: 118에서 재인용)

나 자신은 해석학자가 아니다. 그러나 내가 사용하는 모델들은 해석학에서 중요하게 여기는 텍스트의 선이해先理解를 고려한다는 점에서 해석학에 근접한다. 즉, 그 모델들은 독자와 번역가의 기억에 저장되어 있어서 특히 처음에 시험적으로 텍스트를 이해하는 데 커다란 역할을 하는 낱말지식이나 세계 지식을 고려한다.

그러나 내가 추구하는 목적에는 해석학보다 인지론이 더 적합하다. 또한 해석학의 방법들보다는 인지론의 모델들이 객관적으로 묘사하기가 더 쉽다. 나는 해석학보다는 인지론의 모델들을 누구나 성공적으로 응용할 수 있다고 생각한다. 예를 들어 프리츠 파엡케 같은 천재적인 해석학자가 설명하는 글을 읽으면, 종종 절로 감탄의 외침이 우러나온다. "물론 이렇듯 많은 지식과 감각을 가지고 이런 식으로 텍스트를 이해하고 번역할 수 있겠지만, 나처럼 평범한 번역가에 불과한 사람은 어림도 없는 소리야. 나한테는 이런 천재적인 재능이 없어." 그러나 내 책은 이런 천재적이지 않은 해석가들을 위한 것이기도 하다.

이 책의 중심 테마는 바로 이해이다. 이해의 문제를 깊이 파고드는 사람은 낱말들을 주변 낱말들과의 관계, 즉 전후 관계 속에서만 이해할 수 있다는 사실을 안다. 이런 사실은 1장의 첫 사례들에서 즉시 분명하게 드러난다. 2장에서는 낱말들을 에워싼 "그 밖의 주변 환경"을 상세히 논하고, 문화와 상황이 낱말들의 의미와 번역에 미치는 영향을 다룬다.

번역가는 텍스트를 번역하기 전에 먼저 낱말들을 이해해야 한다. 그러나 낱말들을 이해하는 것으로 번역 작업이 끝나는 것은 아니며, 이해한 낱말들을 도착어로 적절하게 표현해 내야 한다. 그리고 그 도착어 표현들은 독자에게 충분히 이해되어야 한다. 즉 독자의 상황과 문화에 맞추어져야 한다. 무엇보다도 먼저 도착어의 독자들을 고려하는 번역학의 방향이 있는데, 이러한 번역학은 각기 다른 독자의 상황과 문화 속에서 번역이 수행하는 기능과 목적을 문제 삼는다. 나도 이런 부류에 속한다. 그러므로 나는 언제나 텍스트의 기능 및 이 기능에 좌우되는 각각의 텍스트 구절이나 낱말들의 기능에 대해 묻는다. 다른 말로 표현하면, 우리가 논하는 구절의 번역이 과연 그 목적을 달성했는지 묻는 것이다. 이를테면 대중을 위한 과학서를 읽는 독자는 특정한 학문적인 내용을 어려움 없이 이해할 수 있어야 하고, 소설의 독자는 등장인물들의 세계에 공감할 수 있어야 하며, 설문 조사의 참여자는 쉽게 설문에 답변할 수 있어야 한다. 기능을 문제 삼는 번역학의 방향 역시 2장에서 소개된다.

그러므로 1장과 2장에서는 번역 문제의 해결을 위한 일반적인 틀을 제시하고, 3장부터는 보다 세세한 번역의 문제들과 방법들에 대해 논의한다. 번역본이 종종 원문보다 더 길다는 것은 익히 알려진 현상이다. 번역가들은 정보를 잃어버리지 않으려고 자주 상세한 설명이나 낱말들을 덧붙인다. 얼마나 정확하게 번역해야 하는가는 중요한 문제로서, 3장에서 중점적으로 다루어진다. 이 문제는 이 책의 기본 원칙에 상응하여 텍스트 기능의 관점에서 답변된다.

이미 앞에서 말했듯이, 우리는 텍스트를 이해하는 과정에서 우리의 기억 속에 저장된 지식을 활용한다. 그러나 이 지식만으로 충분하지 않을 때가 종종 있으며, 그럴 경우 우리는 자료조사를 해야 한다. 4장에서는, 기능적인 관점에서 어떻게 가능한 한 경제적으로 자료조사를 할 수 있는가 하는 문제에 대해 설명하는 동시에, 자료조사 수단으로서 사전, 백과사전 그리고 인터넷에 관해 상세히 논한다.

텍스트를 이해하는 경우에 우리의 머릿속에서 특정한 과정들이 진행된다고 이미 앞에서 말한 바 있다. 번역학자들이 이런 번역의 과정들을 관찰하는 데 많은 관심을 기울이는 것은 충분히 납득할 만한 일이며, 실제로 20여 년 전부터 번역 과정에 대한 연구가 행해지고 있다. 5장에서는 지금까지의 그런 연구 결과에 대해 보고하고 활용 가능성을 추론하려 한다.

"창의성"은 긍정적인 의미를 가진 낱말로서 오늘날 자주 인구에 회자된다. 특히 문학 작품의 경우에, 번역은 흔히 창의적인 활동으로 표현된다. 사람들은 대부분 "창의성"이란 낱말에서, 의도된 것이 아닌 운좋게 떠오르는 행복한 착상을 생각한다. 창의성 연구가들은 무의식적인 듯 보이는 이 과정을 분석하려 시도했다. 비록 창의적인 사고를 훈련시킬 수는 없다 할지라도 묘사할 수는 있다. 6장에서는 창의적인 번역이 낱말들에 의해 일깨워진 정신적인 표상들과 관련 있으며, 어느 정도까지는 창의적인 발상을 유도할 수 있다는 것을 보여 준다.

정신적인 표상들은 종종 시각적으로 머릿속에 떠오른다. 예를 들어 "그녀가 커피를 마신다"는 문장을 귀로 듣거나 눈으로 읽으면, 커피 잔을 앞에 두고 있거나 손에 들고 마시는 여인의 모습이 우리의 정신적인 시야에 떠오른다. 그 여인의 모습이 어떠하고 커피 잔이 얼마나 크고 커피 맛이 어떤지는 물론 개개인이나 문화에 따라 천차만별이다. 특히 말 그대로 번역할 수 없거나 그렇게 하고 싶지 않은 경우에, 시각적인 표상들은 적절한 도착어 표현을 찾아내는 데 많은 도움이 된다. 7장에서는 번역의 한 방법으로서 시각화에 관해 다룬다.

끝으로 8장에서는 이 책의 중요한 결론들을 간추려 요약하는 동시에 각각을 더 광범위한 배경에 관련지으려 한다. 번역가들이 중요하게 여길 한 가지 문제에 대해 여기에서 짚고 넘어가자면, 내가 번역의 사례들을 언급하는 경우에는 어쩔 수 없이 어느 정도 명시적으로 그 품질을 판단하고 평가할 수밖에 없다는 것이다. 마지막 장에서는, 이 상호 밀접하게 연관된 테마들에 대해 이 책에서 논한 내용을 번역학이 그동안 얻어 낸 성과와 관련지어 고찰하려 한다. 이렇듯 번역학 담론과 연결짓는 일은 당연히 개괄적일 수밖에 없는데, 무엇보다도 이 책에서 다루는 몇몇 테마들이 번역학의 핵심 테마에 속하는 사실을 보여 주려 한다. 그 밖에 관행과 성찰, 기술과 전략, 번역의 윤리, 출발 텍스트의 개선, 전문적인 논증 등이 마지막 장에서 다루어진다.

이 책은 우선적으로 번역을 전공하는 대학생들을 위한 것이다. 그렇다고 물론 이 책을 집필하면서 대학 강단에서 가르치는 이들을 염두에 두지 않았다는 뜻은 아니다. 번역의 사례들을 선별하는 과정에서 대학생들을 고려한 것은 확실하다. 소수의 예외를 제외하고는 전문 분야 텍스트에서 발췌해 온 사례는 별로 없다. 이제 갓 대학에서 공부를 시작한 학생들에게 전문적인 텍스트는 그다지 커다란 비중을 차지하지 않을 것이기 때문이다. 사례들은 주로 대중 과학서의 텍스트, 실용서, 문학 산문, 특히 사회학적인 설문조사에서 유래한다. 언어의 방향은 영어-독일어이지만, 이 책에서 소개하는 기술과 전략들은 다른 언어들에도 응용할 수 있다.

사회학적인 설문조사들은 아주 특수한 텍스트 종류가 아닐까? 그것들이야말로 사실은 전문적인 텍스트가 아닐까? 아마 이런 물음을 제기하는 사람들이 있을 것이다. 몇 년 전부터 나 자신이 사회학적인 설문조사를 번역한다는 사실은 차치하고라도, 나는 그런 텍스트들이 이 책의 목적에 아주 적합하다고 생각한다. 그런 글들에서는 음식, 건강과 질병, 일과 여가, 국가와 사회, 자녀와 가족 같은 지극히 보편적인 주제들을 문제 삼는다. 우리 모두가 이런 문제들에 대해 어느 정도 알고 있는 터라 특별히 전문적인 지식이 요구되지 않는다.

또한 교수법상의 이유에서도 이런 텍스트들은 아주 적절한 것으로 보인다. 그런데 그런 주제들을 내용으로 하는 텍스트를 번역하기는 별로 어렵지 않을 것이라고 쉽게 생각할 수 있다. 실제로 그런 글들은 언뜻 용이하게 번역할 수 있는 듯 보인다. 그러나 다시 한 번 자세히 살펴보면, (예를 들어 문화적인 적응의 이유에서) 적지 않은 어려움이 드러나는 경우가 종종 있다. 바로 이런 점에서 사회학적인 설문조사는 흥미로운 텍스트이다. 문제를 인식하는 법을 배우는 것이 이 책의 또 다른 중요한 테마이기 때문이다. 문제들을 예리하게 간파하는 것이야말로 문제 해결의 전제조건이다.

게다가 설문조사 텍스트의 문항들을 상세히 살펴봄으로써, 제대로 된 번역이 얼마나 중요한지를 명확하게 보여 줄 수 있다. 그것은 예를 들어 소설의 번역과는 사뭇 다르다. 소설을 조악하게 번역하는 경우에는, 작가에게 별로 도움도 되지 못하고 책의 판매에 불리할지는 모르지만 즉각 심각한 영향을 미치지는 않는다. 소설은 독자와의 관계에서 독백 형식의 텍스트인 반면에, 설문조사는 설문 참여자와의 관계에서 대화 형식을 취하는 텍스트이다. 설문조사에서는 물음과 답변의 의사소통이 이루어진다. 질문을 제대로 이해하지 못하는 경우에는 설문조사에 당장 영향을 미친다. 질문하는 내용을 재빨리 쉽게 이해하지 못하면, 설문 참여자의 답변은 설문조사를 작성한 사람의 기대에 부응하지 못한다.

이 책의 주요 관심사는 낱말의 의미를 이해하는 것이다. 물론 번역과 관련해 또 다른 유형의 문제들도 있다. 언어학은 언어를 설명하는 과정에서 전통적으로 음운론, (형태소)통사론, 의미론, 화용론의 네 분야를 구분한다. 여기에서 다른 분야들의 문제에 효율적으로 접근하도록 도와주는 문헌들을 간단히 소개하려 한다. 《번역 길라잡이*Handbuch Translation*》(Snell-Hornby et al. Hrsg. 1998)는 언어학의 네 분야를 각기 따로 나누어 심도 있게 다룬다.

번역의 관점에서 이 분야들을 (이 책의 주제인 의미론을 제외하고) 간단히 고찰하려는 경우에는 이 길라잡이를 참조하면 좋을 것이다. 나는 잠깐 언급하고 지나가는 그 밖의 분야들, 예를 들어 텍스트의 유형이나 종류를 연구하는 텍스트 언어학, 비교언어학에 대한 문제 역시 《번역 길라잡이》를 참고로 할 수 있다.

언어학의 한 분야로서 음운론은 특히 통역사들에게는 흥미롭겠지만 번역가들에게는 아닐 것이다(이에 대해서는 《번역 길라잡이》에 실린 디터 후버Dieter Huber의 〈음운론〉을 참조하라).

통사론의 문제에 관해서는, 카린 쾨니히스Karin Königs의 《영어-독일어 번역*Übersetzen Englisch-Deutsch*》(2000)이 신빙성 있는 다양한 사례를 빌려 부정형不定形과 배어법, 시제, 화법의 분야에서 독일어와 영어의 차이점을 아주 세심하게 설명한다. 프랑스어-독일어 방향의 번역가들을 위해서는, 케테 헨셸만Käthe Henschelmann이 《문제를 의식한 번역—프랑스어와 독일어*Problembewussts Übersetzen. Französisch-Deutsch*》(1999)에서 일련의 문법적이고 통사론적인 문제들에 대해 상세히 논한다.

기능적인 면에서 번역의 중요한 양상들에 대해 고찰하려면, 오스트리아의 번역학자 미라 카트리크Mira Kadric와 클라우스 카인들Klaus Kaindl, 미셸 카이저-쿠크Michèle Kaiser-Cooke의 공저 《번역 방법론*Translatorische Methodik*》(2005)이 전반적으로 적절한 입문서인데, 언어와 언어를 사용하는 특수한 상황의 관계에 비중을 두어 화용론을 특히 중요하게 다룬다. 그러므로 이 책의 2장에서 논의하는 테마, 즉 "낱말들의 주변 환경"에 대해 보다 상세히 알고 싶은 사람은 이 입문서를 참고하면 좋을 것이다.

1 낱말에 대한 고찰

1.1 겉모양만의 일치

친척들은 외모 면에서 닮은 경우가 많다. 그래서 흔히 성격 면에서도 비슷한 점이 있을 거라고 추측하기 쉽다. 유사한 언어들의 경우도 마찬가지다. 예를 들어 여러 유럽 언어들의 낱말들이 서로 비슷하거나 똑같으면 그 낱말들의 의미도 똑같을 것이라고 많은 사람들이 생각한다. 그렇게 생각하는 것은 아래 보기에서 볼 수 있듯이 무지의 소치일 뿐만 아니라 위험하기까지 하다.

Zum Öffnen der Türen
BANK ANHEBEN
* *
You are kindly request
to lift the bank
for opening the doors

문을 열려면
벤치를 들어 올리시오
* *
문을 열려면
은행을 들어 올려 주시기를
부탁드립니다

그림 1

여기에서 번역자는 영어 낱말 '*bank*'가 독일어 낱말 "Bank"와 일치한다고 생각한 것이 분명하다. 실제로 독일어 낱말 형태 "Bank"에는 "금융 업무와 대출 업무를 보고 지불거래를 중개해 주는 기업"(《두덴 독일어 대사전》)이라는 의미가 있다. 그리고 여기에 상응하는 영어 낱말은 실제로 '*bank*'일 것이다. 그러나 위의 텍스트에서 'Bank'의 의도된 의미는 당연히 "여러 사람이 나란히 앉을 수 있도록 나무나 돌 같은 재료로 만든 앉을자리"(《두덴 독일어 대사전》)이다. 이것에 해당하는 영어 낱말은 '*bench*'이다. 위의 번역에는 그 밖의 또 다른 취약점이 있으나 그 문제는 여기에서 그냥 넘어가기로 한다.

나는 이 번역의 언어적 분석에 그치려 하지 않는다. 어떤 번역이든 가장 중요한 문제는 번역이 과연 그 목적을 달성하고 있는가, 또는 서론에서 말한 바와 같이 그 기능을 완수하고 있는가 하는 점이다. 달리 말해, 이 경우에는 이 글을 읽는 사람에게서 올바른 반응과 행위를 유도하고 있는가? 말하자면 해수욕하러 온 영국인이나 미국인이 이 안내 표지판을 읽으면 어떤 행동을 취하겠는가? 그들은 이 안내 표지판이 문을 여는 방법에 대해 말해 주는 것이라고 이해하고, 또 실제로 몇 번 시험해 보고 나서 문을 열 수 있을지도 모른다. 하지만 간편하고 신속하게 열지는 못할 것인데, 여기서는 바로 그 간편함과 신속함이 중요하다. 해수욕객이 분통을 터트리고 심지어는 이의를 제기할 가능성이 다분하다.

이 야외 수영장의 안내문은 분명히 전문 번역가의 작품은 아니다. 어쩌면 수영장 관리인이 번역했을지도 모른다. 그러나 전문 번역가의 텍스트에서도 이러한 종류의 오류가 나타난다. 《국제 사회문제 조사 프로그램*International Social Survey Programme*》(*ISSP*, 2003)이라는 사회과학 분야의 설문조사에서 민족 정체성이라는 주제와 관련해 다음의 진술에 대해 의견을 묻는 항목이 있었다.

Das Fernsehen sollte mehr deutsche Filme und Programme zeigen.
텔레비전은 더 많은 독일 영화와 방송 채널을 보여 주어야 한다

이 글은 원래의 영어 버전에서 아래와 같았다.

[Country's] television should give preference to [country's] films and programmes.
국영 텔레비전은 자국의 영화와 방송 프로그램을 더 우선시해야 한다

이 경우에도 번역자는 유사한 철자에 의거하여 유사한 특성을 추론할 수 있다고 생각한 것이 분명하다. 즉 독일어 낱말과 영어 낱말의 의미가 똑같으리라고 생각한 것이다. 그렇지만 영어의 '*programme*'은 뉴스나 토크쇼, 범죄영화 같은 것에 관련되기 때문에 "방송물Sendung"로 번역해야 한다. 독일어 낱말 "프로그램Programm"은 영어의 '*channel*'(방송 채널)에 해당할 것이다.

설문조사의 경우에는, 원문과 번역문이 각각 해당 답변자에게서 동일한 방식으로 반응을 불러일으켜야 한다. 바로 여기에 설문조사의 기능이 있다. 만약에 개념들이 왜곡되거나 위의 경우처럼 뒤바뀌게 되면, 동일한 방식의 반응을 불러일으키기 어렵다(Harkness et al. Hrsg. 2003 : 349). 답변자들은 위 글의 앞부분을 독일 영화는 더 많이 방영하는 대신에 이를테면 헐리우드 작품은 더 적게 방영해야 한다는 뜻으로 이해할 것이다. 그런데 "더 많은 독일 방송 채널mehr deutsche Programme"이라는 말은 어떻게 이해할 것인가? 아마 답변자들은 TV5 같은 프랑스 방송사나 BBC를 독일의 방송 채널에서 제공하지 말라는 뜻이 아닐까 자문할지도 모른다. 번역문에 대한 답변이 원문의 경우와는 완전히 다르게 나올 것은 분명하다. 예를 들어 영국

이나 미국의 TV 범죄영화를 더 적게 방영해야 하는지가 물론 조사되어야 할 문제이다.

번역자가 여기에서 인식하지 못한 언어학적인 문제를 좀더 자세히 고찰해 보고자 한다. 이는 외국어 교수법에서 오래전부터 널리 알려진 이른바 '유사 동족어'(영어로는 'false friends', 프랑스어로는 'faux amis')라는 현상이다. 영어 '*become*'(되다)과 독일어 'bekommen'(얻다), 영어 '*sensible*'(분별 있는)과 독일어 'sensibel'(민감한), 영어 '*irritate*'(노하게 하다)와 독일어 'irritieren'(자극하다) 등이 그 예이다. 유사 동족어에 속아 넘어가는 것은 언어와 번역에 대한 전형적으로 단순 무지하고 무분별한 태도이다. 그러한 오역의 원인은 출발어의 언어 요소들을 깊은 생각 없이 도착어로 옮기는 데 있다. 이러한 현상은 낱말뿐만 아니라 관용어, 문법, 텍스트 층위에서도 나타나는데, 보통 "간섭Interferenz"이라고 불린다(이에 대해 좀더 자세히 알고 싶다면 《번역 길라잡이》에 실린 쿱슈-로제라이트Kupsch-Losereit(1998)의 설명을 참조하라).

1.2 다의성

언어학 가운데서도 특히 **의미론**Semantik의 도움을 받아 우리는 낱말에 대한 단순하고 소박한 태도에서 전문가적인 태도로 넘어갈 수 있다. 의미론은 언어 표현의 의미를 다루는 언어학의 분과 학문으로서 그에 필요한 이론적 지식을 제공한다. 비교적 역사가 짧은 번역학은 번역 문제와 번역 과정을 위한 기초 이론으로서 일찌감치 무엇보다도 구조의미론을 원용했다. 예를 들어 미국의 유진 나이다(Nida 1964, 1975), 독일에서는 소위 "라이프치히 학파"의 알브레히트 노이베르트와 오토 카데(Neubert & Kade 1973)를 비롯해 베르너 콜러(Werner Koller 2001), 볼프람 빌스(Wilss 1977), 한스 회니히와 파울 쿠스마울(Hönig & Kußmaul 1982) 등이 그런 예이다. 따라서 우선 구조의미론의 몇몇 개념을 살펴보고, 이어서 무엇보다도 이해와 해결책 모색을 위해 많은 것을 제공하는 인지의미론의 모델들을 다루고자 한다.

앞에서 예로 들었던 독일어 낱말 "Bank"는 사전에서 대개 두 항목으로 나뉘어 기술되어 있다. 사전의 기술 항목을 표현하는 데 많은 도움이 되는 것으로 입증된 **어휘소**Lexem라는 용어는 낱말 형태와 의미를 보다 잘 구분할 수 있게 해준다. 'Bank'의 어휘소 하나에는 "앉을 자리"에 관련된 의미가 나타나고, 다른 하나에는 "금융 기관"에 관련된 의미가 나타난다. 언어 사용자가 보기에 이 두 가지 의미는 아무런 상호 관련이 없다. 언어학에서는 이러한 일치를 **동음이의 관계**Homonymie라 부른다. 물론 'Bank'를 어원적으로 살펴보면, 두 의미가 서로 관련이 있음을 알 수 있다. 중고지 독일어 낱말 "wehselbanc"에는 "환전원의 기다란 책상"이라는 의미가 있었다(《두덴 어원사전*Duden, Etymologie*》).

"Programm"과 '*programme*'의 경우는 사정이 다르다. 사전에서 이 두 낱말은 각기 하나의 기술 항목만을 가지고 있는데, 그 기술 항목이 매우 다양하게 세분화되어 있다. 각 낱말이 내용상으로 다소간에 뚜렷한 관련성을 보여 주는 많은 의미를 갖기 때문이다. 언어학은 이러한 의미 다양성을 가리키는 **다의 관계**Polysemie라는 용어를 정립했고, 서로 상이한 의미들은 **의미소**Semem라는 용어로 표현된다. 다의 관계는 모든 언어의 기본 특성이며, 언어는 다의 관계를 통해 보다 경제적이 된다. 만에 하나, 각각의 의미에 대하여 각기 개별적인 낱말이 존재한다면 낱말들의 수는 셀 수 없을 정도로 많아질 것이다. 다의 관계는 번역에서 가장 빈번히 나타나는 문제들 가운데 하나이다. 여기서 이 현상을 사전의 기술 항목에 의거하여 한번 일목요연하게 나타내 보고자 한다. 사전의 의미소들에는 일련 번호가 매겨져 있다.

영어 어휘소(낱말) '*programme*'의 **의미소**는 《롱맨 현대 영영 사전*Longman Dictionary of Contemporary English*》(이 책에서는 통상적인 약어 *DCE*로 표기한다)에 따르면 아래와 같다:

programme

1 〈PLAN 계획〉

중요한 것을 성취하기 위해 고안된 일련의 행동들. '미연방 우주 프로그램the US space program'

뭔가를 행하는 프로그램. '에이즈 확산을 통제하는 유엔 프로그램a United Nations programme to control the spread of AIDS'

~의 프로그램. '경제 개혁 프로그램a programme of economic reforms'

2 〈TELEVISION/RADIO 텔레비전/라디오〉

TV에서 보거나 라디오로 듣는 것. '네가 좋아하는 TV 프로그램이 뭐니?What's your favourite television programme', '뉴스 및 시사 프로그램news and current affairs programmes'

~에 관한 프로그램. '다음은 범고래에 관한 프로그램이 이어집니다There's a programme about killer whales next…'

프로그램을 시청하다.

3 〈EDUCATION 교육〉

미국 영어 학업 과정. '스탠포드 대학교의 MBA 과정Stanford University's MBA program', '연구과정a research program'

4 〈IMPROVEMENTS 개선〉

뭔가를 좋은 상태로 유지하거나 개선하기 위해 계획된 행위들. '새로운 헬스 프로그램a new fitness programme'

5 〈PLAY/CONCERT 연극/콘서트〉

연극, 콘서트 등에 관해 알려 주고 연주자에 대한 정보를 제공하는 작은 책자 또는 종이. '연극 프로그램a theatre programme'

6 〈LIST OF EVENTS 행사의 목록〉

일련의 계획된 활동이나 행사, 또는 그러한 활동이나 행사가 진행되는 순서를 보여 주는 목록

~에 예정되어 있는 프로그램. '내일 있을 프로그램은 뭐야?What's the programme for tomorrow?'

~의 프로그램. '연간 전시회 프로그램a programme of exhibitions throughout the year'

7 〈MACHINE 기계〉

세탁기 같은 기계에 의해 특정한 순서로 이루어지는 일련의 작동들. '세탁기가 프로그램을 마치면 램프가 꺼진다The light goes off when it finishes the programme'

독일어 어휘소(낱말) "Programm"의 의미소들은 아래와 같다(《바리히 독일어 사전*Wahrig: Wörterbuch der deutschen Sprache*》 CD-ROM에서 인용).

Programm

1 〈행사 또는 라디오 방송에서 연속으로 공연되거나 방영되는 것〉 '라디오 방송 프로그램Rundfunkprogramm', '방송 프로그램Sendeprogramm', '영화 상영 프로그램Filmprogramm', '연극 상연 프로그램Theaterprogramm', '주간 프로그램das Programm der Woche', '프로그램에 무용 공연이 있다auf dem Programm

stehen tänzerische Darbietungen'. 1.1 공연 순서가 적혀 있는 종이나 소책자(1) '프로그램을 사다, 지참하다ein Programm kaufen, mitnehmen'

2 〈상품의 공급 = 공급물품〉(1) '가구 공급 프로그램Möbelprogramm'

3 〈계획, 기획, 의도〉 '오늘 저녁에 무슨 계획 있어?hast du für heute Abend ein Programm?', '~의 계획을 방해하다jmds Programm stören', '그것은 내 계획에 맞지 않아das passt mir nicht in mein Programm' 3.1 '그것은 우리의 계획에 들어 있지 않다das steht nicht in unserem Programm', (또한 은유적으로) '우리는 그럴 의도가 없다' 3.2 〈공개적으로 공표된 정당의 활동 및 목표 전체〉 '정당 강령Parteiprogramm', '고데스베르크 프로그램Godesberger Programm', '프로그램을 세우다, 공포하다ein Programm aufstellen, verkünden'

4 (EDV, 인공지능) 〈특정한 순서로 특정한 과제를 수행하라고 기계에게 내리는 명백한 지시〉 '사용자 친화적인 프로그램을 개발하다ein benutzerfreundliches Programm entwickeln', '텍스트작성 프로그램Programm zur Textverarbeitung'

'Programm'과 '*programme*' 두 어휘소의 의미소들은 부분적으로 일치한다. 예를 들어 영어 의미소 1은 독일어 의미소 3과 일치하고, 영어 의미소 7은 독일어 의미소 4와 일치한다. 이 경우에는 영어와 독일어에서 어휘소 '*programme*' 내지는 'Programm'이 서로 일치한다. 그러나 라디오와 TV에 관련된 분야에서는 의미소들이 서로 일치하지 않고, 따라서 그런 경우에는 외관상 서로 비슷해 보이는 어휘소들을 사용할 수 없다. 보기에서 알 수 있듯이 영어의 의미소 2는 '단일' 방송에 관련되지만, 독일어에서 의미소 1은 '연속'되는 방송물에 관련된다. 이것은 비교적 미세한 차이이고, 그래서 아마 전문 번역가라 하더라도 어려움을 겪었을 것이다. 유사 동족어들이 특히 그런 위험한 부류에 속한다. 그것들은 어떤 때는 의미가 서로 같고, 또 어떤 때는 의미가 서로 다른 어휘소들이다. '오늘 저녁 네 프로그램이 뭐야?What is your programme for tonight?' 같은 문장은 별다른 위험 없이 "Was ist dein Programm für heute Abend?"로 옮길 수 있다. 그에 비해서 '네가 좋아하는 TV 프로그램은 뭐야?What's your favourite television programme?'라는 문장은 "Was ist deine Lieblingssendung im Fernsehen?"으로 번역된다.

지금까지 영어와 독일어의 낱말 의미를 서로 비교했다. 언어학자들은 이를 **대비의미론**Kontrastive Semantik이라 부른다. 대비적인 양상은 낱말뿐만 아니라 문법과 관련해서도 언어들 사이의 차이점을(그리고 물론 공통점까지도) 의식할 수 있게 해준다. 이는 분별 있는 번역에 이르기 위한 첫 걸음이다.

나는 의도적으로 1개 국어사전의 기술 항목들을 인용했는데, 그 이유는 어휘소들의 의미 구조가 1개 국어사전에서 특히 뚜렷하게 드러나기 때문이다. 그러나 양질의 2개 국어사전도 어휘소들의 상이한 의미를 지적한다. 랑엔샤이트/콜린스Langenscheidt/Collins 《영어 대사전*Großwörterbuch Englisch*》에 '*programme*'의 중요한 의미소가 다음과 같이 기재되어 있다.

programme Programm *nt*; (*Rad, TV also*) Sendung *f.*

자세히 유의해 보면, 괄호 안의 설명에서 번역의 실마리를 얻을 수 있다. 물론 여기에서는 낱말에 대한 정의도 용례도 제시하지 않지만, 낱말의 의미는 바로 정의나 용례를 통해서 우리의 기억 속에 각인된다. 그리고 앞으로 보게 될 것처럼, 그것들이 흔히 번역의 자극제가 되곤 한다.

앞의 사례를 번역한 사람은 분명 다의 관계에서 비롯되는 문제는 겪지 않았을 것이다. 텔레비전이라는 맥락이 여기에서 이를테면 컴퓨터 프로그램은 문제될 수 없다는 점을 명백하게 알려 준다. 다의 관계가 맥락을 통해 해소되는 것을 언어학에서는 중의성 해소Disambiguierung 또는 **단일의미화** Monosemierung라고 부르는데, 이 책에서는 **단일의미화**라는 용어를 사용하려 한다. 그 이유는 이 용어가 다의 관계와 잘 어울리기 때문이다. 이미 말한 바와 같이, 앞의 사례에서는 단일의미화에 별로 문제가 없다. 그러나 일반적으로 다의 관계가 이해의 문제를 야기할 수 있으며, 또 그럴 경우에 단일의미화가 그리 간단하게 일어나지는 않는다는 점을 감안해야 한다. 예를 들어 '*Let's have a look at the programme!*'(프로그램을 한번 봅시다!) 같은 고립된 문장에서는 TV 방송물인지 연극 상연 목록인지 컴퓨터 프로그램인지 매우 불분명하다. 대개는 상황과 맥락을 토대로 무엇을 가리키는지 해명할 수 있지만, 아래에서 보게 되듯이 먼저 인지해야 하는 맥락을 서로 다르게 해석하는 경우도 이따금 있다.

때로는 다의 관계가 텍스트의 핵심을 이루는 경우도 있는데, 그런 텍스트를 번역할 때에는 단일의미화를 시도해선 안 된다. 언어 유희(영어의 'pun', 동음이의 관계를 이용한 우스갯소리)가 그런 대표적인 예이다.

> Frage: Wann ist es gefährlich, in den Garten zu gehen?
> 질문: 정원 안에 들어가는 게 언제 위험하지?
> Antwort: Wenn der Salat schießt und die Bäume ausschlagen.[1]
> 대답: 양상추가 총을 쏘고 나무들이 쳐부술 때.

언어 유희를 번역하기는 어렵다. 상응하는 어휘소들이 두 언어에서 동일한 다의 관계에 있는 경우가 드물기 때문이다. 그러나 통어적으로는 약간 어

1 〔옮긴이〕 독일어 'schießen'에는 '쑥쑥 자라다'와 '총을 쏘다'라는 의미가 있고, 'ausschlagen'에는 '싹이 나다'와 '쳐부수다'라는 의미가 있다.

색하게 들릴지라도 내용상으로는 비교 가능한 언어 유희가 영어에 있다.

Question: When is it dangerous to go out?
질문: 외출하는 게 위험할 때는 언제이지?
Answer: When the pillar boxes and the wire fences.[2]
대답: 기둥이 권투하고 전선이 검을 휘두를 때.

이러한 문답으로 이루어진 위트는 인터넷에도 있다. 아래의 예에서 볼 수 있듯이, 정말로 오해를 한 것인지 아니면 부러 오해를 한 척 대답한 것인지는 물론 명확하게 알 수 없다.

Question: What gear were you in at the moment of the impact?
질문: 충돌한 순간에 어떤 기어를 넣고 있었어? / 어떤 복장이었어?
Answer: Gucci sweats and Reeboks.
대답: 구찌 스웨터와 리복

여기에서 이 언어 유희('gear'는 '자동차 기어'와 '의복'을 뜻한다)를 독일어로 번역하지는 않겠다. 만일 번역하더라도 성공을 거두기는 어려울 것이다. 앞의 사례로 다시 돌아가, 문제를 좀더 복잡하게 만들어 영어 낱말 '*programme*'과 그에 대한 독일어 상응어 "Sendung"이 원칙적으로 서로 어떤 관계에 있는지 고찰해 보자. 다른 한편으로 독일어 상응어 "Sendung"은 한 어휘소의 여러 의미소들 가운데 하나이다. 《바리히 사전》에 의하면 그 의미 구조는 다음과 같다.

2 〔옮긴이〕 영어 'pillar box'는 '우체통'을 가리키기도 하고 '기둥이 권투하다'를 의미할 수도 있다.

Sendung

1 〈발송, 보내기〉 die Sendung der Bücher ist für morgen vorbereitet(책은 내일 발송된다)

2 〈우편물〉 den Empfang einer Sendung bestätigen(우편물의 수령을 확인하다); wir haben eure Sendung erhalten(너희의 우편물을 받았다)

3 〈TV 방송물, 라디오 방송〉 in der heutigen Sendung sahen, hörten wir…(오늘 방송편에서 우리는 ~을 보고 들었습니다); der Schulfunk bringt eine Sendung über…(교육방송이 ~에 관한 방송을 보내 드립니다)

4 〈고귀한(신적인) 임무, 역사적으로 중요한 운명적인 과제, 사명〉 eine diplomatische, politische Sendung erfüllen(외교적, 정치적 임무를 수행하다); er betrachtet es als seine Sendung, diesen Menschen zu helfen(그는 이 사람들을 돕는 것을 자신의 사명으로 여긴다)

앞의 사례에 해당하는 것은 의미소 3이다. 잘못된 번역어 "Programm"의 영어 상응어인 '*channel*'도 한 어휘소의 여러 의미소들 가운데 하나이다. 이 어휘소는 예를 들어 *DCE*에 따르면 특히 아래와 같은 의미들을 갖는다(여기에서 그 의미들을 전부 인용하지는 않겠다).

channel

1. TV 방송국 및 TV 방송국이 제작·송출하는 모든 방송물
2. 프랑스와 영국 사이의 수역—영국해협English Channel의 동의어
3. 강이나 항구, 바다에서 가장 깊은 부분, 특히 선박이 항해할 수 있을 만큼 충분히 깊은 곳
4. 물이나 다른 액체가 '관개수로'를 따라 흐르는 통로

이 상황을 처음부터 다시 되짚어 보면, 생김새는 완전히 다르지만 몇 가지

동일한 특성을 지닌 낯선 사람들이 친척들의 무리에 합세한 것이다. 앞의 사례에 나온 독일어와 영어의 어휘소들 및 의미소들 사이의 비교적 복잡한 관계를 아래와 같이 그림으로 나타낼 수 있다(번호는 의미소를 나타낸다).

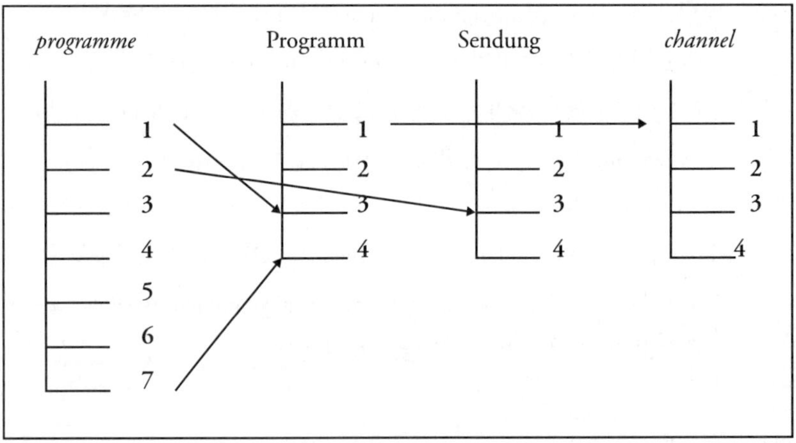

그림 2

인용된 의미소들 사이의 관계는 화살표로 표시되어 있다. 우리의 번역에서 중요한 '*programme*'의 의미소 2(텔레비전에서 보거나 라디오로 듣는 것)는 "Sendung"의 의미소 3("텔레비전 방송물, 라디오 방송")과 일치한다. 잘못 번역된 "Programm"의 의미소 1("행사 또는 라디오 방송에서 연속으로 공연되거나 방영되는 것")은 '*channel*'의 의미소 1(TV 방송국 및 TV 방송국이 제작 · 송출하는 모든 방송물)에 해당된다. 앞의 사례를 번역하는 과정에서 전혀 중요하지 않은 그 밖의 두 가지 대응어를 여기에서 마저 언급하려 한다. '*programme*'의 의미소 1(중요한 것을 성취하기 위해 고안된 일련의 행동들)은 "Programm"의 의미소 3(계획, 기획, 의도)에 해당되고, '*programme*'의 의미소 7(세탁기 같은 기계에 의해 특정한 순서로 이루어지는 일련의 작동들)은 "Programm"의 의미소

4("특정한 순서로 특정한 과제를 수행하라고 기계에게 내리는 명백한 지시")와 일치한다.

낱말의 일치에서 번역을 시작할 수 있다고 보는 순진한 생각을 일소하기 위해, 특정한 맥락에서 번역어로 선택 가능한 낱말들과 그 의미들을 지금까지 서로 대비시켜 보았다. 낱말들이 일치할 때도 있지만, 그것은 산발적인 몇몇 경우에 불과하다. 예를 들어 '*banana*'(바나나)는 "Banane"와 일치하고, '*apple*'(사과)은 "Apfel"과 일치한다. 그러나 관용어구나 은유의 경우에서 이미 이 등식은 더 이상 성립하지 않는다. "in den sauren Apfel beißen"(울며 겨자 먹기식으로 하다)[3]에 상응하는 영어의 관용구는 '*to swallow the bitter pill*'(쓴 알약을 삼키다)이다. "Birne"([먹는] 배)는 '*pear*'와 일치하지만, '전구'를 가리키는 경우에 그 상응어는 '*(light) bulb*'이다. 우리는 번역자로서 낱말을 옮기는 것이 아니라 의미를 옮기는 것임을 끊임없이 상기해야 한다.

1.3 연어

관용어구와 밀접한 관계에 있으며 번역 과정에서 늘 어려움을 안겨 주는 현상에 대해 지금부터 언급하고자 한다. 그것은 바로 언어학자들이 **연어** Kollokation라고 부르는 현상이다. 여기서는 '*programme*'의 예에서 보았던 것과 같은 낱말과 그 의미 사이의 관계가 아니라 낱말들 사이의 병렬 조합이 문제된다. 그러나 문법적 관점에서의 조합이 아니라 의미론적 관점에서의

3 〔옮긴이〕 직역하면 '신 사과를 깨물다'이다.

조합이다. 달리 말하자면, 빈번히 나타나는 예상 가능한 낱말 결합과 낱말 무리가 문제된다. 우리는 통상적으로 "blonde Haare"(금발)라고 말하지(영어에서는 'fair hair') 가령 "gelbe Haare"(노란 머리)라고 말하진 않는다. 또한 "Der Hund bellt"(개가 짖는다)라고 말하지 "Der Hund schreit"(개가 소리 지르다)라고 말하진 않는다. 물론 에리히는 개가 아니라 사람인데도 비유적인 의미에서 "Erich hat mich mal wieder angebellt"(에리히가 나를 보더니 또 짖어 대더라고)라고 말할 수는 있다. 그러나 우리는 지나치게 큰 소리로 말하는 사람에게 일반적으로 "Schrei' nicht so!"(그렇게 소리 지르지 마!)라고 말한다. 번역자로서 독자에게 언어적 능력이 없다는 평가를 받지 않으려면, 이런 고정된 조합에 유의해야 한다. 언어적 능력이 없다는 인상은 당연히 번역이 의도하는 기능에 부정적인 영향을 미친다.

낱말들이 자동적으로 일치하지 않는다는 점은 연어의 경우에도 마찬가지이다. 예를 들어 영어 낱말 '*strong*'을 많은 맥락에서 "stark"로 번역할 수 있다. 이를테면 '*He picked her up with his strong arms*'(그는 튼튼한 팔로 그녀를 들어올렸다)를 "Er hob sie mit seinen starken Armen hoch"로 옮길 수 있다. 그러나 이것이 언제나 가능한 것은 아니다. 설문조사를 번역하다 보면, 답변자가 어떤 특정한 진술에 대해 어느 정도 동의하는지 묻는 항목이 자주 나온다(그럴 경우에 물론 'strong'의 다른 의미소가 실현된다).

- Strongly agree (매우 그렇다)
- Agree (그렇다)
- Neither agree nor disagree (보통이다)
- Disagree (그렇지 않다)
- Strongly disagree (매우 그렇지 않다)

'*Strongly agree*' 및 '*Strongly disagree*' 조합의 독일어 상응어가 "Stimme stark zu"(강력하게 찬성)나 "stimme stark nicht zu"(강력하게 반대)라고 보기는 어렵다. 만약에 항목들이 그런 식으로 표현된다면, 설문 응답자는 답변을 고르기가 어려울 것이다. 그런 표현들이 기이하게 들릴 뿐 아니라 의미상으로도 불명료해 의사소통의 흐름을 방해할 수 있기 때문이다. 앞에서 언급한 바 있는 *ISSP* 설문지에서는 "Stimme voll und ganz zu"(전적으로 찬성) 및 "Stimme überhaupt nicht zu"(전적으로 반대)라고 표현하기로 합의를 보았다. 일반적으로 그런 식으로 말한다. 그것이 "zustimmen"(찬성하다)의 연어들이고 또 아무런 문제 없이 즉각 이해된다.

만약 우리가 번역자로서 통상적인 연어에 대해 확신이 서지 않는다면, 용례들이 실린 사전을 참고할 수 있다. 운이 조금만 좋으면, 문제가 되는 연어를 여러 용례들 가운데서 발견하게 된다. 'zustimmen'(찬성하다)의 경우에, 예를 들어 《두덴 독일어 대사전》에서 "이 점에서 저는 당신에게 전적으로 찬성합니다"라는 용례를 찾을 수 있다. 이미 언급했듯이, 물론 설문조사에서는 좀 다른 변이형이 자리 잡았다.

여기에서 그 밖의 검색 가능성을 하나 더 언급해 보겠다. 연어만이 아니라 다른 낱말이나 표현들(제4장을 보라)의 통상적인 사용 역시 검증하기 위해, 검색 엔진 "구글"(www.google.de 또는 www.google.com)의 인터넷 페이지를 텍스트 코퍼스로 이용할 수 있다. 물론 구글이 제시하는 텍스트들이 언어 능력이 없는 저자의 글일 수도 있음을 염두에 둬야 한다. 따라서 각 텍스트들을 비판적으로 보는 것이 적절하다. 다른 한편으로는 텍스트 구절이 헤아릴 수 없이 많이 나타나면 문제가 있는 몇몇 표현들은 그다지 중요하지 않다. 예를 들어 "stimme völlig zu"(완전히 찬성)은 구글에서 771페이지가 검색되고, "stimme voll und ganz zu"(전적으로 찬성)의 경우는 18,700 페이지가 열린다. 후자의 경우를 좀더 자세히 살펴보면 주로 설문지라는 게 드러난다. 구글 검색에서 입력한 표현의 통사 구조가 문제될 수 있다. 나는 설문지의 전형적인 통사적 · 문법적 형태로 인용부호를 붙여 낱말들을 입력했다. 그러나 설문지 아닌 다른 맥락에서 그 연어를 조사한다고 가정해 보자. 그러면 "ich stimme dir völlig zu"(나는 너에게 완전히 찬성해), "ich stimmte ihm völlig zu"(나는 그에게 완전히 찬성했다), "wir stimmen ... zu"(우리는 … 찬성합니다) 등의 형태들은 위의 검색에서 제외되었을 것이다. 이런 경우에는 각기 다른 조합을 입력해야 하며, 이때 텍스트 코퍼스에서 조합이 특수하면 할수록 그만큼 더 적은 수의 페이지가 검색된다. 이를테면 "ich stimme dir völlig zu"(나는 너에게 완전히 찬성해)에 대해서는 405페이지가 열리지만, "ich stimmte ihm völlig zu"(나는 그에게 완전히 찬성했다)에 대해서는 고작 한 페이지만 열린다. 물론 한 페이지는 통계적으로 중요하지 않다.

외국어로 번역할 때는 연어의 경우에 대부분 더욱더 확신이 서지 않는다. 이 경우에도 물론 사전에 실린 용례와 구글 검색이 다시 도움이 된다. 그러나 구글 검색을 하기 전에 미리 연어가 어떻게 이루어져 있을지 생각해 둬야 하는데, 외국어의 경우에는 아무 생각도 떠오르지 않을 때가 더러 있다. 사전 역시 언제나 출발점을 제공하는 것은 아니다. '*agree*' + 부사의 조합은 예를 들어 *DCE*에서는 찾아볼 수 없다. 앞의 사례를 통해 알게 된 연어 '*Strongly agree*'는 구글에서 115만 페이지가 검색되는데, 이것들은 거의 모두 설문조사에서 유래한 듯 보인다. 그것은 물론 설문조사가 아닌 맥락에서는 흔히 쓰이는 연어가 아니다. 이를테면 우리는 대화 도중에 누군가에게 완전히 동의하고자 할 때 뭐라 말하는가? 구글에서 이것을 검색하기 위해서는 이미 말했듯이 직관이 필요하다. 구글에 '*I fully agree*'를 입력하면 122만 페이지가 뜨는데, 이 가운데 대부분이 일상어 맥락에서 나온 것들이다. 그러므로 이것이 통상적인 연어일 것이다.

그 밖에 연어는 이미 앞에서 언급했듯이 단일의미화를 위한 보조 수단이기도 하다. 말하자면 연어는 단일의미화를 가능하게 하는 가장 구체적인 맥락을 제공한다. '*He picked her up with his strong arms*'라는 문장에서 '*strong*'은 근력과 관계 있다. '*I strongly agree*'에서 '*strongly*'는 감정과 견해에 관련된다. 물론 이 경우에 형용사로서의 '*strong*'과 부사로서의 '*strong*' 사이의 의미 차이도 고려해야 한다.

1.4 선택의 고통

이제 낱말과 의미 사이의 관계로 다시 돌아가 보자. 만약 번역자가 'Bank'와 '*programme*'의 두 가지 예에서 영어 낱말과 독일어 낱말 사이의 의미 관계를 명백하게 이해한다면 아무 문제가 발생하지 않을 것이다. 그러면 번역자는 어떤 의미소들이 서로 상응하는지 알 수 있고, 출발어의 낱말을 도착어의 특정 낱말로 옮길 수 있다. 그러나 때로는 여러 낱말들 사이에서 선택해야 하는 경우도 있다. 즉 출발어의 하나의 의미소에 도착어의 여러 어휘소들이 상응하는 경우다. 번역학에서는 그런 경우를 **분기**Divergenz 또는 **분화**Diversifikation라고 부른다(Koller 2001: 230f. 참조).

그에 대한 몇 가지 사례를 들어 보기로 하자. 예를 들어 영어의 어휘소

'*brush*'는 *DCE*에 따르면 대부분의 어휘소들처럼 여러 개의 의미소를 갖는다—1. 청소를 하거나 그림을 그리기 위한 도구, 2. 한 지역을 뒤덮고 있는 작은 초목이나 나무들, 3. 무언가를 솔질할 때의 움직임 또는 빠르고 가벼운 터치. 청소를 하거나 그림을 그리기 위한 도구라는 의미소에는 독일어의 '붓Pinsel' 또는 '솔Bürste'이 해당한다.

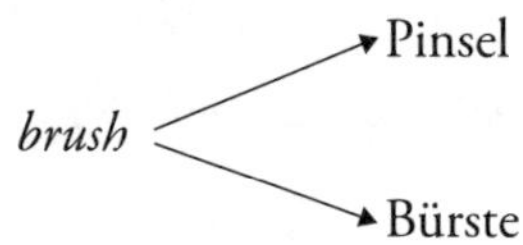

그림 3

여기서는 큰 문제 없이 문맥에 따라 결정할 수 있을 것이다. 그러나 《2004 유럽 사회문제 조사*ESS2004*》라는 설문에서 유래하는 다음의 사례는 그리 간단하지가 않다. 설문의 말미에서, 설문 조사자에게 설문 과정에 대해 몇 가지 질문을 한다.

> Did you feel that the respondent was reluctant to answer any questions?
> 당신은 응답자가 어떤 질문에 대해서건 답변하길 달가워하지 않는다고 느꼈습니까?

이 질문은 먼저 다음과 같이 번역되었다.

> Hat der/die Befragte Ihrem Eindruck nach bestimmte Fragen nur mit Widerwillen beantwortet?
> 응답자가 어떤 질문에 대해 거부감을 느끼며 대답했다는 인상을 받았습니까?

거부감은 강한 반감을 표현한다. 여기에서 설문 조사자는 아마 즉흥적으로 “아니오”라고 답변하고 싶을지도 모른다. 그러나 “절대 그렇지 않다/거의 그렇지 않다/간혹 그렇다/자주 그렇다/아주 자주 그렇다/모른다”의 항목들 가운데 하나에 표시를 해야 한다. 설문 조사자는 아마 선뜻 응답하지 못하고 주저하게 될 것이다. “거부감을 느끼며 답변하진 않았지만 실제로 마지못해 답변한 경우는 간혹 있었다”고 반응할 수도 있다. 그러나 설문 조사자는 하나의 항목에 표시를 해야 하고, 그것은 쉬운 일이 아닐 수 있다. 그러므로 이 경우에도 번역이 과연 그 의도를 충분히 성취했는지는 의문이다.

‘*Reluctant*’라는 낱말은 지금까지의 다른 예들과는 달리 다층어적인 어휘소가 아니다. *DCE*에는 단 하나의 정의만이 기술되어 있다.

> slow and unwilling: She *gave a reluctant smile*.
> 천천히 그리고 마지못해. 그녀는 ‘달갑지 않은 미소를 지었다’.

《랑엔샤이트/콜린스 영어 대사전》을 이용해 이에 대한 독일어 상응어들을 감정이 약화되는 정도에 따라 단계적으로 정리해 볼 수 있을 것이다. 즉 ‘거부감을 느끼는widerwillig’, ‘마지못해unwillig’, ‘거슬리는widerstrebend’, ‘달갑지 않은ungern’으로 정리할 수 있다. 이것 역시 분기라고 표현할 수 있다.

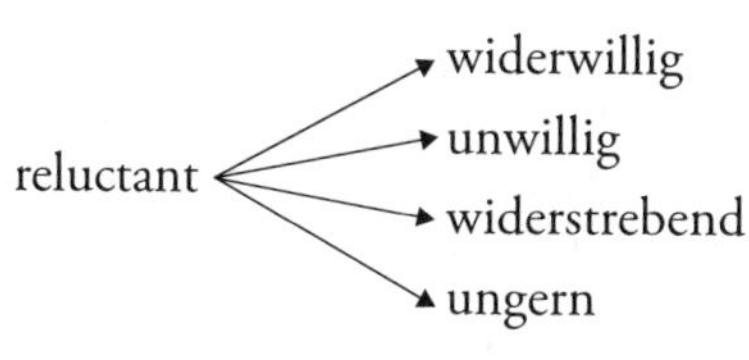

그림 4

이 가운데 어떤 낱말이 설문의 문맥에 상응하는가? 선행하는 질문은 다음과 같다.

> Did the respondent ask for clarification on any questions
> 응답자가 어떤 질문에 설명을 요청했습니까?

그리고 다음과 같은 후속 질문들이 이어진다.

> Did you feel that the respondent tried to answer the questions to the best of his or her ability?
> 응답자가 최선을 다해 질문에 답변하려 했다고 느꼈습니까?
>
> Overall, did you feel that the respondent understood the questions?
> 전반적으로 응답자가 질문을 이해했다고 느꼈습니까?
>
> Was anyone else present, who interfered with the interview?
> 인터뷰를 방해한 누군가가 그 자리에 있었습니까?

그러므로 여기에서 설문 조사자와 답변자 사이에 의사소통이 마찰 없이 이루어졌는지를 묻는 것이라고 추측된다. 이런 맥락에서 거부감Widerwille은 아주 특이한 태도일 것이다.

이미 앞에서 말한 바와 같이, 우리는 낱말이 아니라 의미를 번역한다. 이제 이 문장을 보완하여, 우리는 낱말이 아니라 텍스트를 번역한다고 말해야 한다. 이것은 그동안에 번역학의 자명한 진리로 자리 잡았다. 텍스트를 주시해야만 낱말의 의미를 분명히 이해할 수 있기 때문이다. 물론 상황이 그리 간단한 것만은 아니다. "거부감을 느끼는widerwillig"이라는 낱말이 여기에서 좋은 번역이 아니라는 사실은 분명해졌다. 그렇다면 '*Reluctant*'의 독일어 상응어들 가운데 어떤 것을 이용할 수 있을까? 뉘앙스에서 조금씩 차이가 나긴 하지만, 그 상응어들에는 각기 나름대로의 해석이 깃들어 있다. 여기서 번역의 근본적인 문제가 드러난다. 작가이자 기호학자이며 번역 전문가인 움베르트 에코는 이러한 문제를 매우 포괄적이면서도 적절히 규정하고 있다.

> 텍스트를 이해하기 위해서는, 정확히 말해 텍스트를 번역하기 위해서는, 텍스트가 펼치는 '가능한 세계'에 대한 가설을 세워야 한다. 즉, 적절한 실마리가 없을 경우에 번역은 가정에 토대를 둬야 한다는 뜻이다. 번역자는 그럴듯한 가정을 세운 이후에야 비로소 텍스트를 한 언어에서 다른 언어로 번역하는 일에 착수할 수 있다.(Eco 2006: 52)

우리는 앞의 질문이 설문조사 과정에서 의사소통이 무리 없이 이루어졌는지를 점검하기 위한 것이라고 가정했다. 이런 가정을 보다 쉽게 이해하고 번역의 근거를 밝히기 위해서 인지언어학Kognitionslinguistik의 도움을 받을 수 있다. 여기에서 해답을 잠시 뒤로 미루고, 먼저 인지언어학에 대해 설명하고자 한다.

1.5 우리 머릿속의 생각들

인지의미론에 대해서는 이미 앞에서 언급한 바 있다. 인지의미론은 문제를 기술하거나 추정을 하거나 해결책을 찾는 데 도움을 줄 수 있다. 인지의미론에 대해 더 자세히 고찰하고 나면 필요한 이론적 지식을 바탕으로 앞의 사례에 접근할 수 있다.

인지의미론은 구조의미론struktuelle Semantik과 구별된다. 구조의미론의 연구 대상은 체계로서의 언어이다. 구조의미론은 흰 종이에 검정색으로 씌어진 글과 우리 귀에 들어오는 음성 연속체만을 다룬다. 그 다음에 발생하는 현상에는 관심이 없다. 인지의미론은 심리언어학의 분과 학문으로서 바로 그 다음의 현상을 중점적으로 다룬다. 인지의미론은 이해의 과정에 관심을 쏟는다. 이해 과정은 번역에서 무엇보다도 중요하며, 따라서 처음부터 그 과정에 대해 상세하게 논의해야 한다(Kußmaul 2000a: 60-70 참조).

이해라고 하는 것은, 글로 씌어진 텍스트(또는 구어로 된 말)로서 우리에게 다가오는 것과 우리가 그 주제에 대해 이미 알고 있는 것 사이의 상호 작용이다. 또는 한스 회니히의 간단 명료한 말을 빌려 표현하자면, "우리는 이미 가지고 있는 지식에 통합하면서 뭔가를 이해한다"(Hönig 1995: 66).

심리언어학자 한스 회르만Hans Hörmann은 명료한 은유적 용어를 이용하여 이렇게 표현한다.

> 이해 과정은 〔…〕 일방통행이 아니다. 〔…〕 이해 과정을 명확하게 이해하려면, 상향정보처리과정bottum-up-Prozess, 즉 외부로부터의 입력되는 것과 하향정보처리과정top-down-Prozess, 즉 청자의 지식과 능력과 기대에서 생겨나는 것이 상호 작용한다는 사실을 알아야 한다. (Hörmann 1981: 124)

나는 여기에서 상호 작용의 개념을 강조해야 한다고 생각한다. 이해 과정에서 마치 "하부 재료"와 "상부 표상"이 각기 독립된 존재인 양, **상향정**

보처리과정/하향정보처리과정 모델을 정적인 모델로 잘못 이해하는 경우가 많기 때문이다. 이러한 오해는 아직도 비심리학적인 언어학의 방향을 추종하는 것에서 비롯될 수 있다. 비심리학적인 언어학은 낱말들이 언어 사용자와는 무관한 의미를 지닌다고 본다. 사전들도 하나의 '고정된' 의미가 있는 양 은연중에 사용자들을 믿게 만든다. 그러나 사전에 기술되어 있는 의미들은 잠재적인 것들이다. 즉, 그 의미들은 언어로 사용되면서 비로소 살아난다. 앞에서 살펴보았듯이 영어 낱말 '*programme*'은 일곱 개의 잠재적 의미를 지니지만, 문맥 내에서 비로소 그 의미가 활성화된다. 앞의 사례를 번역한 사람은 이 점을 고려하지 못한 듯 보였다. 《랑엔샤이트/콜린스 영어대사전》에서 '*reluctant*'에 상응하는 낱말로 제시된 "마지못해unwillig", "거부감을 느끼는widerwillig", "거슬리는widerstrebend", "달갑지 않은ungern" 가운데 하나를 선택하려면 문맥이 필요하다. 이 경우에 이것이 어떻게 기능하는지 곧 보게 될 것이다.

사전이 번역의 가장 중요한 보조 수단 중 하나라는 점을 여기에서 짚고 넘어가야 한다. 사전에 등재되어 있는 의미의 잠재성을 의식하면 사전을 성공적으로 활용할 수 있다. 우리의 이해 과정을 뒷받침하고 번역을 위한 영감을 얻기 위해서 사전, 특히 1개 국어사전을 어떻게 활용할 수 있는지, 우리는 앞으로 이 책에서 거듭 다루게 될 것이다.

상향정보처리 및 하향정보처리 모델은 동적인 모델이다. 하부 재료, 예를 들어 문자나 음성의 낱말 형태들은 우선은 "비어" 있다. 이런 낱말 형태들의 자극을 받아 우리의 기억에 저장되어 있는 어휘 지식과 세계 지식이 불러내어지고, 결국 낱말 형태들은 그것들에 의해 "채워진다". 번역자들은 필요한 경우에 이런 지식을 사전의 정보나 다른 검색 수단(4장 참조)을 통해 보충한다. 사전에서 제시하는 정의의 경우에도 우리는 무언가를 연상해야 한다. 양질의 사전들이 제공하는 용례들은 이런 연상들을 (때로는 그림을 통해) 용이하게 해준다. 우리 기억에 저장되어 있거나 검색을 통해 보충된 지식은 처음에는 수동적인 지식이다. 외부에서 "들어오는" 언어 형식들이 이 수동적인 지식을 활성화시킨다. 말하자면 그 지식의 문을 열게 하는 것이다. 그러므로 외부에서 들어온 것과 우리 안에 있는 것의 상호작용을 통해 비로소 뭔가를 이해하게 되고 의미가 생성되는 것이다. 보다 극단적으로 표현한다면, 의미는 바로 그러한 상호 작용이나 다름없다. 의미는 정적인 것이 아니라 동적인 것이며 순간적인 것이다.

우리의 머릿속에 저장되어 있는 지식을 설명해 주는 여러 가지 특수한 모델들이 있다. 그런 모델들은 번역자에게 매우 유용한데, 먼저 **원형의미론**Prototypensemantik부터 살펴보기로 하자.

이 이론은 범주적인 언어적 사고가 우리의 경험에 의해 결정된다는, 실험적으로 검증된 가설을 기반으로 하고 있다. 우리의 경험은 범주들이 하나의 **핵심**Kern과 **불분명한 경계들**unscharfe Ränder을 가지도록 작용한다. 원형의미론은 엘리노어 로슈Eleanor Rosch(1973, 1977)라는 이름과 밀접한 관련이 있다. 로슈가 제시한 사례들은 이제 "고전적인" 것으로 자리 잡았다. 만약 영국인 화자에게 "새"의 범주에 대해 묻는다면(독일인 화자도 유사하게 대답할 것이다), 그들은 펭귄이나 타조, 닭보다는 예를 들어 작은 부리울새나 참새가 보다 원형적인 새의 범주에 속한다고 이구동성으로 답변할 것이다. 우리는 펭귄을 어쩌다 동물원에서 볼 수 있을 뿐 정원에서 흔히 보지는 못하기 때문에, 펭귄은 새의 원형이 아니다. 펭귄은 새라는 범주의 가장자리에 위치한다. 무엇이 원형으로 간주되는가를 결정하는 것은 경험과 문화이다. 경험은 빈도와 관련이 있다. 보다 빈번하게 보는 새일수록 보다 원형적인 것이 된다. 아프리카 초원에 사는 사람들에게 타조는 일상적으로 경험할 수 있는 것이고 따라서 새 범주의 핵에 속하는 것은 충분히 이해할 수 있다.

엘리노어 로슈(1977, Clark에서 재인용/Clark 1977: 464f.)는 "새bird"라는 범주 명칭을 포함하는 다음의 문장으로 자신의 이론을 입증했다.

> 나는 창문 밖에서 새가 지저귀는 소리를 들었다.
> 새 세 마리가 나뭇가지에 앉아 있었다.
> 새 한 마리가 날아 내려와 무언가를 먹기 시작했다.

로슈는 실험에서 범주 명칭을 작은 부리울새나 독수리, 닭 같은 범주 표본으로 대체하고, 피실험자들에게 그 문장들이 얼마나 의미에 맞는지 의견을 물었다. "새"를 "작은 부리울새"로 대체하면 피실험자들은 의미에 맞는다고 생각했지만, 예를 들어 "닭"으로 대체하면 어색하다고 판단했다. 닭들은 지저귀지도 않고 보통 나무 위에 앉지도 않으며 무언가를 먹으려고 나무에서 날아 내려오지도 않기 때문이다. 로슈는 새가 더 원형적일수록 범주 명칭을 대체하기가 더 쉬워진다는 결론에 이르렀다. 즉, 범주의 원형에 더 유사한 것이다. 원형적인 표상을 불러오는 데는 경험의 빈도만으로는

원형적인 새인가?
그림 5

충분치 않다. 이를테면 양계장 주인이 닭을 원형적인 새라고 말하지는 않을 것이다. 원형적인 새라면, 어느 정도 하늘을 날 수 있는 것과 같은 특정한 속성 역시 지녀야 한다.

1970년대에 구조의미론(및 생성의미론)에 대한 대안을 찾으려는 시도가 일었다. 1975년에 철학자 힐러리 퍼트남Hilary Putnam은—내가 알기로는 엘리노어 로슈와 무관하게—아주 흡사한 이론을 다른 개념을 이용해 발전시켰다. 퍼트남은 원형 대신 **스테레오타입**Stereotyp, 핵심 표상Kernvorstellungen 대신 **필수적인 표상**obligatorische Vorstellung이라는 용어를 사용한다. 그는 "호랑이"의 사례를 빌려 이것을 증명한다. 흰색 호랑이(백색변종Albinos)가 현실에 존재하는데도, 호랑이의 언어적인 스테레오타입은 필수적으로 노란색이고 줄무늬를 가진다(Putnam 2004: 67-72 참조).

원형 이론과 스테레오타입 이론은 일종의 민간 이론folk theory이다. 그 이론들은 민속적인 분류에서 출발한다(Lakoff 1987: 398ff.). 그 이론들이 전문어와 전문 번역에도 적합한지는 검증해 봐야 할 문제이다. 전문가들은—예를 들어 용어를 통해—주변 표상Randvorstellung들도 범주에 포함시키려 노력하기 때문이다(Putnam 2004: 78 비교). 생물학자가 생물학 전문가로서 이야기한다면, 펭귄이나 타조를 당연히 새에 포함시킬 것이다. 전문가는 사물을 전문적인 관점에서 보고, 그러면 주변부의 것들도 다르게 보이기 마련이다. "새"는 일상적으로 사용되는 낱말인 동시에 생물학의 분류 개념이다. 생물학은 펭귄이나 타조를 주변으로 내몰지 않는다. 조류라는 뜻의 라틴어 '아베스Aves'는 오히려 펭귄과 타조를 중심에 놓을 수도 있다.

그러나 전문가들이 분류 개념들을 번역할 때, 핵심 표상에서 출발해도 해가 되지는 않는다. 도착어의 분류 개념 역시 어쨌든 핵심을 내포하고 있기 때문이다. 어떻게 핵심 표상들이 의미론적으로 적절한 번역에 이르는지는 앞으로 거듭 다루게 될 것이다.

게다가 전문가들 또한 평소에는 대부분 아주 평범한 사람들이며, 범주와 관련해 다른 사람들과 같은 표상을 갖는다. 그러므로 전문어도 우리가 처해 있는 상황과 관계가 있다(이에 대해서는 2.2장 참조).

신-프레임 의미론scenes-and frames Semantik은 원형의미론이 발전한 것이다. 이 모델의 경우에도 출발점은 경험의(따라서 문화의) 제약을 받는 원형적인 낱말 의미이다. 그러나 이러한 낱말 의미는 핵심과 주변의 은유가 보여 주듯 정태적인 것이 아니라 의사소통의 상황과 문맥에 영향을 받는다. 아니 심지어는 이것들에 의해 생겨날 때도 종종 있다. 찰스 필모어Charles Fillmore(1977)는 이러한 낱말 의미를 장면, 즉 '신Scene'이라는 은유로 표현했다. 원형적 장면은 우리 머릿속의 표상들이며, 언어 소통의 과정에서 **틀**Rahmen(프레임frame), 즉 언어 형식의 제한을 받는다. 틀은 실제 의사소통의 과정에서 이른바 장면에 의해 채워진다. 이것은 앞에서 거론한, 상향정보처리과정 및 하향정보처리과정이라는 심리언어학의 모델에 상응한다. 외부로부터 들어오는 언어적 재료가 우리의 두뇌 안에 이미 어느 정도 존재하는 표상들을 불러일으키는 것이다.

필모어는 "장면"의 개념을 폭넓게 파악한다. 그는 우리가 일반적으로 알고 있는 것과는 다른 의미에서 그 낱말을 사용한다(이것은 방금 앞에서 언급한 전문어적인 의미의 사례이다). 필모어는 이 개념을 텔레비전 방송에 등장하는 사랑의 장면 같은 행위만이 아니라 제도적인 구조나 여론, 경험, 표상과도 관련시킨다(Fillmore 1977: 63). 여기에서 낱말(=틀)을 독립적인 단위가 아니라 장면의 부분으로 고찰하고 있음을 강조해야 한다. 필모어에 따르면, 예를 들어 "쓰다schreiben"라는 낱말은 연필이나 볼펜, 종이, 낱말 같은 원형적인 표상들을 불러낸다(Fillmore 1977: 63ff.). 오늘날 같으면 화면이나 자판도 틀림없이 불러낼 것이다.

앞에서 인용했던 로슈의 예문들도 근본적으로는 은연중에 장면들을 불러낸다. 즉, "새"라는 장면이 작은 부리울새나, 참새, 지빠귀 같은 원형적인 새들을 통해 우리에게 현실로 나타난다고 말할 수 있을 것이다. 우리는 지저귀거나 나무 위에 앉거나 날아다니거나 곡식을 쪼아 먹는 등의 원형적인 몸짓을 하는 새들을 떠올린다. 신-프레임 의미론은 원형의미론을 기초로 한다고 볼 수 있다. 우리가 범주의 경우에도 정확하게 장면처럼 뭔가를 머릿속에 떠올린다는 것이 원형의미론의 근본 사상이기 때문이다.

"장면(신)"과 "틀(프레임)"은 예로부터 알려진 것을 표현하는 새로운 용어에 지나지 않는다고 말할 수 있을 것이다. 우리가 이미 1.2장에서 보았듯이, 구조의미론은 낱말 형태와 의미, 어휘소와 의미소를 구분한다. 이에 비해 필모어의 은유를 통해서는 정신적 표상들이 포착된다(인지과학에서는 "정신적 재현mentale Repräsentation"이라는 용어를 사용한다. 예를 들어 Rickheit/Strohner 1993: 15 참조). 이러한 정신적 표상들을 구조의미론에서는 의식적으로 배제했다. 구조의미론은 예를 들어 낱말들의 다의 관계Polysemie를 언어 재료에 근거하여 논리적인 방식으로 추적한다(이에 대해서는 Leisi 1985, 9장 참조). 구조주의 방법에 대해서는 이 자리에서 더 이상 자세히 논하지 않겠다. 다만 이를테면 사전에 실려 있는 결과에 만족하려 한다.

나는 번역자에게 중요한 정신적 재현을 고찰하는 데 필모어의 은유가 매우 적절하다고 생각한다. "장면"은 시각적인 것, 때로는 청각적인 것이나 다른 감각으로 지각할 수 있는 것을 불러낸다. 우리는 추상적인 개념으로 표기되는 표상들도 얼마든지 정신적 형상을 빌려 묘사할 수 있다. 번역 과정에서 이러한 형상들은 도착어 표현을 위한 출발점이 된다(이에 대해서는 5장에서 7장까지 참조). "틀(프레임)"은 이러한 표상들이 임의적인 것이 아니라 표상들을 일깨우는 언어 형식들에 의해 제한된다는 사실을 암시한다. 모든 형상이 모든 틀에 어울리는 것은 아니다. 신-프레임 모델은 번역에서 이해와 재표현의 과정을 설명하는 가설로서 적합하며 그동안 번역학에 의해 폭넓게 수용되었다(Neubert 1988: passim, Snell-Hornby 1988: passim, Vermeer/Wotte 1990: passim, Hönig 1995: 91-96, Kußmaul 1995: passim, 2000: passim, Kupsch-Losereit 1997: 257f., Kautz 2000: 66-75, Lewandowska-Tomaszczyk 2004: 304ff., Snell-Hornby 2006: 110-114).

여기에서 소개한 인지언어학의 모델들은 평범한 독자나 청자의 이해 과정을 설명하기 위한 시도이다. 그렇다면 번역자를 과연 평범한 독자로 볼 수 있는가? 번역자는 번역을 지향하는sub specie translationis 독자이다(Hönig 1986: 232-234 참조). 그는 결코 평범한 독자처럼 자유스럽게 텍스트를 대할 수 없다. 평범한 독자라면 '이게 무슨 뜻인지 잘 모르겠어, 아무러면 뭐 어때!'라고 말할 수 있다. 하지만 번역자는 자신의 의견을 분명히 표명하고, 이해한 바를 목표어의 문자로 명기해야 한다. 이때에 이해의 과정을 스스로 의식하게 되면 도움이 될 수 있다. 그뿐만 아니라 번역자는 특정한 번역 의뢰를 받기 마련이고, 따라서 번역은 특정한 기능을 갖게 되어 번역자의 이해에, 그것도 아주 세세한 부분까지 영향을 미친다(보다 자세한 설명은 3.3장과 4장 참조). 예를 들어 설문조사의 경우에는 이런 번역 의뢰를 받을 수 있다. "도착 텍스트의 질문들이 출발 텍스트에서와 똑같은 기능을 하도록 번역하십시오. 필요한 경우에는 질문들을 도착 문화에 맞게 적절히 바꾸어 주십시오!" 그러므로 출발 텍스트를 읽는 번역자는 번역 의뢰 조건을 항상 염두에 두고서 텍스트 이해의 방향을 조정할 것이다(문화적 적응은 2.1장의 주제이다).

이제 '*reluctant*' 번역의 예로 돌아가 보자. 우리는 신-프레임 의미론의 개념들을 빌려, 아주 평범한 설문조사와 관련된 장면이 하향정보처리과정의 도움을 받아 문맥을 통해 떠오른다고 말할 수 있을 것이다. 이 장면에서 설문 답변자 측의 거부감은 핵심 표상이 아니라 불분명한 주변부에 속한다. 움베르토 에코의 인용문(1.4) 속의 "그럴듯함"과 관련지으면, 핵심 표상들은 그럴듯한 표상들이다. 만일 거부감이 드는 질문이 있다면, 그것은 답변자를 상당히 곤혹스럽게 하거나 공격하는 것일 수 있다. 그러한 질문들은 사회과학 분야의 설문으로는 적합하지 않으며 설문조사의 주변 표상에도 속하지 않는다. 달리 말하면 설문조사의 질문들은 그런 기능을 갖지 않는다.

*DCE*에 제시된 용례 또한 거부감과는 연관성이 없음을 시사한다. '*She gave a reluctant smile*'이라는 문장을 "그녀는 거부감을 가지고 미소 지었다 Sie lächelte widerwillig"로 옮긴다면, 좋은 번역이라고 할 수 없을 것이다. 미소와 거부감이라는 표현은 일반적으로 서로 배제하기 때문이다. 물론 이 문장을 어떻게 번역할 수 있는가 하는 문제는 그것이 속해 있는 "장면"에 따라 다르다. 예를 들어 어떤 남자가 부인과 다툰 후에 다시 다정하게 지내려 한다면, "그녀는 마지못해 미소 지었다Sie lächelte widerstrebend", 또는 "그녀는 주저하며 미소 지었다Sie lächelte zögernd"라고 번역할 수 있을 것이다.

번역을 통해 혼란을 야기하지 않도록, 우리는 일반적인 설문조사 장면의 핵심 영역을 고수해야 한다. 그러면 아마 이렇게 번역할 수 있을 것이다.

Hat der/die Befragte Ihrem Eindruck nach bestimmte Fragen nur ungern beantwortet?
응답자가 어떤 특정한 질문에 대답하길 꺼려 하는 듯한 인상을 받았는가?

나는 여기에서 "주저하는"이란 낱말도 가능하다고 생각한다.

구조적으로 비교 분석하면, 이 사례에서는 앞에서 말한 바와 같이 분기 현상이 문제된다. 이에 반대되는 **통합**Konvergenz 또는 하나에 여럿이 상응하는 경우 'Viele-zu-eins-Entsprechung'도 있다. 여기에서 완벽을 기하려면, 이 점에 대해서도 설명해야 한다(Koller 2001: 231f. 참조). 통합은 일반적으로 그다지 문제되지 않는다. 선택을 하고 결정을 내릴 필요가 없기 때문이다. 예를 들어 영어 낱말 '*flesh*'와 '*meat*'에 해당하는 독일어 낱말은 "Fleisch" 하나밖에 없다.

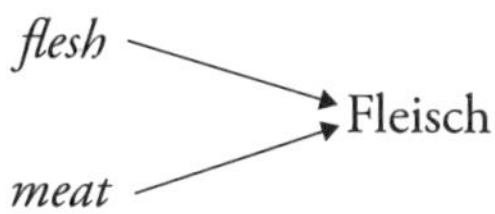

그림 6

"Fleisch"를 영어로 번역하는 경우에는 분기가 일어난다.

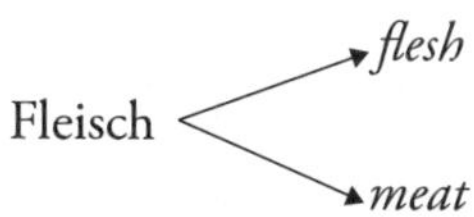

그림 7

살코기Fleisch가 아직 동물의 몸에 붙어 있는지(*flesh*) 아니면 이미 프라이팬에 올려져 있는지(*meat*) 주의해야 한다. 또 다른 예를 들면, 영어의 '*oven*'은 오븐이고 '*stove*'는 난방 목적을 위한 난로이다. 그러나 독일어에서는 이 두 가지 물건에 대해 "Ofen"이라는 한 낱말만을 사용한다.

독일어를 영어로 번역할 때에도 당연히 통합과 분기가 존재한다. "지식에 의해 알다wissen"와 "경험으로 알다kennen"에 해당하는 영어 낱말은 오로지 '*know*' 하나밖에 없다. "뼈Knochen"와 "가시Gräte"에 상응하는 영어 낱말 역시 '*bone*' 하나뿐이다. 이러한 사례들을 다시 반대 방향으로 관찰할 수 있다. 그러면 다시 분기 현상이 일어나고, 구체적인 표상(장면)들이 번역에 도움이 된다. '*She was cutting the meat off the bone*'(그녀는 뼈에서 살코기를 바르고 있었다)와 같은 문장은 생선의 가시를 발라 내는 표상이 아니라 살코기를 써는 표상을 일깨운다. 뼈 '*bone*'은 "가시Gräte"가 아니라 "뼈Knochen"로 번역해야 한다.

1.6 적절한 낱말이 없는 듯 보일 때

번역할 수 없는 낱말들이 있다고들 말한다. '쾌적한', '안락한', '편안한', '상냥한' 등의 포괄적인 의미를 가진 "gemütlich"라는 낱말이 그런 예로서 자주 언급된다. 'Gemütlichkeit'는 전형적으로 독일적인 것이며, 영어나 프랑스어나 이탈리아어에는 그런 낱말이 없다는 것이다. 물론 이 낱말 역시 번역할 수 있다. 이 낱말은 언제나 문맥 속에서 사용된다. "쾌적하고 작은 방ein gemütliches kleines Zimmer"은 상응하는 크기와 가구를 갖춘 경우에 '*a cozy little room*'으로 번역할 수 있으며, "그는 편안한 사람이다Er ist ein gemütlicher Mensch"라는 문장은 상응하는 본성과 태도를 갖춘 경우에 '*he ist easy-going person*'으로 옮길 수 있다. 여기에서도 사물과 인물에 대한 표상(장면)이 중요하다는 게 또다시 분명하게 드러난다. 영어에는 비록 'gemütlich'와 같은 포괄적 의미를 지닌 낱말이 없을지라도, 각기 장면 안에서는 그에 상응하는 낱말이 있다.

양질의 2개 국어사전들은 적어도 우리가 여기에서 장면이라고 표기한 것에 대해 암시해 준다. 예를 들어 《랑엔샤이트/콜린스 영어대사전》은 'gemütlich'에 대해 다음과 같이 구분하고 있다.

a (=편안한 *bequem*, *behaglich*) comfortable
(=친절한 *freundlich*) friendly
(=격식에 구애받지 않는 *zwanglos*) informal
(=작고 아늑한 *klein und intim*) cosy
b *Mensch* good-natured, pleasant
(=붙임성 있는 *leutselig*) approachable, friendly
(=느긋한 *gelassen*) easy-going, relaxed
c (=여유 있는 *gemächlich*) unhurried, leisurely

영어 낱말 "*local*"을 번역할 수 없다고는 아무도 말하지 않을 것이다. 그러나 상응하는 낱말을 찾기가 종종 쉽지 않다. 이 낱말은 위험한 부류의 유사 동족어이다. "*local*"을 때로는 독일 낱말 'lokal'로 옮길 수 있다. 예를 들어 '*local news*'는 "지방뉴스Lokalnachrichten"로, '*local newspaper*'는 "지방지Lokalzeitung"로 번역 가능하다. 그러나 항상 'lokal'로 번역할 수 있는 것은 아니며, 적절한 낱말이 없는 경우도 많다. 앞에서 언급했던 *ISSP*의 2001년도 질문 가운데 이런 항목이 있다.

> Suppose you wanted the local government to bring about some improvement in your local community. How likely is it that you would be able to do something about it?
> 지자체가 지역을 개선하길 원한다면, 당신은 그에 대한 무언가를 할 용의가 있습니까?

이 문장에서 '*Local*'이란 낱말이 두 번 나온다. 번역자들은 대부분 먼저 낱말 층위에서 적합한 상응어를 찾으려 할 것이다. "지방 행정기구Lokalverwaltung"나 "지역 행정기구Ortsverwaltung"는 '*local government*'에 적합한 용어가 아니라는 것을 바로 알아차리고, "읍면 행정기구Gemeindeverwaltung"라는 낱말을 떠올릴 것이다. 그렇다면 '*local community*'는 뭐라고 번역할 것인가? "지역의 행정구역örtliche Gemeinde" 아니면 "지역 행정구역Ortsgemeinde"으로 할 것인가? 이 설문 문항은 다음과 같이 번역되었다.

> Stellen Sie sich Folgendes vor: Sie möchten, dass Ihre Stadt oder Gemeinde eine Verbesserung oder Modernisierung in Ihrem Stadtteil / Ihrer Gemeinde veranlasst. Wie Wahrscheinlich ist es, dass Sie das erreichen können?
> 시나 읍면이 여러분들의 구나 읍면을 개선하거나 현대화해 주기를 원한다고 한 번 생각해 보십시오. 여러분들은 그것이 얼마나 가능하다고 여기십니까?

여기에서는 "읍면 행정기구Gemeindeverwaltung"란 말 대신에 관공서 기분이 비교적 들지 않는 "시Stadt나 읍면Gemeinde"이라는 낱말을 썼다. 이것은 답변자의 관점에서 적절한 번역이라고 할 수 있다. 답변자들은 대부분 도시의 행정기구에서 일하지 않기 때문이다(독자 또는 청자의 상황에 적응하는 문제에 대해서는 다음 장에서 자세하게 다룰 것이다). 그렇다면 '*local community*'에 대한 상응어로 "여러분들의 구나 읍면Ihrem Stadtteil/Ihrer Gemeinde"은 어떠한가? 이것이 "지역의 행정구역örtliche Gemeinde"이나 "지역 행정구역Ortsgemeinde"보다 더 적합하다는 것은 의심할 나위가 없다. 여기에서는 지역보다 더 작은 범위를 뜻하기 때문이다. 물론 답변자들이 "시나 읍면Stadt oder Gemeinde"과 "여러분들의 행정구역Ihrer Gemeinde" 사이의 차이를 금방 깨닫지 못할 가능성이 많다. 이것은 "구"와 특히 "행정구역"이 관청 용어라는 사실과도 분명 관계가 있다. 이 용어들은 "도시Stadt"의 관점에서 도시의 일부 구역에 대해 말할 때 사용된다. 그러나 여기에서는 답변자, 즉 주민의 관점에서 상황을 바라본다. 만약 답변자들이 시골 마을에 거주하고 있다면 추가로 또 다른 문제가 발생한다. 그러면 답변자들은 "구"라는 낱말을 자신들의 상황과 관계 짓기가 쉽지 않을 것이다. 따라서 이 번역문의 경우에는 답변자들과의 신속하고 용이한 의사소통이 이루어지지 않았으며 따라서 사회학적으로 유용한 답변도 확보할 수 없었다.

여기에서도 문제를 해결하기 위해 다시 "장면"의 개념을 활용할 수 있다. 지금 무엇이 중요한지 한번 생각해 보자. "현대화"라는 장면의 전형적인 일들(핵심 표상들)은 예를 들어 도로나 인도, 가로등의 개선이다. 그러한 일들에 대해 말할 때, 우리는 "우리 동네in unserer Gegend" 또는 "우리가 살고 있는 동네in der Gegend, in der wir wohnen"라고 말한다. 그렇다면 이렇게 번역할 수 있을 것이다.

> …Sie möchten, dass Ihre Stadt oder Gemeinde eine Verbesserung oder Modernisierung in der Gegend, in der Sie wohnen, veranlasst…

…시나 읍면이 여러분들이 살고 있는 동네를 개선하거나 현대화해 주기를 원한다고…

우리는 여기에서 각각의 낱말을 직역하는 대신에 의역Paraphrase을 했다. 번역자들은 이러한 가능성을 항상 의식해야 한다. "적절한 낱말이 없다"는 것은 표면상의 문제이다. 우리는 언제나 그에 상응하는 내용을 표현해 낼 수 있다. 이를 해결하는 방법은 바로 장면을 머릿속에 떠올리는 것이고, 이것은 아주 중요하다.

1개 국어사전의 정의들이 번역에 많은 자극을 줄 수 있다고 이미 앞에서 말한 바 있다. *DCE*에서 '*community*'는 같은 지역 또는 마을 등에 사는 사람들 '*people, who live in the same area, town etc.*'이라고 정의되어 있다. '*area*'나 '*live*'를 빌려 설명하는 이러한 정의를 토대로 우리와 비슷한 번역에 이를 수 있을 것이다. 2개 국어사전은 상상력을 자극하는 데 많이 뒤떨어진다. 2개 국어사전이 제시하는 고정된 답들은 아주 쓸모없다고는 할 수 없어도 문제가 있을 때가 많다. 예를 들어 앞에서 언급했던《랑엔샤이트/콜린스 영어 대사전》은 '*local community*'를 "지방 기초자치단체Kommune"로 풀이한다. 이것은 우리 일상어의 문맥에 맞지 않는 행정 용어이다. 또한 이 낱말에는 또 다른 의미가 있는 탓에, 답변자들이 혼란스러워할 우려도 있다. 답변자들이 68세대의 반부르주아적인 주거공동체나 생활공동체를 떠올리고, 심지어는 1871년의 파리코뮌을 생각할 수도 있을 것이다.

2 낱말들의 주변 환경

2.1 문화적 이입

낱말은 진공 상태에서 살아갈 수 없다. 아마 곧 죽어 버릴 것이다. 낱말은 살아남기 위해서, 즉 생명력을 지니기 위해서 호흡에 필요한 공기 같은 주변 환경, 즉 문맥을 필요로 한다. 문맥에 대해선 이미 앞에서 여러 번 언급했다. 이를테면 쟁점이 되는 낱말을 앞서거나 뒤따르는 텍스트, 언어 문맥에 대해 설명했다. 이런 문맥을 통해 낱말의 의미가 그때그때 생생하게 전해진다.

2장에서는 텍스트를 에워싼 문화와 상황에 대해 고찰하려 한다. 이와 관련하여 언어학에서는 비언어 문맥이라고 말하는데, 언어와는 독립적인 부분이라 생각하기 때문이다. 문화와 환경은 말이나 글로 언급되지 않는다 할지라도 존재한다. 이것들은 언어 소통에서 당연히 중요한 요소이다. 문화와 환경이 어떻게 언어로 표현되는가 하는 점은 특히 번역과 관련하여 우리의 흥미를 끈다. 언어학자들은 이에 대해 화용론이라는 개념을 사용했다. 의미론이 언어 기호와 언어 의미의 관계를 다룬다면, 화용론은 언어 기호와 언어 사용자의 관계에 주목한다. 언어 사용자는 늘 일정한 문화권의 일정한 상황 속에 거주하고 있다.

문화는 광범위한 범주이며, 여기에서 먼저 이 점을 설명해야 할 것이다. 사회학자이며 문화학자인 히인츠 괴링Heinz Göhring은 문화인류학자 워드 구디너프Ward H. Goodenough의 문화 개념을 번역학에 도입했다(Reiß/Vermeer 1984: 26, Snell-Hornby 1988: 40, Witte 2000: 50f. 참조). 괴링의 문화에 대한 정의를 출발점으로 삼아 보자.

> 서로 다른 역할을 수행하는 주민들이 언제 기대에 맞게 행동하고 언제 기대에 어긋나게 행동하는지 판단하기 위해서, 또한 기대에 어긋나는 행동에서 발생할 결과를 책임지고 싶지 않은 경우 기대에 맞게 행동할 수 있기 위해서, 잘 알고 다스리고 감지할 수 있어야 하는 모든 것이 문화이다. (Göring 2002: 108)

문화 중개자로서 번역가는 언어적 태도의 역할에 맞추어 생각한다. 그는 일반적으로 기대에 맞게 행동할 것이며, 바로 이것이야말로 사회에서 부여받은 역할이다. 번역가는 도착어의 독자들 기대에 부응할 것이다. 나는 여기에서 완벽을 기하기 위해 괴링의 문화에 대한 정의 전문을 인용했다.

도착 문화에 생생하게 전달하기 어려운 출발어의 많은 낱말들이 있다. 도착 문화의 공기가 낯설기 때문이다. 하지만 이것은 해결할 수 없는 문제가 아니다.

나는 원형의미론을 설명하면서, 우리의 기억 속에 저장된 표상들은 낱말 사용 과정에서 문화의 영향을 받는다고 말한 바 있다. 번역에서도 이 점을 고려해야 한다. 문화와 관련된 표상들은 사회 제도, 예를 들어 교육 분야에서 두드러진다. 《다국적 시각에서 본 스티그마와 정신질환*Stigma and mental* *illness in cross-national perspective*》(2004 여름)에 관련한 설문조사에서는 특히 학력을 문제 삼는다.

> What is the highest educational level or degree that you have achived?
> 당신의 최종 학력 또는 당신이 취득한 학위는 무엇입니까?

다음의 항목들이 답변을 위해 제시된다.

> 1. None(무학)
> 2. Lowest formal qualification attainable(법으로 정해진 최소 교육 수준)
> 3. Above lowest qualification but below usual entry requirements for colledge/university (intermediary secondary completed)(최소 교육 수준은 넘었지만 대학 진학 요건에 미달)
> 4. Usual entry requirement for university(대학 진학 요건)
> 5. Above usual but less than university degree(대학 진학 요건보다 상위, 학사 학위보다 하위)
> 6. University degree(학사)
> 7. Don't know(모르겠음)

5번째 항목은 너무 막연하게 표현되어 있어서 무슨 뜻인지 명확하지 않다. 아마 기술대학, 종합기술대학, 2년제 전문대학 같은 학력을 의미한다고 짐작된다. 이것을 대략 다음과 같이 번역할 수 있었다.

> Welchen höchsten Bildungsabschluss haben Sie erreicht?
> 당신의 최종 학력은 무엇입니까?
> 1. Keinen Bildungsabschluss 무학

2. Niedrigster möglicher Bildungsabschluss (Hauptschulabschluss) 최소의 교육 수준 (기초직업교육)

3. Mittlerer Abschluss (aber ohne Hochschulbefähigung, z.B. Realschulabschluss) 중등교육 (그러나 대학 수학 자격은 없음, 예를 들어 직업교육)

4. Abitur 인문계 고등학교 졸업

5. Fachhochschulabschluss 전문대학 졸업

6. Hochschulabschluss 대학 졸업

7. Weiß nicht 모르겠음

이 번역문은 문화적인 특성을 배려한다. 항목 2에서 "기초직업교육Hauptschulabschluss"을 구체적으로 표현함으로써 독일 교육제도를 감안하고 있다. 인지의미론의 용어를 빌자면, 이것은 장면을 쉽게 떠올리도록 도와주는 틀이다. "직업교육Realschulabschluss"이라는 말을 덧붙인 항목 3도 출발 텍스트보다 더 구체적이다. 그 밖에 '*college*'와 '*university*'의 두 개념에 대해 독일어의 상위개념(즉 보다 넓은 범주)인 "대학 수학 자격Hochschulbefähigung"이라는 말을 사용한다. 항목 4도 다른 학력의 경우들처럼 다시 구체적으로 표현되었고, 독일의 교육기관 "전문대학Fachhochschule"을 제시하는 항목 5 역시 마찬가지다. 독일의 교육제도에 관련해 추가로 직업교육 수료를 첨가해야 할지 고려해 봐야 할 것이다. 출발 텍스트에서는 직업교육을 고려하지 않는데, 영국에서는 이론과 직업학교를 병행하는 일이 매우 드물기 때문이다. 여기서 다시 번역 기능의 개념을 도입하면, 번역문에서 독일 교육기관의 명칭들이 거론됨으로써 설문 답변자는 상응하는 학력을 어렵지 않게 떠올려 대답할 수 있다. 즉 커뮤니케이션이 "기능을 발휘하게 된다".

번역가가 신중을 기해야 하는 특정한 영역들이 있다. 금기시되거나 아니

면 최소한 다루기 미묘한 것들이 있다. 여기서 문화 간의 차이가 나타난다. 예를 들어 종교적인 금기의 문제는 조심하는 것이 바람직하다. 2006년 초에 덴마크의 마호메트 풍자와 이에 대한 이슬람 국가들의 반응은 뼈아픈 교훈을 주었다.

성性의 영역에도 금기가 존재한다. 영국에서 상스런 말들은 주로 성기 부위와 연관되며, 이 말들은 금기를 깨트리는 작용을 한다. 가장 널리 알려진 욕은 '씨팔fuck/fucking'이다. 이 말은 아주 빈번히 사용돼 더 이상 성적 금기로 느껴지지 않는다. 그런데도 여전히 아무 때나 입에 올려서는 안 될 말이다. 이 영역에서 유래하는 많은 다른 낱말도 마찬가지다. 닉 혼비Nick Hornby의 소설 〈딱 90일만 더 살아볼까A Long Way Down〉에서 교육부 차관의 딸 제스Jess는 특히 상스런 말을 거리낌 없이 내뱉어 반항아 이미지를 표현한다. 다음의 사례에서도 제스는 그런 말들을 거침없이 입에 올린다. 번역은 해당 텍스트 구절의 이런 특징적인 기능을 고려해야 할 것이다. 제스는 마틴에 대해 이렇게 이야기한다.

> I've known him for a while now, and I'd say I've heard people, complete stangers, call him a cunt about fifteen times, a prick about ten times, a wanker maybe about the same, and an arsehole approximately half a dozen times. Also: tosser, berk, wally, git, shithead and pillock. (Nick Hornby, *A Long Way Down*, London 2005, S.65)
> 그를 안 지는 오래야, 생판 모르는 사람들이 그를 씨부랄 놈이라고 욕하는 소리를 열다섯 번은 들었을걸. 좆같은 새끼라는 말도 열 번은 넘을 것이고, 좆지랄 하는 놈이라는 말도 그 정도는 들었어. 씨팔 놈이라는 말도 반 타스는 들었지. 그 밖에도 병신, 머저리, 팔푼이, 머리에 똥만 든 놈,

씹지랄, 개지랄 새끼라고 욕했지.

여기에서 빈도를 표현하는 수는 물론 정확한 통계는 아니지만 이해의 실마리를 제공한다. 독일어에서 욕설은 주로 항문 부위와 연관된다. 그러므로 이 점을 감안해서 번역해야 한다. 독일어 번역을 살펴보자.

> Ich kenne ihn jetzt schon länger und würde sagen, ich hab schon ungefähr fünfzehnmal gehört, wie ihn Leute, völlig Fremde, als Fotze beschimpft haben, etwa zehnmal als Arschloch, ungefähr genauso oft als Wichser und etwa ein halbes Dutzend Mal als Penner. Außerdem: Trottel, Flachwichser, Schwanzlutscher, Vollidiot, Schleimscheißer und Pimmelfresse.

여기에서 "씹Fotze"이 일반적으로 남자에게 자주 사용되는 욕설인지 아니면 청소년들이 주로 사용하는 말인지 생각해 볼 필요가 있다. "부랑자Penner"는 다른 욕설들에 비해서 너무 약하게 느껴진다. 항문 부위에 관련한 단어들을 열거한 점은 좋은 선택이다. 이 단어들은 이른바 "욕설" 범주의 원형적인 예들이다. 금기를 어기는 욕설을 신나게 입에 올리면서 금기 자체를 깨트리는 제스의 성격을 전체적으로 잘 나타내고 있다.

정치적인 금기라고 할 수 있는 것과 관련한 다른 사례를 들어 보자.

2004년에 나는 사회학자들로 구성된 설문 전문가들과 함께 민족 정체성

개자식(The fucking bastard)
그림 1

에 대한 질문을 놓고 토론을 벌인 적이 있다. 그 질문은 다음과 같았다.

> Are you proud to be British/American?
> 영국인/미국인으로서 당신은 자부심을 갖습니까?

나는 이 질문을 말 그대로 독일어로 옮겨서는 안 된다고 주장했다. 독일에서는 나치 정권이 물러난 지 2세대가 지났어도 민족적인 자부심이 비록 금기는 아니지만 여전히 껄끄러운 테마라는 이유에서였다. 예를 들어 미국과는 달리, 독일 국기는 앞마당에서 펄럭이지 않는다. 만일 그렇다면 집주인 스스로 극우파라는 것을 시위하려는 경우일 것이다. 독일의 민족적 자부심은 미묘한 문제다. 독일인들은 예를 들어 스포츠, 기술, 경제 분야에서의 성과에 대해서는 자부심을 느낄 수 있다. 하지만 위의 질문에 그렇다고 기꺼이 긍정적으로 대답할 독일인은 극소수에 지나지 않을 것이다. 따라서 위의 질문은 "당신은 독일인으로 태어난 것을 대수롭게 여깁니까?"라고 옮겨야 할 것이다.

나와 같은 60대나 또는 30대에게 "독일인으로서 당신은 자부심을 갖습니까?"라고 물었을 때, "공화주의자가 생각난다" 또는 "극우주의자가 연상된다"는 답변을 들었다. 인지언어학적으로 표현하면, 여기서 원치 않은 정치적 장면들이 상기된 것이다. 설문조사에서 그런 표상들은 당연히 떠오르지 않아야 한다.

계속된 토론에서 사회학자들은 민족적인 자부심을 간접적으로 물어볼 수 있을 것이라고 지적하였다. 예를 들어 "당신은 독일 국가대표 축구팀의 승리를 자랑스럽게 생각합니까?", 또는 2006년 동계 올림픽 직후라면 "독일 대표팀이 최다 메달을 획득한 것에 자부심을 느낍니까?"라고 질문할 수 있다. 2003년 *ISSP*에 "나의 조국이 국제 스포츠 경기에서 좋은 성과를 거두면 국민으로서 자부심을 느낀다"는 진술에 대해 설문 답변자들의 의견을 묻는 항목이 있었다. 결국 우리는 솔직하지 못한 대답을 얻을 확률이 높기 때문에 직접적인 질문을 피하기로 의견을 모았다. 이것은 물론 번역에서 특별한 결단의 사례이다. 하지만 이 사례는 원문의 기능을 살려 번역하기를 원한다면, 번역의 효과를 미리 고려하는 것이 얼마나 중요한지를 보여 준다.

2006년 독일에서 FIFA 월드컵이 열린 이후라면 답변자들은 아마 위의 질문에 대해 달리 대답하였을 것이다. 최소한 월드컵 기간에는 많은 집과 자동차에 독일 국기가 펄럭였다. 독일 국적에 대한 부담감 없는 상태가 이대로 지속될 것인지 아니면 단지 일시적인 현상인지는 두고 볼 일이다.

2.2 상황과 문체

유명한 TV 요리사 산테 데 산티스Sante de Santis는 요리 강좌 시간에 참가자들과 매우 편하게 얘기한다. 예를 들어 "자기, 아래 서랍장에서 커다란 냄비 좀 꺼내 줘요!" 또는 "자기, 이리 와 봐요. 지금 10분 동안 저을 수 있죠?" 또는 "자기, 잘했어요, 고마워요"라고 말한다.

"자기"라는 호칭은 일반적으로 부부나 애인 사이에서 사용된다. 산테도 물론 이 점을 잘 알고 있다. 하지만 그는 서로 잘 모르는 사람들과의 관계에서 이 말을 사용함으로써 편안하고 친밀한 분위기를 만들어 낸다. 우리는 낱말을 사용해 상황을 만들어 낼 수 있다. 그러나 반대의 경우도 가능하다. 특정한 상황에서 특정한 낱말들이 요구될 수도 있고 요구되지 않을 수도 있다. 앞에서 언급한 욕설들은 어떤 상황에서도 입에 올려서는 안 된다고 많은 사람들이 말할 것이다. 아무튼 그런 욕설들은 상대를 잘 아는 경우에, 이를테면 상황을 제대로 판단할 수 있을 때만 사용해야 한다. 그러므로 상황과 특정한 언어적 형식 사이에는 밀접한 관계가 있다. 우리는 상황을 언어로 전환하는 것을 문체라고 표현한다.

언어학자들이 상황과 문체의 상관 관계를 연구하던(Halliday/McIntosh/Strevens 1964, Crystal/Davy 1969) 1960년대에 찰스 필모어의 신-프레임 의미론Scenes-and-frames-Semantik은 정립되지 않았었다. 오늘날의 관점에서 보자면 형이상학적 개념인 "장면"이 "상황"의 개념과 유사하다고 말할 수 있다. 우리가 커뮤니케이션 참여자의 관점에서 상황을 묘사한다면, 이는 어느 한 장면을 상세히 묘사하는 것과 매우 유사하다. 나는 우리 머릿속의 표상들을 번역에 이용하는 것을 늘 중요하게 여기기 때문에, 여기에서 인지의미론의 개념들을 기술記述문체론의 모델에 연관지으려 한다.

우리는 번역을 하면서 커뮤니케이션의 참여자들을 고려해야 한다. 기술문체론은 우리의 목적에 유용한 일련의 상황 요소나 "층위"를 논의의 대상으로 삼았다(Crystal/Davy 1969 참조). 나는 여기에서 원형의미론과 관련짓기 위해 층위 대신 때로는 "범주"라는 말을 사용한다.

이러한 요소들은 영어 사전에서는 '형식적', '비형식적', '기교적' 같은 표시를 통해, 독어 사전에서는 "친밀한, 가족적인"(*fam.*), "일상어적인"(*ugs.*), "전문적인"(*fachspr.*) 같은 표시를 통해 어느 정도 고려된다. 이런 요소들을 체계적으로 정돈하는 것이 유용하다.

먼저 상황 요소들을 전체적으로 살펴보자. 번역학에서 인지도 높은 크리스탈/데이비Crystal/Davy의 모델을 우리의 목적에 맞추어 약간 수정해 봤다 (Kußmaul 1998b 참조).

언어사용자의 층위

지리적 출신지

사회적 위치

시대

언어사용의 층위

사회관계

친밀도

참여성

매체

사용분야

언어 사용자 층위의 **지리적 출신지**부터 먼저 살펴보자. 슈바벤 사람이 "Ich gehe jetzt auf die Bühne"라고 말한다면, 배우로서 무대(Bühne)에 등장한다는 뜻이 아니라 정리를 하기 위해 다락(Bühne)으로 올라간다는 뜻이다. 이것은 원래 정리하기를 좋아하는 슈바벤 사람들에게 어울리는 일이다. 슈바벤 방언에서 "Bühne"는 표준 독일어와는 다른 의미를 갖는다. 뿐만 아니라 평소에 잘 아는 낱말인데도 방언으로 사용되면 잘 이해하지 못하는 경우가 있다. 그 낱말들이 음성학이나 문법 형식 면에서 대개는 표준어로부터 벗어나 있기 때문이다. 이 책에서는 낱말들에 집중하고 있지만, 문체와 상황을 문제 삼는 경우에 때로는 다른 언어적 차원도 고려하지 않을 수 없다.

사회계층의 언어적 표현으로서 **사회방언**Soziolekt 또한 표준어로부터 이탈

하는 특징을 보인다. 영국식 영어에서는 방언과 사회방언 사이에 밀접한 관계가 있다. 예를 들어 뮤지컬 〈마이 페어 레이디My Fair Lady〉는 방언에서 표준어로 쉽게 전환하지 못하는 능력 부족을 주제로 하고 있다. 꽃 파는 소녀 두리틀Eliza Doolittle은 런던 사투리를 말하는데, 히긴스 교수에게서 표준 영어를 유창하게 말하기 위한 교습을 받는다. 이 부분의 효과를 살려 독일어로 번역하기는 쉽지 않다. 독일어에서는 영어에서처럼 사회적인 방언이 널리 퍼져 있지 않기 때문이다. 두리틀의 런던 사투리를 베를린이나 빈의 억양으로 표현한 것이 그나마 널리 알려져 있다.

시대라는 요소는 텍스트가 때로는 왜 고리타분하게 들리는가를 설명해 준다. 오래된 텍스트를 번역하는 경우에 번역 의뢰자와 번역자는 시대적 분위기를 보존할 것인지의 여부를 결정해야 한다. 오늘날 셰익스피어는 대부분 현대 독일어로 번역된다. 고색창연한 것을 좋아하는 사람은 슐레겔과 티크의 번역본을 보면 된다.

지리적 출신지, 사회적 위치, 시대 등의 언어적 특성들은 비교적 변하지 않는다(Crystal/Davy 1969: 66f.). 이런 요소들은 특히 문학 작품의 번역에서 중요한 역할을 한다(Albrecht 2005: 236-242 사례 참조). 번역가들이 무엇보다도 생계를 위해 번역하는 전문 텍스트는 일반적으로 방언이나 고풍스런 언어를 사용하지 않는다. 이런 텍스트들에서는 "언어 사용"이라는 말로 요약한 층위들이 중요하다. 이 층위들은 비교적 한시적이고 가변적인 것으로 문체 연구의 핵심 영역에 속한다(Crystal/Davy 1969: 71). 그것들은 종종 "언어 목록Register"이라고도 표현된다(Halliday/McIntosh/Strevens 1964, Cristal 1987: 52, Albrecht 2005: 232). "카드 하나를 뽑다ein Register ziehen"라는 어법에서 알 수 있듯이, 언어 목록은 이런 요소들의 한시적인 특성을 아주 잘 표현해 주는 은유이다. 그 밖에도 이 은유에는 선택 가능성의 의미가 내재되어 있다. 앞으로 보게 되겠지만, 이 측면은 번역과 관련해서 중요하다. 번역가는 독자에 맞추어 번역하기 위해서 이른바 일정한 언어 목록을 이용한다.

언어 사용의 요소들을 하나하나 상세히 살펴보자. **사회관계**에는 세 종류의 유형이 있다. 동등한 관계, 하부에 대한 상부의 관계, 상부에 대한 하부의 관계이다. 이것은 행동을 유발하는 표현들에서 매우 잘 나타난다. "중간시험을 위한 신청서는 서면으로 시험 위원회의 위원장에게 제출해야 한다"라는 시험 규정 같은 관공서의 규정들은 하부에 대한 상부의 관계를 표현한다. "해야 한다ist zu"는 뜻의 권위적이면서도 구속력 있는 영어 등가어는 '*shall*'이다. 좀 악의적으로 말하자면 독일에서 관공서와 시민 사이의 의사소통은 하부에 대한 상부 관계라는 범주의 원형적인 장면을 보여 준다고 할 수 있다. 물론 구술 대화에서는 예전과 달리 많이 변했다. 판매자와 구매자 사이처럼 상부에 대한 하부의 공손한 관계는 아니지만, 오늘날에는 동등한 관계가 그 기본적인 범주를 이룬다. 관공서와 관련해 다른 문화에서는 당연히 다른 관습이 있을 수 있다.

여기에서도 이 상황 요소들을 일반적으로 원형의미론과 신-프레임 의미론의 관점에서 관찰할 수 있다. 예를 들어 하부에 대한 상부의 관계처럼 의사소통에 중요한 상황요소들이 우리의 사고 범주에 (원형의미론의 의미에서) 상응한다. 그러면 시민에 대한 관공서의 규정은 원형적인 표상(장면)이고, "ist zu"와 '*shall*'은 원형적인 언어 표현이다. 범주와 원형적인 장면과 원형적인 언어 형식이 우리의 기억 속에서 서로를 불러낸다. 특정한 사회관계와 관련하여 전형적인 장면들을 떠올린 데 이어서 특정한 언어 형식이 생각난다. 아니면 반대로 특정한 언어 형식이 생각난 뒤를 이어 전형적인 장면들이 떠오를 수도 있다. 이것은 다음 그래픽에서 양 방향을 가리키는 화살표로 표시된다.

카테고리/상황요소

⇕

원형적 장면

⇕

원형적 언어 형식

그림 2

또 다른 예를 들자면 업무 편지라는 원형적인 장면에서는 공손함, 따라서 상부에 대한 하부의 관계가 중요한 범주의 역할을 한다. 독촉장의 원형적인 언어 형식은 '*We must ask you to send us your cheque without further delay*'(빠른 시일 내로 해당 금액을 송금해 주시길 부탁드립니다), "Wir bitten Sie, den Betrag innerhalb einer Woche zu überweisen"와 같은 부탁이다. 우리는 이런 문장을 듣게 되면 자동적으로 독촉을 생각한다. 물론 독촉을 표현하는 다른 언어 형식이 없다는 뜻은 아니다. 최근에는 이와 관련하여 많은 회사들이 매우 독창적인 표현을 사용한다("…하시는 것을 잊어버리셨습니다").

가족 사이에서 가볍게 들어줄 수 있는 부탁은 보통 동등한 관계에 상응한다. 예를 들어 독일어로는 "소금 좀 이리 줘Reich mir doch mal das Salz", 영어로는 "*Can you pass me the salt?*"라고 말한다. 물론 사회관계에서 중요한 것은 불변의 위치가 아니라 특정한 행위를 성공적으로 수행하기 위해서 관습적으로 받아들이는 역할이다. 번역가는 역할과 관련해 그 문화 특유의 관습을 잘 알고 있어야만 전문가답게 행동할 수 있다.

친밀도는 다양한 사회적인 거리감과 관련된다(이에 대해 사전에서는 비형식적 내지는 "친밀한", "일상어적인"이라고 표시한다). 앞에서 언급한 "자기"라는 호칭은 거리감을 좁혀 주고 높은 친밀감을 나타낸다. 호칭이 일깨우는 표상들 역시 원형적인 장면으로 떠올릴 수 있다. "자기"라는 형식은 예를 들어 부부나 연인 사이의 대화 장면에 적합하다. 산티스와 요리 강좌의 참가자들 사이의 대화가 원형적인 장면은 결코 아니다. 오히려 친밀감 범주의 주변 장면에 속한다.

이름이나 애칭, 대명사 "너"는 높은 친밀도를 나타낸다. "뮐러 박사님Herr Dr. Müller", "존경하는 신사 숙녀 여러분", 그리고 영어의 '*Sir*', '*Madam*'은 낮은 친밀감을 표현하는 형식이다. 그러나 호칭으로 말 건네는 자체가 이미 친밀감의 표시일 수 있다. 독일의 전문 분야 내에서 통용되는 사용 설명서는 대부분 호칭이 필요 없는 부정형不定形을 사용한다(예를 들어 "뚜껑을 얹고 단단히 조인다Kopf aufsetzen und festschrauben"). 그러나 전문 분야 밖의 사람들을 위한 지침서, 예컨대 컴퓨터 소프트웨어 안내서에서는 존칭에 대한 명령형이 점점 더 자주 사용되고 있다.("'삽입' 메뉴에서 날짜와 시간 명령을 선택하십시오Wählen Sie aus dem Menü *Einfügen* den Befehl Datum und Uhrzeit")(Schmitt 1998a 참조). 인칭을 사용하는 지시문을 인칭을 사용하지 않는 부정형 문장과 비교해 보면 ("'삽입' 메뉴에서 '날짜와 시간' 명령을 선택한다Aus dem Menü *Einfügen* den Befehl *Datum und Uhrzeit* wählen"), 높은 친밀감을 쉽게 간파할 수 있다. 다른 요소들에도 해당되는 말이지만, 친밀도는 물론 호칭 형식만이 아니라 모든 언어학적인 차원에 내재해 있다. 통사론에서는 예를 들어 모음축약('*can't*', '*haven't*' 등)에서, 어휘에서는 비형식적이거나 형식적이라고 표시된 낱말들('*man*', '*person*' 대신에 '*blocke*', '*guy*')에서, 그리고 문장 연결에서는 논리의 흐름이 명확하지 않은 경우에('존은 아파서 일하러 못 가John can't go to work because he is ill')라는 표현 대신에, '존은 일하러 못가. (걔) 아파John can't go to work. He is ill') 친밀도가 나타난다.

참여성의 요소 역시 화자와 청자 또는 작가와 독자에 관계하며 입말과 밀접한 관계에 있다. 여기에서는 청자 내지 독자의 참여가 문제된다. 크리스탈과 데이비는 언어 표현의 독백적인 특성이나 대화적인 특성에 대해 이야기한다(Crystal/Davy 1969: 69f.). 영어의 전형적인 부가의문문('*isn't it*', '*don't they*', '*hasn't she*' 등)이 청자 참여의 형식으로서 여기에 속한다. 독일어에서는 "nicht wahr", "oder", 남독일의 "gell" 같은 낱말들이나 수사적인 물음이 여기에 속한다. 우리 가운데는 "oder"를 들으면서, 1980년대에 이 낱말을 스위스 방언에서 아주 효과적으로 사용했던 에밀 슈타인베르거Emil Steinberger의 유명한 단막극을 떠올릴 사람이 아마 여럿 있을 것이다. 그것은 "oder"라는 언어 형식을 통해 실현된 참여성이라는 상황 범주의 원형적인 장면일 것이다.

많은 언어에 독자를 호칭하는 특별한 형식들이 있다. 독자 내지는 청자를 포함하는 독일어의 "wir"와 영어의 '*we*'가 그런 사례이다. 이 형식은 영어나 독일어의 학술 논문에서 자주 사용된다(Kußmaul 1978 참조). 그러나 이 형식을 군주가 자신을 지칭할 때 쓰는 복수형으로 해석하지 않도록 주의해야 한다.

참여성의 요소는 연극 및 영화의 텍스트, 그리고 다양한 형태의 의사표현과 응답으로 묘사되는 대화체 소설처럼 대화를 담고 있는 텍스트에 무엇보다도 중요하다. 이른바 메타커뮤니케이션의 표현들도 참여성의 표시이다. 이런 표현들은 지침서나 안내서, 방금 언급한 학술 논문에서 사용되며 독자가 쉽게 방향을 정하도록 돕는다. 그런 사례로서 '첫 장에서는 …을 다룰 것이다', '이제 … 보게 되듯이', '이제 보다 특별한 문제들로 넘어가자'와 같은 문장들을 들 수 있다(Kußmaul 1978: passim).

매체에서 우리는 입말과 글말의 차이점을 이해한다. "입말"은 연극 대본과 대화체 소설을 번역할 때도 중요한데, 여기에서는 단지 입말을 흉내낸다는 점에 유의해야 한다. 우리는 이에 대한 사례를 곧 자세히 다루게 될 것이다.

사용 분야의 요소는 번역가의 실무에서 매우 중요하다. 여기에서는 텍스트의 전문어적 특성이 문제 된다. 전문가가 전문가를 대상으로 글을 쓰는 경우에는 해당 전문 분야의 용어들을 사용한다. 말하자면 전문가들끼리 의사소통을 하는 것이다. 용어, 즉 전문 어휘는 번역가 양성 교육의 핵심 테마이다. 이러한 측면을 작가와 독자의 관계로도 볼 수 있다. 작가와 독자가 같은 영역의 전문가들이면 같은 수준에 있다. 그러나 전문가가 비전문가를 대상으로 글을 쓰는 경우에는, 이해 수준이 다르다. 그러면 전문가는 비전문가의 수준에 맞춰야 한다.

상황 요소들의 목록은 원칙적으로 열려 있다. 즉 그 수가 한정되어 있지 않다는 뜻이다. 새로운 경험과 관찰을 통해 이를테면 언어 사용자의 성별 같은 요소들을 첨가할 수 있다. 언어학자 데보라 태넌Deborah Tannen의 베스트셀러 《남자를 토라지게 하는 말, 여자를 화나게 하는 말*You Just Don't Understand*》(1991) 이후, 우리는 여성들과 남성들이 서로 다르게 말하는 사실을 알게 되었다. "사회계층" 또한 사실 너무 광범위한 층위이다. 아무리 같은 계층에 속하더라도 청소년들과 성인들은 서로 다르게 말한다. 어린이들도 나이에 따라 언어 수준이 다르다.

번역가에게는 두 가지 형태의 상황과 문체가 중요하다. (1) 텍스트는 언어 외적인(실제로는 텍스트 외적인) 상황에 놓인다. 즉 작가는 특정한 독자를 위해 글을 쓰고, 이 점이 텍스트 문체에 반영된다. 이를테면 앞에서 언급한 관공서 언어, 사용 지침서, 업무 편지, 학술 논문을 예로 들 수 있다. (2) 텍스트 안에서, 예를 들면 소설에서 특정한 상황에 처한 인물들이 서로 의사소통을 한다. 이것은 텍스트 내적인 상황이다.

서로 관련 있는 상황요소들을 명확히 이해하기 위해서 텍스트 내적인 상황을 보여 주는 텍스트 부분과 그 번역을 살펴보자. 데이비드 로지David Lodge의 소설 〈치료Therapy〉에서 등장인물들은 비교적 길게 말한다. 이것은 작가에게 인물들의 말투를 통해서 인물들의 특성을 표현할 수 있는 기회이다. 올리의 예를 보자.

> OH, Hallo George, how goes it in Current Affairs? Good good. Oh, surviving, just about. Thanks, I need one. Draught Bass, please. Oh, make it a pint. Ta. Yeah, one of those mornings. My secretary is off sick, our fax machine is on the blink, the BBC have snapped up a Canadian soap I had my eye on, and some cunt of a solicitor is suing us because he has the same name as the bent lawyer in that episode of Motorway Patrol - did you see it. No, the week before last. Ah, thank you, Gracie. And a packet of crisps, smoky bacon flavour. No, no, George, let me pay for the crisps. Well, if you insist. Thanks, Gracie. Cheers, George.
>
> 어이, 조지 안녕, 시사부는 잘 되어 가? 잘됐군. 나야 그럭저럭 살지 뭐. 고마워, 흑맥주 하나, 오백으로. 감사. 어, 오늘 아침도 똑같이 뒤죽박죽이야. 비서는 아프다고 안 나오고, 팩스기는 맛이 갔고, BBC는 내가 눈독 들였던 캐나다 연속극을 가로챘고, 어떤 씨팔 변호사가 자기 이름이 고속도로 순찰Motorway Patrol에 나온—너도 봤지?—썩은 변호사랑 이름이

같다고 우릴 고소하겠대. 아니, 2주 전에. 아 고마워 그레이시. 감자칩도 한 봉지, 훈제 베이컨 맛으로. 아냐 아냐, 조지, 감자칩은 내가 살게. 정 그렇다면 좋아. 고마워 그레이시. 조지, 건배.

이 텍스트는 영국 술집에서의 대화를 묘사한다. 매체는 인쇄된 텍스트이지만 입말, 대화 중심의 텍스트를 모방하고 있다. 달리 말하자면 참여성이 두드러진다. 대화 상대를 암시하는 부분을 보면 알 수 있다. 화자 올리는 다른 사람들의 말에 '어이', '아', '어', '아냐', '좋아', '고마워'라는 낱말로 응답하며, '조지', '그레이시'라는 호칭으로 각기 상대방을 뚜렷하게 밝힌다.

화자와 암시된 대화 상대자의 사회관계는 동등한 관계로 짐작된다. 보아하니 직장 동료 사이의 대화인 듯하다. 하지만 두 사람의 사회적 관계는 말로 명백히 표현되지는 않는다. 그러나 종업원과의 짧은 대화, 맥주와 안주 주문은 이런 점에서 흥미롭다. "흑맥주 하나, … 오백으로, … 감자칩도 한 봉지, 훈제 베이컨 맛으로Draught Bass. please. … Oh, make it a pint. … And a packet of crisps, smoky bacon flavour." 여기에서 어떤 사회관계가 문제되는가? 만일 상부에 대한 하부 관계라면 이렇게 부탁할 것이다. "흑맥주 하나 주실 수 있겠어요. … 오백짜리로 주실래요? … 그리고 감자칩도 한 봉지, 훈제 베이컨 맛으로 주시겠어요?Could I have Draught Bass, please? … Could you make it a pint? … And could I have a packet of crisps, smoky bacon flavour, please?"

물론 술집에서 이렇듯 완곡한 어투로 주문하지는 않는다. 손님은 아랫사람인 양 자신을 낮추지 않는다. 그렇다면 더 높은 사람인 양 행동하지 않는가? 그는 명령법을 사용한다. "오백으로Make it a pint." 다른 표현들도 축약된 명령형으로 해석할 수 있을 것이다. 그러므로 쉽게 이루어질 수 있는 부탁이 문제되는 상황이라고 볼 수 있다. 즉 음료수와 음식을 가져오는 서비스 업무인 것이다. 그래서 완곡한 부탁의 의미를 담은 특별한 공손함은 필요하지 않다. 여기서의 관계는 동등하다고 볼 수 있다.

이 표현은 비교적 높은 친밀도에 의해서 그 의미가 강화된다. 종업원의 이름을 부르는 데다가 '그레이시Gracie'는 '그레이스Grace'보다 더욱 친밀감을 준다. 친밀도가 높은 경우에는 직접 부탁하는 표현을 할 수 있다. 예를 들어 우리는 가족에게 "책장의 책 좀 꺼내 줘!"라고 말한다.

조지와 그의 동료 사이의 친밀도는 격식을 차리지 않는 말투에서 나타난다. 텍스트는 격식에 얽매이지 않은 낱말들, 심지어는 속어로 가득하다. 이 낱말들을 격식을 차리는 낱말들과 대비시켜 보면 이런 사실을 쉽게 알 수 있다. 올리는 "시사부 상황은 어떻죠?What is the situation like in Current Affairs?" 라고 묻는 대신 "시사부 잘 되어 가?How goes it in Current Affairs?"라고 묻는다. 또한 "고맙습니다thank you" 대신, "고마워thanks", 나중에는 "감사Ta"라고 말한다. 그는 "예yes"가 아니라 "어Yeah"라고 말하고, "팩스기가 제대로 작동하지 않아our fax machine is not working properly" 대신 "팩스기가 맛이 갔어our fax machine is on the blink"라고 말한다. 그리고 "부패한 변호사dishonest lawyer"가 아닌 "썩은 변호사bent lawyer"라는 말을 사용한다. 이미 앞에서 보았던 "씨팔cunt"이라는 말도 여기에 등장한다. 이 낱말이 영어에서는 청소년들이 아니라 성인들이 사용하는 말이라는 것이 이 부분에서 명백히 드러난다. 전체적으로 보아, 데이비드 로지가 상황 범주에 대해 원형적인 언어 형식을 취한다고 말할 수 있다. 독자는 바로 여기에서 매력을 느끼고 이런 형식을 옛 친구인 양 반긴다. 레나테 오르트-구트만Renate Orth-Guttmann은 이렇게 번역했다.

> 어, 조지 안녕, 시사부는 잘 되어 가? 잘됐군. 나야 그렇지 뭐. 고마워, 흑맥주. 오백으로. 고마워. 오늘 아침도 똑같이 뒤죽박죽이야. 비서는 아프고, 팩스기계는 망가졌고, BBC는 내 캐나다 연속극을 가로챘고, 어떤 씨팔 변호사가 우리를 고소했는데, 방송 나간 고속도로 순찰의 썩은 변호사가 자기랑 이름이 같다는 거야, 너도 봤지? 아니, 2주 전에. 정말 고마워 그레이시. 감자칩도 한 봉지, 훈제베이컨 맛으로. 아냐, 아냐, 조지, 감자칩은 내가 낼게. 정 그렇다면 좋아. 고마워 그레이시. 조지, 건배.
>
> Hallo, Geeorge, wie geht's in der Nachrichtenredaktion? Freut mich. Na ja, man lebt. Danke, kann ich gebrauchen. Dunkles vom Fass bitte. Eine Halbe. Danke. Ja, heute Vormittag waren mal wieder alle Puppen am Tanzen. Meine Sekretärin ist krank, unser Faxgerät ist im Eimer, die BBC hat mir eine kanadische Seifenoper weggeschnappt, und so ein Arschloch von Anwalt will uns verklagen, weil er denselben Namen hat wie der krumme Hund in der letzten Folge von Motorway Patrol - hast du die gesehen? Nein, vorletzte Woche. Dank dir schön, Gracie. Und eine Tüte Chips, Räucherspeckaroma. Nein, nein, George,die Chips zahl ich. Na gut, wenn du unbedingt willst. Danke Gracie. Prost, Geroge.

상황 요소들이 각각 어떻게 표현되고 있는가? 먼저 참여성을 보면, 호칭 형식으로서 이름들은 아무런 문제가 없다. 영어의 '*Oh*'를 독일어 "Oh"로 그대로 옮기는 것이 만족스럽지 않는 경우가 종종 있는데, 여기서는 의미상 매우 적절하게 관용적으로 "Na ja"로 번역되어 있다. "잘 되어 가?"라는 물음에 대한 전형적인(원형적인) 답변 형식이다. 영어의 '*Ah*'는 생략하는 대신, 단순히 "고마워 그레이시Danke, Gracie"라고 말할 때보다 더 대화체인 "정말 고마워 그레이시Dank dir schön, Gracie"라고 옮겼다.

사회관계와 관련해 맥주를 주문하는 부분에 대한 번역도 문제가 없다. 독어에도 명령형의 구문을 축약하는 비슷한 관습이 있기 때문이다.

친밀도는 번역문에서도 아주 뚜렷하게 나타난다. "시사부 잘 되어가?how goes it in Current Affairs?"라는 말에 거의 그대로 상응하는 독일어 표현이 있다. "…wie geht's in der Nachrichtenredaktion?" 구문의 축약('geht's')은 격식에 억매이지 않는 것과 동시에 입말임을 분명하게 하는 통상적인 수단이다. "정말 고마워Dank dir schön"와 "내가 낼게zahl ich"의 경우에도 어미를 생략했다. 이 같은 축약 형식도 입말 매체에 원형적이라고 할 수 있다.

격식에 얽매이지 않는 낱말들인 "고마워thanks", "감사ta"와 "어Yeah"에 상응하는 어휘가 독일어에는 없다. 하지만 번역자는 텍스트의 다른 부분에서 격식에 얽매이지 않는 문체를 사용하여 이 점을 만회한다. 예를 들어 인사말 "Hallo"는 독일어에서는 비형식적인 말이지만 영어에서는 무난한 말이다. 또한 "똑같이 뒤죽박죽이야waren mal wieder alle Puppen am Tanzen"라는 구절도 관용어를 사용함으로써 원본의 상응하는 부분보다 더 비형식적이다. 번역자는 문체와 관련해, 텍스트를 총체적으로 파악하고 대화를 장면으로 떠올리는 듯하다. 이것은 좋은 전략이다. 각각의 낱말들에 맞는 문체로 번역하는 것이 중요한 게 아니다. 전체적인 표현이 일치해야 한다.

"팩스기는 망가졌고unser Faxgerät ist im Eimer"라는 구절은 원본과 문체상 잘 들어맞는다. "썩은 변호사bent lawyer"를 "krumme Hund"로 옮긴 것도 적절하다. "씨팔cunt"을 "Arschloch"로 옮긴 것은 금기 위반에 대한 독일 관습을 지키면서 원형적인 독일 욕설을 선택한 것이다. 소설 속 등장인물의 특성이 말투를 통해 잘 드러나 있으며, 따라서 성공적인 번역이라고 본다.

2.3 동시에 두 의자에 앉다

이제까지 여러 번 언급한 번역자, 텍스트, 상황, 문화의 관계를 그래픽으로 정리해 본다. 사태를 복잡하게 만들지 않으려고, 지금까지 텍스트의 낱말들은 따로 그래픽으로 옮기지 않았다. 낱말들은 텍스트의 구성 요소로 생각해야 한다.

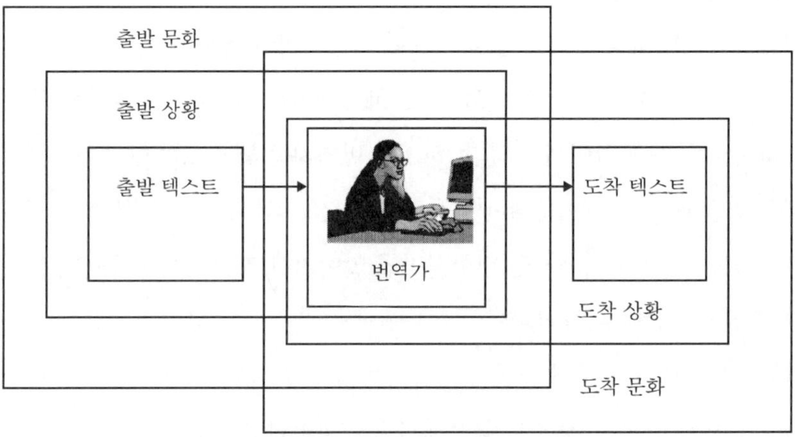

그림 3

여기에서 중요한 것은 이입이다. 텍스트는 상황에 이입되어 있고, 상황은 다시 문화 속에 이입되어 있다. 출발 상황과 도착 상황, 그리고 출발 문화와 도착 문화는 서로 겹친다. 영국 문화는 물론 전체는 아니지만 많은 부분을 독일 문화와 공유한다. 겹치는 부분의 크기는 문화마다 다르다. 중국 문화와 독일 문화 사이에는 공유 부분이 적을 것으로 짐작된다. 번역가는 언어적인 문화 중개자로서 양쪽 문화에 관계한다. 그러므로 그림에서 겹친 부분에 위치해 있다. 그가 전문가라면 두 의자 사이가 아니라 동시에 두 의자에 앉는다. 전형적인(원형적인) 번역가는 여성, 그것도 대부분의 상사들이 젊은 여자이기를 바라기 때문에 그래픽에 젊은 여성을 그려 넣었다. 그리고 생각하는 자세를 취하고 있다. 이것 또한 여성이든 남성이든 번역가의 전형적인 모습이다. 아니면 최소한 그래야 할 것이다.

앞에서 설명한 사례들의 경우에, 번역문은 출발 텍스트와 똑같은 기능을 발휘했다. 예를 들어 설문은 끝까지 설문이었지 대화체 소설로 변하지 않았다. 이러한 기능 불변은 번역 실무에서 가장 흔히 볼 수 있는 일반적인 일이다. 사용 지침서는 번역문도 사용 지침서이고, 안내서는 안내서로, 계약서는 계약서로, 증명서는 증명서로, 문학 작품은 문학 작품으로 남는다. 물론 문학 작품의 경우에는 항상 그런 것만은 아니다(이 책의 사례들에서는 특별한 요구 조건이 없는 한, 번역문은 출발 텍스트와 동일한 기능을 가진다는 것에서 출발한다).

그러나 전통적으로 번안이나 개작으로 표시되는 것들도 있다. 소설이 때로는 아동 도서로 번역된다. 조너선 스위프트Jonathan Swift의 〈걸리버 여행기Gulliver's Travels〉와 대니엘 디포Daniel Defoe의 〈로빈슨 크루소Robinson Crusoe〉가 늘 그런 사례들로 인용된다. 이런 경우엔 상황이 달라진다. 출발 문화에서는 성인이 수신자지만 도착 문화에서는 아동이 수신자가 된다. 번역자는 텍스트를 아동의 기대와 수용 능력, 언어 이해 수준에 맞춘다.

물론 기능이 변환되긴 했지만, 번역학에서는 이런 텍스트들도 번역물로 간주한다. 유스타 홀츠-멘테리Justa Holz-Mänttäri의 행위이론(1984)과 한스 페르메어Hans J. Vermeer의 스코포스 이론Skopostheorie(목적이론)은 이 점을 우리의 뇌리에 각인시켰다(Reiß/Vermeer 1984, Vermeer 2000). 출발 텍스트는 결국 정보를 제공하며, 우리는 각기 번역의 목적에 따라, 정확히 말하면 번역 의뢰인과의 논의를 거쳐서, 그 정보를 도착 문화의 독자들을 위해 사용한다. 논리적으로 보면 번역의 목적을 정하는 것이 더 상위의 결정이다. 번역문의 기능을 그대로 유지시킬 것인가 아니면 변화시킬 것인가를 결정하는 것이 바로 번역의 목적이다. 기능 연구는 번역학에서 상당히 일반화되어 있으며 또한 이 책의 토대를 이루기도 한다(이 점에 대해서는 Nord 1997에 일목요연하게 소개되어 있다).

또 다른 사례를 살펴보자. 한 외국인 여학생이 위에서 인용한 독일 시험규정의 문장을 이해하지 못해 동료 여학생에게 무슨 뜻인지 묻는 상황을 상상해 볼 수 있을 것이다. 동료 여학생은 쉬운 낱말을 사용해 그 규정을 설명하려 애쓸 것이고,—이것도 일종의 번역이라 할 수 있을 것이다—이를테면 "중간시험을 보려면 신청서를 작성해서 시험위원회에 제출해야 돼"라고 말할 수 있다. 도움을 구하는 여학생이 영국인이라면 아마 이렇게 이야기할 것이다. "*If you want to do the intermediary exam, you have to fill in a form and hand it in at the examinations office.*" 화자와 청자의 관계는 하부에 대한 상부의 관계가 아니라 동등한 관계이다. 이 번역은 당연히 관공서의 규정이 아니며 강요하는 분위기를 띠지도 않는다.

전문 서적과 전공 논문들이 이따금 비전문가들을 위해 번역되는데, 이것도 기능의 변환이다. 나도 전문가들을 위한 번역학 논문을 대학생들을 위한 모음집에 실을 수 있도록 번역해 달라는 의뢰를 받은 적이 있다. 나는 전문어들을 설명하고 각기 이론적인 배경에 대한 정보를 덧붙였다. 이 경우에도 번역은 상황의 제약을 받는다. 전문가들만이 관련 텍스트를 보는 게 아니라, 원한다면 문외한들도 보게 된다. 이와 관련하여 앞에서 이미 짧게 언급한 바 있다.

순수 문학 작품의 예를 들어보자. 시는 때로 문예학이나 언어학 논문 같은 비문학 작품에 보기로 인용된다. 그러면 최소한 시의 내용이라도 전달하기 위해서 대부분 산문으로 번역한다. 물론 전체적인 미학적 감흥은 전해지지 못하고, 따라서 문학 작품이 단순한 정보 텍스트로 변하게 된다. 매체 요소를 세분하고 (운과 운율을 가진) 운문과 산문을 구분함으로써, 앞서 언급한 상황 요소들을 빌려 이런 종류의 번역들을 분류할 수 있다.

바로 앞에서 언급한 사례들에서 기능 변환은 도착 문화의 상황에 제한을 받았다. 때로는 도착 문화 자체가 이미 기능 변환을 필요로 할 수도 있다. 얼마 전에 영국의 계급사회와 음식, 선술집 같은 주제들을 담은 유머러스하면서 풍자적인 텍스트들을 학생들과 함께 번역했다. 그 대부분의 것들을 촌평이라는 잡지 텍스트 종류로 분류할 수 있을 것이다. 그런 텍스트의 경우에 종종 영국인들만이 알고 있는 사태를 유머러스하게 비판한다는 점에서 번역의 문제가 발생한다. 게다가 특정 행동방식과 상태를 풍자적으로 분석하는 텍스트의 의도가 독일 독자들에게는 별 의미가 없다는 점도 문제였다. 독일 독자들은 비판의 대상도 아니고 또한 상태를 변화시킬 수도 없기 때문이었다. 그래서 우리는 텍스트의 기능을 바꿔서 번역을 감행했다. 풍자와 촌평에서 오락과 정보의 균형을 고려한, 영국을 소개하는 재미있는 텍스트가 생겨났다. 우리는 그 결과를 "영국인이 보는 영국"이라는 제목으로 잡지에 수차례 소개했다.

이와 같이 문화와 관련하여 기능을 변환하는 경우는 드물 것이다. 대부분은 기능을 변환하지 않으면서 도착 문화에 적응해야 한다. 이 점을 우리는 학력 문제에서만이 아니라 욕설 및 민족 자부심에 대한 설문에서도 경험했다.

전문 서적 번역에서 도착 문화로의 적응은 새로운 명칭을 만들어 냈다. 전자 데이터 처리 과정에서 이른바 소프트웨어 현지화가 작업 분야로 자리 잡은 것이다. 이것은 소프트웨어 문서(예를 들어 소프트웨어 프로그램의 설명서와 안내서)가 낯선 시장 문화에 적응하는 것을 일컫는다(Gerhardt 1998: 213 참조). 특히 문제되는 것은 이를테면 도착어의 문자 체계, 계량 단위, 화폐 표기, 날짜, 시간 표기에 적응하는 것이다. 물론 이것은 쉽게 인식할 수 있는, 비교적 피상적인 것들이다. 번역자가 생각, 행동, 협상의 면에서 문화적인 차이점들을 고려해야 하는 경우가 더 힘들다. 그 밖에도 "현지화"란 기능을 고려하는 번역이 이미 오래전부터 해 온 일에 대한 또 다른 이름이 아닌가 싶다(현지화에 대해서는 Göpferich 2002: 335f. 참조).

다시 문학 작품 번역의 예를 들어보자. 조지 램George Lamb이 19세기 초에 카툴루스Gaius Valerius Catullus의 연가를 영어로 옮겼을 당시엔 현지화라는 개념이(또한 기능적인 번역의 개념도) 존재하지 않았다. 그러나 로렌스 베누티Lawrence Venuti가 단언했듯이 조지 램은 카툴루스를 영국 상황에 맞게 "길들였으며domestizierte", 예의범절이나 사랑의 은밀함 같은 시민적인 가치관을 부각시킴으로써 번역을 시대의 입맛에 맞추었다.

바로 이런 사례들에서 도착 문화에의 적응이 문제된다. 그러나 언제나 적응이 문제라고 믿게 되면, 기능적인 번역의 본질을 오인할 수도 있다. 목적에 따라서, 번역문은 출발 문화 또한 부각시킬 수 있다. 이와 연관하여 낯설게 하는 번역이라는 말이 있다. 낯설게 하기는 오늘날 문학 작품 번역에서 널리 활용되고 있는데, 예를 들어 원본의 인물과 장소 이름을 그대로 사용하는 것에서 쉽게 드러난다. 또한 영국이나 미국을 배경으로 펼쳐지는 TV 범죄영화에서 영어의 호칭 형식 '*Sir*'라고 그대로 말하기도 한다. 그럼으로써 청자/독자/시청자가 출발 문화 속으로 옮아간 듯한 효과를 낸다. 물론 언제나 일관성 있게 그런 것만은 아니다. 우리는 앞에서 예를 들어 욕설이 도착 문화의 금기에 적응한 것을 보았다. 텍스트가 우리에게 너무 낯설게 느껴져서는 안 된다. 나는 여기에서 낱말들의 의미와 문체가 낯설게 하기보다 우선한다고 생각한다. 이 자리에서는 이 문제에 대해 더 이상 깊이 파고들지 않겠지만, 문학 작품의 번역을 이런 관점에서 한번 연구해 보면 흥미로울 것이다.

우리는 번역자가 문화 중개자로서 맡는 임무에 대해 살펴보았다. 이런 맥락에서, 번역가들이 일반적 의미에서의 텍스트 생산을 의뢰받는 경우가 점점 늘고 있다는 것을 간과할 수 없다. 내 제자들 가운데 하이코 아만이라는 학생이 어학원을 위한 광고 텍스트를 작성해 달라는 의뢰를 받은 적이 있다. 그 전단지는 북경과 상해의 박람회에서 배부될 예정이었는데, 먼저 독일어로 작성되고 나중에 중국어로 번역되었다. 독일어의 중요성을 세계에 알리는 내용으로, 이런 목적을 위해 먼저 독일은 아인슈타인, 베토벤, 뒤러 같은 인물들을 배출한, 오랜 전통과 문화를 가진 나라로 소개되었다. 카를 마르크스가 중국에서 (여전히) 존경받는다는 중국인 사업 파트너의 말을 좇아서, 카를 마르크스의 이름도 끼워 넣었다. 또한 독일의 경제적인 잠재력과 유럽공동체에서의 지도적인 위치를 강조했고, 그런 사례로서 현재 진행 중인 대규모 프로젝트, 다이믈러와 폭스바겐 등의 대기업, 양쯔 강의 댐 공사 프로젝트를 진행하는 지멘스도 거론했다.

얼마 후 그 전단지는 외국을 대상으로 한, "왜 독일어를 배우는가"라는 홍보 책자의 토대로서 널리 사용되었다. 마르크스의 이름은 삭제되었는데, 그 이유는 누구나 쉽게 이해할 수 있을 것이다. 서구 사회에서 환경 보호를 위한 비판적인 목소리가 드높을 뿐 아니라 국제 시장에서 별로 중요하지 않은 이슈였기 때문에, 댐 공사 프로젝트도 삭제되었다.

3 얼마나 정확하게 번역을 해야 하는가?

3.1 문제점, 오역의 위험, 위험 부담

모든 문장이 막힘 없이 매끄럽게 번역되고, 목표어의 표현들이 거의 자동적으로 떠오른다. 바로 정확하게 맞아떨어졌다는 느낌이 든다. 그러다 갑자기 번역이 막히고, 적절한 표현을 힘겹게 찾아내야 한다. 가까스로 생각해낸 표현이 마음에 들지 않는다. 출발 텍스트를 다시 한 번 살펴보고 처음부터 다시 시작한다. 번역자라면 누구나 이런 상황을 잘 알고 있을 것이다.

과감하게 텍스트에서 멀어져, 그래도 이 정도면 제법 그럴듯하다고 스스로 확신할지도 모른다. 하지만 '이렇게 번역해도 될까?'라는 의문이 곧 떠오를 수 있다. 예로부터 잘 알려진 진부한 문구가 떠오른다. "가능한 한 정확하게, 필요한 만큼 자유롭게"(그러나 무엇이 필요한지를 누가 결정할 것인가?). 또는 "번역은 반역이다Traduttore-traditore"라는 말도 있다. 그리고 이런 물음들이 밀려온다. 번역 의뢰인이 과연 이것을 받아들일까? 독자가 이런 표현을 이해할 수 있을까? 저자의 의도에 충실하게 번역을 했는가? 문체는 적절한가? 저자의 의도가 제대로 표현되었는가? 더 일반적으로 말하자면, 번역의 목적이 달성되었는가?

번역에 확신이 없어서 이렇듯 많은 의문이 떠오르는 것은 아닐까? 이것은 분명 우리가 번역의 문제점을 인식하고 오역의 위험을 알아챘다는 신호이다. 번역은 모험으로서 항상 오역의 위험을 안고 있다. 오래전에 사회학 분야의 설문조사 번역에 대해 동료와 토론한 적이 있었는데, 그 동료가 자신은 "절대 모험을 하지 않는다"라고 말했다. 실제로 우리는 가능하면 오역의 위험에서 벗어나려 한다. 그리고 대개 정확하게만 번역하면—정확한 번역이 무슨 뜻인지 간에—별 일 없을 것이라고 생각한다.

번역학자들은 번역이 원전보다 길어지는 현상을 자주 보아 왔다. 이것은 번역자가 원본보다 더 명확하게 표현하려고 하는 데서 생긴 현상인 듯하다('명확성Explicitation'은 이미 잘 알려진 현상으로서, 마크 셔틀워스Mark Shuttleworth와 모이라 코위Moira Cowie의 《번역학 사전*Dictionary of Translation Studies*》, 1997에 수록되어 있다). 원본에서 낱말 의미의 뉘앙스가 암시적으로 표현된 경우, 다른 낱말들을 추가하여 이를 보다 명확하게 번역해 낼 수 있다. 또한 문장들 사이의 암묵적인 논리 관계는 접속사와 부사를 덧붙여 보다 분명하게 표현하고, 특별한 문화적 개념과 지리적 명칭에는 번역자가 설명을 부가하기도 한다. 심지어는 어느 정도의 명확성이 번역의 보편적 현상이라고 생각하는 번역학자들도 있으며, '번역의 법칙translation law'이라고까지 말한다('명확성'에 대해서는 Chesterman 1997: 71, Englund-Dimitrova 2005: 33-44 참조). 이러한 태도는 오역의 위험성을 줄이려는 것과 관계가 있다. 보다 명확하게 표현하면 할수록, 보다 정확하게 번역하고 있으며 독자들이 정보의 손실 없이 제대로 이해한다고 확신하는 번역가들이 많이 있다. 이것은 인간적으로는 충분히 이해할 만하지만 의사소통의 관점에서는 문제가 많은 태도이다. 그래서 이런 태도를 어떻게 보완할 수 있는지 지금부터 제시하려 한다.

다음과 같은 소설의 구절을 번역해야 된다고 한번 가정해 보자.

> He looked rather intellectual to us, and we were curious to find out what his profession was, so I said to him: "My wife and I were wondering if you are a journalist?" "I am only a solicitor", he replied with a smile.
> 그는 좀 지적으로 보였다. 우리는 그의 직업이 궁금했고, 나는 이렇게 말했다. "제 아내와 저는 당신이 언론인이 아닐까 하고 생각했습니다." "저는 단지 변호사일 뿐입니다." 그가 미소를 지으며 대답했다.

마지막 문장을 "저는 단지 변호사일 뿐입니다Ich bin nur ein Rechtsanwalt"라고 옮긴다면, 정확하게 번역한 것일까? 영국식 영어에서는 '*barrister*'(상급법원에서 변론할 수 있는 영국의 변호사, *DCE*)와 '*solicitor*'(재산을 매매할 때 법적 조언을 하고 필요한 서류를 준비하며, 특히 하급법원에서 변호할 수 있는 유형의 변호사, *DCE*)를 구별한다. 특히 "단지only"라는 말에서 오해를 피하려면, *DCE*에 제시된 '*barrister*'와 '*solicitor*'에 대한 자세한 설명을 활용해야 하지 않을까? 우리는 이 사례에 대해 나중에 다시 거론하게 될 것이다. 우선 오역의 문제가 번역에서 어떤 위치를 차지하고 있으며 오역을 피하거나 적어도 줄이기 위한 어떤 방법이 있는지 좀더 상술해야 한다. 아니면 오역의 위험을 무릅쓰지 않고는 번역 자체가 가능하지 않을지도 모른다. 앞으로 보게 되겠지만, 이해의 과정은 이러한 맥락에서도 중요한 역할을 한다.

어떤 종류의 번역이든 오역의 위험은 도사리고 있다. 예를 들면 문학 작품의 번역에서 획일적인 문체는 작품의 질과 저자의 명성을 떨어뜨린다. 기술 관련 문서의 번역에서 안전 지시사항이 이해하기 어렵거나 불분명하게 번역되어 있을 경우 사고를 야기할 수 있다. 그러면 번역 의뢰자는 번역자에게 손해배상을 청구할 수 있다(Schmitt 1999: 129). 그래서 번역자는 이에 대비해 책임보험에 가입하기도 한다. 이 책에서는 많은 사회학 분야의 설문조사 번역을 사례로 들고 있는데, 특히 이러한 번역에서 오역의 위험이라는 주제가 명백하게 드러나기 때문이다. 설문조사 번역은 얼핏 쉬워 보이지만, 많은 종류의 위험을 내포하고 있다. 무엇보다도 낱말 의미의 영역에서 적절하지 않은 번역이나 오역은 질문 내용을 이해하기 어렵게 만들고, 따라서 답변의 진실성과 때로는 설문의 가치를 떨어뜨릴 수 있다. 이것은 아주 큰 대가를 치를 수도 있다(Harkness 2003: 40).

최근에 번역학자 볼프람 빌스Wolfram Wilss는 "위험관리Risikomanagement"라는 개념을 번역에 도입했다(Wilss 2005). 이 개념은 처음에 경영학에서 유래한 것으로 그동안 수많은 분야에서 사용되었다. 빌스가 보여 주듯이, "위험관리" 개념은 번역가가 문제 해결을 위해서 무엇을 하거나 아니면 적어도 무엇을 시도해야 하는지 상당히 정확하게 말해 준다. 번역가가 아닌 사람은 아마 이렇게 말할 것이다. "위험 부담이라니 무슨 말입니까? 번역가야말로 편한 사람입니다. 당신이 해야 할 일이 정확하게 주어져 있지 않습니까. 당신 앞에는 텍스트가 있습니다. 그냥 거기 있는 것을 번역하십시오!" 번역 의뢰인들도 자주 이런 말을 한다. 물론 이것은 너무나 단순한 생각이다. 나는 3장의 서두를 열면서 이런 문제들이 번역자의 시각에서 어떻게 받아들여지는지 대략 느낀 대로 서술하고자 했다. 그것을 좀더 객관적으로 표현하자면, 한편으로는 출발 문화의 특정한 상황 속에서 언어의 형태와 구조와 의미의 복잡한 관계가 문제된다. 다른 한편으로는 상황과 문화와 번역 의뢰인의 요구 사항을 고려하면서 출발어의 의미를 형태와 구조가 완전히 다른 도착어로 어떻게 다시 표현해 낼 수 있을까 하는 점이다. 빌스는 번역에서 결단이 중요하다고 강조하며, 우리의 맥락에서 중요한 "불확실성 속의 결단"(Wilss 2005: 662)에 대해 말한다.

3.2 등가성

번역학자들은 "위험 부담"이라는 개념을 명시적으로 도입하지는 않았지만, 이미 오래전부터 어떻게 번역의 위험 부담을 줄일 수 있는지 당연히 생각해 왔다. 특히"라이프치히 학파"(이에 대해서는 Neubert 1968 Hrsg., Neubert/Kade 1973 참조)는 논란의 여지가 있기는 하지만 오늘날까지 중요한 역할을 하고 있는 개념들에 대해 아주 일찍부터 논의했다. 그러한 개념들을 빌려 번역의 문제를 해결하고 위험 부담을 줄이고자 한 것이다. "불변성Invarianz", "등가성Äquivalenz", "적합성Adäquatheit"이 그러한 개념들이다. 이 개념들은 우선 아주 매력적으로 보였다. 이것들을 통해, 우연성에서 벗어난 번역의 핵심을 꼬집어 낼 수 있기를 희망했기 때문이었다. 우연성이 적어질수록 그만큼 위험 부담은 줄어든다. 오토 카데Otto Kade는 이렇게 말한다.

> 전문적인 번역학의 주요 과제는 [⋯] 두 언어 사이에 잠재하는 등가 관계의 객관적 체계를 발견하고 서술하는 것이다. 이러한 체계가 번역 자체를 가능하게 하고 모든 구체적인 번역 행위의 기본이 된다. 이때 언어 체계는 추상적인 체계라는 점을 고려해야 한다. (Kade 1968: 95)

여기에서 물론 객관성은 화용론적 요소들, 즉 상황과 문화를 배제하는 대가로 얻어 낸 것이다. 카데는 당연히 이 사실을 알고 있었고 그래서 언어 체계가 추상적인 체계라고 말한 것이다. 그러나 등가성이라는 개념의 변천사를 보면, 번역에서 화용론적 요소들을 배제할 수 없다는 것을 분명히 알 수 있다. 등가성의 개념은 차츰 세분화되었고, 그 결과 텍스트, 의사소통, 기능, 그리고 2장에서 서술한 화용론과 관련한 요소들 역시 포함하게 되었다(Neubert 2004: 338, Koller 2004: 351, Wotjak 1997).

나를 포함한 스코포스 이론의 옹호자들과 이른바 기능론자들은 1980년대에 등가성 개념을 반박했다. 등가성 옹호자들은 출발 텍스트만을 고려하는 데 비해서 기능주의자들은 도착어의 수용자를 염두에 둔다. 예를 들어 상응하는 목표에 따라 텍스트 기능이 변화하는 경우에 등가성은 아무런 역할도 하지 않는다는 것이다(이에 대해서는 Snell-Hornby 1986: 13-22, Kußmaul 1986: 224f. 참조). 그동안 이러한 양극적인 논쟁의 단계는 지나갔다. 이제는 등가성이 무조건 유효한 번역 원리라고는 볼 수 없다. 번역에서 상위의 관점은 오히려 번역의 스코포스 내지는 기능이다. 그러나 스코포스가 출발 텍스트와 도착 텍스트 사이의 기능 불변이라는 점에서(2.3장 참조), 차별화된 개념으로서의 등가성은 번역에 유용한 관점일 수 있다.

벌써 여러 번 언급된 설문조사 번역에서 등가성의 원리가 중요한 역할을 한다는 것은 충분히 생각해 볼 수 있는 일이다. 설문조사에서 등가성은, 답변자의 대답이 변조되지 않기 위해서 도착 텍스트와 출발 텍스트의 질문이 동일해야 하는 것을 의미한다. 설문조사 번역에 관한 문헌에서 이것은 ASQ(Ask the Same Question) 모델로 불린다(Harkness 2003: 35, Harkness et al. Hrsg 2003: 8). 도착 텍스트가 대규모의 설문조사에 활용되기까지 출발 텍스트의 번역은 일련의 단계를 거친다. 이것은 TRAPD 방법이라고 불리는데, 'translation, review, adjudication, pretesting, documentation'의 머리글자를 딴 약자이다(Harkness et al. Hrsg 2004: 465). 그 뜻은 "번역, 검토, 적절한 문장 선별, 테스트, 기록"이다. 이러한 여러 단계를 통해 등가성을 위한 체계적인 토대가 마련된다. 하지만 중요한 것은 이 과정에서 내용상 어떤 일이 일어나는가 하는 문제이다. 출발 텍스트와 동일한 질문을 제기한다는 것이 도대체 무슨 의미인지 번역자는 거듭 자문해야 할 것이다. 이는 출발 텍스트의 질문을 단순히 단어 대 단어로 번역한다는 뜻은 절대 아닐 것이다.

ASQ 모델과 관련해서 사회학자들이 종종 사용하는 개념은 직역close translation(Harkness et al. Hrsg 2004: 461f.)이다. 이것은 낱말 하나하나를 아주 충실하게 번역하는 것을 뜻한다. 이상적인 경우에는 다시 출발어로 역번역하면 출발 텍스트로 되돌아갈 수 있다는 것이다. 번역학에서 이미 오래전부터 알려져 있듯이, 물론 이러한 입장에는 문제가 아주 많다. 역번역은 두 언어 사이의 텍스트나 텍스트 부분이 구조적으로 완전히 동일한 경우에만 가능하다(예를 들어 'The flower is blue'—꽃이 파랗다). 하지만 그런 경우는 드물 뿐만 아니라, 번역의 문제점이 완전히 해결되지도 않는다.

역번역을 통해 등가성을 테스트할 수 있다고 생각하는 사람은 두 언어 체계가 서로 유사하기보다는 상이하다는 사실을 간과하는 것이다. 언뜻 동일해 보이지만 사실은 동일하지 않은 경우가 자주 있다. 1장에서 우리는 이러한 사실을 어휘 체계와 관련해서 살펴보았다. 피상적인 등가성 개념으로는 아무것도 할 수 없다. 언어학자이자 번역학자인 외른 알브레히트Jörn Albrecht의 말을 빌자면, 등가성은 "동일성"이 아니라, "동등한 가치"를 뜻한다(Albrecht 2005: 33). 그렇다면 동등한 가치란 무엇일까?

3.3 필수적인 세분화의 정도

내가 한스 회니히와 함께 1982년에 《번역의 전략*Strategie der Übersetzung*》을 출간했을 때, 우리는 "얼마나 정확하게 번역을 해야 하는가?"라는 물음에 대한 답으로 '필수적인 세분화의 정도'라는 전략을 제안했다. 이 전략은 많은 성공을 거둔 메리 스넬-혼비의 저서 《번역 연구—통합적 접근*Translation Studies. An Integrated Approach*》(1988)에서 상세히 설명되었고, 그 결과 이 전략은 영국 번역학계에도 소개되었다. 또한 '세분화의 정도Degree of Differentiation' 내지는 '정확성의 정도Degree of Precision'라는 용어로 마크 셔틀워스와 모이라 코위의 《번역학 사전*Dictionary of Translation Studies*》(1997)에도 수록되었다. 번역 교수법 연구와 번역학 입문에서 세분화 정도의 원칙은 그동안 결정적 기준으로서 논의되어 왔다(Hohenadl/Will 1994: 39, 84; Kautz 2000: 110-113, Prunč 2001 158-160, Stolze 2001: 146). 우리가 그 당시에 책에 썼던 내용을 여기에서 간단히 소개하고 현재의 시각에서 설명하고자 한다. 우리는 그 전략을 일련의 연속되는 단계로 설명했다.

> 그〔번역자〕는 번역자로서 출발 텍스트를 인지하고, 번역자로서 그것을 자신의 상황에 접목시킨다. 번역자는 번역 의뢰인의 요구 사항을 분명하게 규정하고, 도착 텍스트의 의사소통 기능을 확정한다. 이때에 화용론적 차원에서 독자의 기대에 초점을 맞춘다. 이러한 의사소통 기능을 토대로 번역자는 필수적인 세분화의 정도를 정한다. 출발 텍스트의 언어 표현과 사회문화적 배경 사이의 중요한 경계 지점을 확인하고, 도착 텍스트의 발신자로서 수신자의 사회문화적 상황을 배경으로 도착어 표현의 필수적인 세분화의 정도를 결정하는 것이다. (Hönig/Kußmaul 1982: 58)

우리는 이런 다소 추상적인 설명을 '*public school*'이라는 단어의 사례에서 구체적으로 보여 주었다(Hönig/Kußmaul 1982: 53f. 참조). 위의 인용문에서는 전체 텍스트의 의사소통 기능에 대해 말하지만, 우리는 보다 쉽게 개관할 수 있도록 개별 문장들을 예로 들었다. 문장들 역시 텍스트로 간주할 수 있기 때문이다. 그 밖에도 텍스트의 개별 문장들의 기능은 텍스트 전체의 기능과 관련이 있다는 사실을 고려해야 한다. 다음의 두 가지 사례에서 유명한 '*public school*'의 이름이 나온다. 문장 (1)은 문장 (2)와는 다르게 번역해야 한다.

> (1) In Parliament he fought for equality, but he sent his son to Winchester.
> (2) When his father died, his mother could not afford to send him to Eton any more.

이 사례들에서 문장 앞부분의 문맥이 단어의 기능에 대한 단서를 제공한다. 여기에서 필요에 따라 보다 포괄적인 문맥을 생각해 볼 수 있다. 문장 (1)은 예를 들어 어느 정치가에 대한 비판적인 발언이고, 문장 (2)는 영국 중산층에 속하는 어떤 가족의 이야기이다. 필수적인 세분화 정도의 원칙에 따라서 다음과 같은 번역은 충분히 정확한 것이며 출발 텍스트와 동등한 가치를 표현한다고 말할 수 있을 것이다.

> (1a) 국회에서 그는 기회 균등을 위해 투쟁했지만 자신의 아들은 영국의 엘리트 학교에 보냈다(Im Parlament kämpfte er für Chancengleichheit, aber seinen eigenen Sohn schickte er auf eine der englischen Eliteschulen).
> (2a) 그의 아버지가 돌아가시자 어머니는 그를 돈이 많이 드는 사립학교

에 더 이상 보낼 수 없었다(Als sein Vater starb, konnte seine Mutter es sich nicht mehr leisten, ihn auf eine der teueren Pirvatschulen zu schicken).

"돈이 많이 드는"이라는 논거가 기회 균등에도 대립되기 때문에, (1a)의 경우에도 "돈이 많이 드는 사립학교"가 적절한 번역이 아닌지 생각해 볼 수 있다. 이 문장의 맥락에서 보면 "돈이 많이 드는"이라는 단어를 분명 그렇게 이해할 수도 있을 것이다. 그러나 "엘리트 학교"가 여기에서 의미하고자 하는 바를 더욱 분명하게 표현해 준다고 생각한다. 우리가 이미 원형 의미론을 통해 알고 있듯이, 표상들 사이의 경계는 유동적이다. 그리고 표상의 핵심을 다른 낱말들에 비해 비교적 정확하게 집어내는 낱말들이 있다. 그러므로 기회 균등에 어긋난다는 핵심을 "엘리트 학교"가 "돈이 많은 드는 사립학교"보다 더 잘 표현하지 않는지 고려해야 할 것이다. 이것은 각자 알아서 결정할 문제이다.

물론 '*public school*'이라는 낱말에는 위의 두 번역에서 표현하는 것 이상의 정보가 들어 있다. 그러나 "영국의 엘리트 학교"와 "돈이 많이 드는 사립학교"라는 번역은 문장의 맥락에서 필요한 정보를 정확하게 표현하고 있다. 또한 두 번역 모두 정보의 측면에서 '*public school*'과 동등한 가치를 지닌다고 말할 수 있을 것이다.

학생들이 《번역의 전략》을 읽고 나면, 내게 이따금 이런 질문을 던지곤 했다. "과연 적절하지 않은 번역에 대해 '옳다' 또는 '그르다'고 평가할 수 있을까요? 아니면 지금까지 '그르다'고 평가했던 것은 '부족하게 세분화되거나' '지나치게 많이 세분화된 것'은 아닐까요?"

앤서니 핌Anthony Pym(1992)은 번역 평가를 위해 이원적binary 오류와 비이원적non-binary 오류를 구분할 것을 제안한다. 이원적 오류의 경우에는 옳거나 그르다고 말할 수 있다. 즉, 질적 판단을 할 수 있는 것이다.

> (1b) 국회에서 그는 기회 균등을 위해 투쟁했지만, 자신의 아들은 윈체스터에 있는 공립학교에 보냈다(Im Parlament kämpfte er für Chancengleichheit, aber seinen eigenen Sohn schickte er auf die öffentliche Schlule in Winchester).

만일 문장 (1)을 이와 같이 번역한다면, 이것은 한마디로 말해서 틀린 것이다. 여기에서 문제는 공립학교가 아니라 사립학교이기 때문이다.

그러나 비이원적 오류에 대해서는 흔히 "아주 틀린 것은 아니지만 …" 이라고 토를 달게 된다. 비이원적 오류들의 경우에는 잘못된 정도를 설명할 수 있다. 뭔가 충분하지 않은 거 같아, 또는 이 표현이 다른 표현보다 더 낫지 않을까, 이런 식으로 말할 수 있을 것이다.

> (1c) 국회에서 그는 기회 균등을 위해 투쟁했지만, 자신의 아들은 윈체스터로 보냈다(Im Parlament kämpfte er für Chancengleichheit, aber seinen eigenen Sohn schickte er nach Winchester).

예를 들어 이런 번역은 아주 틀린 것은 아니지만, '윈체스터'가 무엇을 뜻하는지 모르는 독일 독자의 입장에서는 충분히 세분화되었다고 볼 수 없다. 따라서 비이원적 기준에 의해 판단해야 한다. 독자는 '*public school*'에 내포되어 있으며 출발 텍스트의 문장에서 전면에 드러난 "엘리트적" 특성을 바로 추론해 낼 수 없을 것이다. 이와 반대로 다음과 같이 옮기는 경우에는 지나치게 많이 세분화된 번역일 것이다.

> (2b) 아버지가 세상을 떠나자 어머니는 그를 더 이상 이튼에 보낼 수 없었다. 오늘날에도 여전히 대부분의 정치적, 경제적 차세대 지도자가 돈이 많이 드는 이 영국 사립학교 졸업생들 중에서 배출된다(Als sein Vater starb, konnte seine Mutter es sich nicht mehr leisten, ihn nach Eton zu schicken, jene teure englische Privatschule, aus deren Absolventen auch heute noch ein Großteil des politischen und wirtschaftlichen Führungsnachwuchses hervorgeht).

여기에서 번역자는 원문에 내포된 사실, 즉 돈이 많이 드는 학교가 문제라는 사실을 명확하게 표현했다. 그러나 지나치게 많은 보충 정보를 추가함으로써 원래의 가장 중요한 정보인 "돈이 많이 든다"는 특성을 가려 버렸다고 말할 수 있다. 하지만 만약 텍스트의 주제가 "영국의 교육 체계"였다면, '*public school*'을 이 정도는 상세하게 번역해야 하지 않을까 고려해 볼 수 있을 것이다.

심리언어학의 관찰 결과를 토대로 필수적인 세분화 정도의 원칙을 더욱 공고하게 다질 수 있다. 일부 심리언어학자들(Barcley et al. 1974)이 이해 과정에서 표상(필모어의 말을 빌려 "요소들"을 포함하는 "장면"이라고도 말할 수 있다)의 잠재적 특성들 전부가 아니라 문맥상 중요한 특성들, 때로는 단 하나의 특성만이 활성화된다는 것을 실험을 통해 확인했다(이러한 맥락에서 심리언어학자들은 "활성화"라는 용어를 사용한다. 또한 "우리의 표상에서 생생하게 살아난다"라고도 말할 수 있을 것이다). 그동안 자주 인용된 이 실험의 사례를 통해 이것을 쉽게 설명할 수 있다(Barcley et al. 1974: passim). '피아노'라는 낱말에는 **무거운**, **나무로 만든**, **소리를 내는**, **아름다운** 등등의 일련의 특성이 잠재한다.

1. 남자가 피아노를 들었다.
2. 남자가 피아노를 부쉈다.
3. 남자가 피아노를 조율했다.
4. 남자가 피아노를 사진 찍었다.

그러나 이런 문장들을 듣거나 읽게 될 때, 각 문장의 동사들은 "피아노"라는 장면Szene의 다양한 요소들 중 하나만을 활성화시킨다. 첫째 문장은 **무거운**이라는 요소를, 둘째 문장은 **나무로 만든**이라는 요소를, 셋째 문장은 **소리를 내는**이라는 요소를, 넷째 문장은 **아름다운**이라는 요소를 활성화시킨다(Barcley et al. 1974: 476).

여기에서 각 문장의 동사들이 맡은 역할에 주목해야 한다. 동사들은 표상이 생생하게 살아나는 문맥을 제공한다. 각기 하나의 문장으로 이루어진 이 예문들의 경우에 문맥은 그리 광범위하지 않다. 그러나 실제로 번역을 하다 보면 이러한 최소한의 문맥은 예외적인 경우이다. 무엇이 활성화되는지 알아내려면, 즉 무엇이 중요한지 인식하려면, 대부분은 좀더 넓게 봐야 하고 때로는 단락 전체를 주시해야 한다. 즉 문맥을 파악하는 것이 중요하다. 문맥은 우리에게 장면을 불러일으키고, 이를 통해 우리는 어느 정도 정확하게 번역을 해야 할지 결정할 수 있기 때문이다.

이런 맥락에서 많은 심리언어학자들(예를 들어 Langacker 1987: 120f.)이 **초점 맞추기**, 전면, 배경에 대해 말한다. 이를테면 첫째 문장에서는 **무거운**이라는 요소에 초점이 맞춰져 있다고 말할 수 있다. 따라서 이 요소가 전면에 부각되고, 나머지 요소들은 배경으로 물러난다.

이러한 관찰 결과를 '*public school*'에 적용해 보면, 문장 (1)에서는 '*public school*'이라는 장면의 "엘리트"라는 요소가, 문장 (2)에서는 "돈이 많이 드는"이라는 특성이 독자에 의해 활성화된다고 말할 수 있다. '*public school*'의 장면에는 그 밖에도 "전통적인", "성공을 뒷받침하는" 등등 일련의 요소들이 포함되어 있다.

이제 3.1장에서 언급한 "*solicitor*"의 번역 사례를 다시 살펴보자. 아마 이 말이 나오길 벌써부터 조급하게 기다린 독자들이 있을지도 모르겠다. 첫 번째 화자의 말에는, 언론인을 대부분 사회적 지위가 높은 지식인으로 여기는 상투적인 표상(원형적 장면)이 표현되어 있다. 두 번째 화자는 이에 대해 '단지'라는 말로써 반어적인 입장을 취하고, 겸손하게 자신의 직업상의 지위를 보잘것없는 것으로 표현한다. 이것이 이 텍스트 구절의 기능이다. 심리언어학적으로 말해, 여기에서 "지위"라는 요소가 활성화된 것이다. *DCE*에 정의되어 있는 "법률 상담", "서류 작성"과 같은 요소들은 배경으로 물러난다.

저는 단지 평범한 변호사일 뿐입니다(Ich bin nur ein kleiner Anwalt).

이렇게 옮긴다면 충분히 세분화된 번역이다. "단지"(출발 텍스트의 경우처럼)와 "평범한"이라는 낱말들을 통해서 "지위"라는 요소에 초점이 맞춰지기 때문이다(번역 교수법을 위해 덧붙이면, 한 단어에 암시적으로 내포되어 있는 요소들을 다른 단어를 추가함으로써 명확하게 표현할 수 있다는 사실을 기억하는 경우에 번역에 많은 도움이 된다). '*solicitor*'와 '*barrister*'라는 낱말들이 만약 영국의 법

조계 직업에 대한 정보를 제공하는 텍스트에 쓰인다면, 물론 부가적인 설명을 통해 좀더 정확하게 세분화해야 할 것이다.

이 장면은 영국을 배경으로 한다. 이 대화가 만일 독일을 배경으로 한다면, 지위에 대한 전혀 다른 암시를 내포할 것이다. 독일에서는 변호사가 적어도 언론인에 못지않은, 아니 그보다 더 높은 지위를 누리기 때문이다.

한스 회니히와 나는 문화 특유의 개념을 예로 들었다. 그래서 필수적인 세분화 정도의 전략이 이러한 경우에만 해당한다고 언뜻 생각한 독자들도 있었을 것이다(예를 들어 Shuttleworth/Cowie 1997: 37f.). 하지만 결코 그렇지 않다. 우리는 우리 저서의 뒷부분에서 이 전략을 다른 사례들에도 적용했다. 지금 이 책에서는 사회과학 분야의 설문조사를 거듭 실제 사례로 다루고 있기 때문에, 이제 이 전략을 일반적으로 어떻게 적용할 수 있는지 보여주고자 한다.

《유럽 사회문제 조사*European Social Survey*》(*ESS*, 2004)에 이런 질문이 있었다.

> Suppose you had a very sore throat. Who, if anyone, would you go to first for advice or treatment? Please choose one answer from this card.
> 목이 아프다고 가정해 보십시오. 당신은 진찰이나 진료를 받기 위해 누구에게 제일 먼저 가겠습니까? 여기 제시된 답 중에서 하나를 선택하십시오.

이에 대한 대답으로서 답변자들은 다음의 항목 중에서 선택해야 했다.

> Nobody / Friends and family / Pharmacist / Chemist / Drugstore / Doctor / Nurse / the internet / A medical helpline / Other practitioner

> 아무에게도 가지 않는다 / 친구와 가족 / 약사 / 약제사 / 약국 / 의사 / 간호사 / 인터넷 / 의료 전화 상담 / 그 밖의 치료사

'*Other practitioner*'는 이렇게 번역되었다.

> 그 밖의 건강 전문가 또는 대체의학 의사(Andere Gesundheitsspezialisten oder Alternativmediziner)

얼핏 보면, 이 번역은 설문조사에 중요한 등가성의 원리에 적합하지 않은 듯 보인다. 원문에 비해 너무 많은 단어를 품고 있기 때문이다. 독자는 출발어에 대한 등가어로서 "그 밖의 의사들Andere Ärzte" 또는 "그 밖의 일반의들Andere Allgemeinmediziner"과 같은 표현을 기대했을 것이다. 하지만 이런 식으로 번역했다면 충분히 세분화되지 못했을 것이고, 설문 답변자는 항목을 선택하는 데 어려움을 느꼈을 것이다. 이 문맥에서 중요한 것은 '*Doctor*'에 대립되는 것, 즉 정통 의학에 대한 대안이다. 이러한 사실은 '*Other practitioner*'가 리스트의 맨 마지막에 위치하는 것으로도 알 수 있다. 번역문은 "그 밖의"라는 단어를 덧붙이고 "대체의학 의사"라는 복합어를 빌려 상세하게 설명함으로써 그것을 표현하고 있다. 만약 "민간요법 치료사Heilpraktiker"로 번역했더라도 '*Doctor*'와 '*Other practitioner*' 사이의 필수적인 차이점이 드러났을 것이다. 여기에서도 전문 텍스트 못지않은 정확성이 요구된다. 번역이 실제로 출발 텍스트보다 더 정확하다. 출발 텍스트 역시 위험 부담을 줄이기 위해 '*nature healer*'와 같은 예를 덧붙여 좀더 상세하게 표현함으로써 답변자에게 적절한 장면을 상기시켰더라면 좋았을 것이다.

이와 반대되는 현상도 있다. 도착 텍스트가 출발 텍스트보다 상세하지

않은 경우이다. 다음 질문의(마찬가지로 *ESS* 2004에서 발췌한 것으로 "사회적 관계"를 주제로 한다) '*meet socially*'는 간단히 "만나다treffen Sie sich"로 번역되었다.

> How often do you meet socially with friends, relatives or work colleagues?
> 당신은 친구나 친척, 직장 동료를 얼마나 자주 만나십니까?

이것은 충분히 세분화되어 있으며 오역의 위험 없이 뜻이 분명하다. 이 표현에서 같이 커피 한 잔 하거나 식사를 하거나 술 한 잔 나누기 위해 서로 만나는 장면이 상상되기 때문이다. 만일 "사교적인 모임이나 사회적인 행사에서 서로 만난다treffen Sie sich bei geselligen Ereignissen oder gesellschaftlichen Anlässen"라고 옮긴다면 언뜻 보기에는 더 정확한 번역으로 보일 것이다. 그러면 초대나 접대, 기업의 축하연 같은 완전히 다른 장면들을 일깨울 것인데, 이런 것들은 이 문장에서 일차적으로 의도하는 것이 아니라 기껏해야 "주변"에 위치할 뿐이다. 그 결과 잘못된 답변을 유도할 수 있다.

이러한 설문조사의 사례를 통해, 필수적인 세분화 정도의 전략이 등가성의 원칙에 모순되는 것이 아니라, 제대로 이해하면 오히려 등가성을 만들어 내도록 도와준다는 것을 분명히 알 수 있다. 등가성을 만들어 낸다는 것은 독자의 머릿속에서 무슨 일이 벌어지는지 깊이 숙고하여 이에 적합한 표현을 찾아내는 것을 뜻한다.

3.4 안전성 확보와 신뢰

누구나 다 오역의 위험을 줄이려는 의도를 가지고 있을 것이다. 그래서 번역자들은 가능한 한 정확하게 번역하고 등가어를 찾아내려고 노력한다. 필수적인 세분화 정도의 원칙은 오역의 위험을 줄이려는 의도에서 나온 것으로, 번역의 정확도를 위한 선택의 틀을 제공한다. 우리가 이미 보았듯이, 그 원칙은 심리언어학에 의해 연구된, 우리의 머릿속에서 진행되는 이해 과정에 상응한다.

지금까지 3장에서 논한 것을 "안전성 확보"와 "신뢰"라는 두 가지 일상적 개념으로 요약할 수 있다. 우리는 말을 하거나 글을 쓰면서 확실하게 뜻을 전달하고 싶으면, 개념을 설명하고("내 말뜻은…"), 여러 가지로 다르게 표현하고("다른 말로 하면…"), 구술 대화의 경우에는 대화 파트너가 우리의 말뜻을 제대로 이해했는지 물어볼 수 있다("내 말 알아들었니?"). 심리언어학적으로 말하면, 이를 통해서 청자나 독자의 상향정보처리과정을 돕는 것이다. 우리는 번역을 할 때, 출발 텍스트를 세심하게 분석하고 도착어의 적절한 표현을 찾고 상황에 따라서는 출발 텍스트에서 의도한 것을 제대로 표현하기 위해서 단어들을 추가하여 안전성을 확보하려고 한다. 이렇게 함으로써 독자의 상향정보처리과정을 더욱 뒷받침할 수 있다. 앞에서 이미 말했듯이, 이것은 아마 번역이 대부분 출발 텍스트보다 긴 이유 중의 하나일 것이다.

이에 반해 신뢰의 원칙은, 우리가 특정한 사항을 이미 주어진 것으로 전제하게 되면 의사소통이 특히 경제적으로 어려움 없이 진행된다는 가정을 토대로 한다. 우리가 모든 것을 아주 상세하게 말하지 않아도, 상대방이 우리의 말을 제대로 이해하고 있다고 믿는 것이다. 1장에서 이미 언급했듯이, 우리는 정신적 재현의 경계가 불분명한 것을 알고 있으며 의사 표현에서 어느 정도의 불명료함fuzziness을 감수한다. 예를 들어 우리는 파티에서 돌아온 사람을 만나면 대부분 "어땠어?"라고 묻는다. 그러면 "'어땠냐니', 그게 무슨 말이야?"라고 되묻는 사람은 거의 없다. 화자가 여기에서 분명하게 표현하지는 않았지만, 이 말이 무슨 뜻인지 다 이해하기 때문이다.

신뢰의 원칙은 하향정보처리과정이 제대로 작동한다는 가정에 근거한다. 우리는 기억에 저장된 지식을 하향 정보처리 과정을 통해 활용한다. 다른 말로 표현하면, 우리가 듣거나 읽는 것은 동전의 한 면일 뿐이고, 동전의 다른 면은 이미 우리 머릿속에 들어 있는 지식이다.

움베르토 에코의 다음 글은 내가 여기에서 말하는 것에 대한 아름답고 낭만적인 예를 제공한다. 이 예에서는 대명사가 문제 된다.

> 나는 실연당한 한 남자를 오래전부터 알고 지냈다. 그 남자는 떠나 버린 연인을 오매불망 잊지 못했다. (그 여인이 실존 인물인지 아니면 그 남자의 환상의 산물인지는 알 수 없다.) 그런데 그 남자가 느닷없이 전화를 걸어 기쁨에 넘친 목소리로 "그녀가 드디어 나한테 돌아왔어!"라고 말한다면, 나는 당사자의 기억이나 환상 속의 세계를 재구성해 보려고 시도할 것이다. 그래서 돌아온 그녀가 다름 아닌 바로 그 연인이라는 사실을 이해할 수 있을 것이다—그 여자가 누구냐고 묻는다면, 무례하고 둔감한 사람이 될 것이다. (Eco 2006: 55)

신뢰의 원칙에 따른 번역은 모든 것을 명확하게 표현하지 않아도 만족할 수 있는 것을 뜻한다. 몇몇 사항을 불명료하게 내버려 둬도 괜찮다. 독자가 자신의 지식과 문맥, 상황을 바탕으로 제대로 이해할 것이라고 당연히 기대할 수 있기 때문이다. 달리 표현하자면, 우리가 쓴 내용을 독자가 납득할 만하게 해석할 것이라고 믿는다.

번역에서 어떤 원칙이 우선하는가? 안전성 확보의 원리인가 아니면 신뢰의 원리인가? 예를 들어 법률 텍스트와 계약서처럼 안전성 확보의 원칙이 우선권을 갖는 텍스트 종류가 있다. 이런 텍스트에서는 모든 표현이 반박의 여지 없이 명백해야 한다. 이것은 안내서, 교본, 제품 설명서, 즉 전문성을 띤 텍스트의 특정 문구에도 해당된다. 이른바 일반 텍스트에서는(설문조사도 어느 정도 이런 텍스트 종류에 속한다) 통상적으로 신뢰의 원칙이 우선한다. 그런 텍스트에서는 너무 명확하게 표현하는 것이 오히려 부자연스럽다. 그러나 "우선한다"고 해서 다른 원칙이 배제된다는 말은 아니다. 번역은 항상 신뢰와 안전성 확보 사이에서 균형을 잡는 일이지도 모른다. 필수적인 세분화 정도의 전략이 두 원칙 사이에서 균형을 잡도록 도와줄 수 있을 것이다.

4 이해, 자료조사, 텍스트 분석

4.1 지식 확장의 종류

자료조사를 별개의 독자적인 활동으로 간주할 수 있을 것이다. "자료조사 능력"을 기르기 위한 특별 강좌가 번역 교육과정에 개설되어 있는데, 그렇지 않더라도 자료조사는 꼭 필요한 것이다. 자료조사, 특히 전자매체에 의한 자료조사는 능숙하게 활용할 수 있기까지 적잖은 시간을 요구하는 복잡한 활동이다. 심지어는 이에 관련된 교재까지 있는데, 프랑크 아우스터뮐Frank Austermühl의 《번역가의 전자매체 도구*Elektornic Tools of Translators*》(2001)가 그 대표적인 예이다. 울리히 카우츠Ulrich Kautz의 《통번역 교수법을 위한 안내서*Handbuch Didaktik des Übersetzens und Dolmetschens*》(2000) 역시 자료조사에 많은 부분을 할애한다(4.2.1.4장). 브리타 노르트의 연구서 《번역의 보조 수단—전문 번역가의 자료조사를 위한 경험적 연구*Hilfsmittel beim Übersetzen. Eine empirische Studie zum Rechercheverhalten professioneller Übersetzer*》(2002) 역시 보조 수단의 교수법에 대한 자세한 내용을 담고 있다. 나는 이 세 권의 책들을 강력하게 추천하고자 하며, 지금 이 책에서 말하는 내용으로 감히 그 책들과 견주려 하지도 않고 또 견줄 수도 없다.

이 책의 표제뿐 아니라 지금 4장의 제목에도 '이해'라는 단어가 들어 있다. 따라서 자료조사가 여기에서 독립적인 별개의 활동이 아니라 텍스트를 이해해서 다시 말로 표현해 내는 과정의 일부라는 점을 분명히 알 수 있을 것이다. 나는 다음과 같은 한스 회니히의 말에 전적으로 동의한다.

> 텍스트를 충분히 이해하기 위해서는 반드시 자료조사가 필요하다는 인식은 전문적 능력을 갖추기 위한 중요한 요건들 가운데 하나이다. 그러나 이를 위한 전제 조건으로서 먼저 텍스트에 대한 이해와 자료조사가 상호 긴밀하게 연결되어야 한다. (Hönig 1998a: 160)

우리가 이미 알고 있는 바와 같이, 이해는 상향정보처리과정과 하향정보처리과정의 상호 작용이다. 앞에서 나는 우리의 기억에 저장되어 있는 지식이 하향정보처리과정의 근간을 이루며 그것을 지속적으로 보완할 필요가 있다고 시사했지만 자세히 다루지는 않았다. 지금부터는 이 점에 대해 상세히 설명하려 한다. 번역을 하는 동안 어떻게 우리의 지식을 넓힐 수 있는지 보여 주는 몇 가지 사례를 들기에 앞서, 어떤 종류의 지식이 번역가에게 중요한지 먼저 알아보자. 이를 위해서 다음의 그림 1을 살펴보도록 한다.

이미 2.3장에서 원형적인 여류 번역가에 대해 이야기한 바 있다. 거기에서 여류 번역가는 문화 중개자의 역할을 맡았으며 번역의 기능에 대해 깊이 생각했다. 이것은 항상 무엇보다도 먼저 해명해야 하는 문제이다. 지금부터는 번역가의 머릿속을 자세히 들여다보려 한다.

상단의 두 칸에는 "장기 기억"이라는 단어가 쓰여 있다. 기억력 연구는 장기 기억과 작업 기억을 구분하는데, 이러한 구분은 우리의 목표를 달성하는 데 상당히 유용하다. 이 개념들은 우리가 기억을 어떻게 저장하는지

그림 1

를 설명하기 위한 이론적인 가설들이다. 이미 그 명칭에서 알 수 있듯이, 장기 기억 속에는 기억들이 오랜 시간, 다시 말해 지속적으로 저장된다. 우리가 사용하는 언어의 낱말들과 그 의미들, 그리고 또한 비언어적인 지식과 모든 체험들이 그곳에 저장되어 있다. 이러한 기억들을 불러내는 것은 결코 쉬운 일이 아닌데, 여기에서 그 점에 대해서는 논의하지 않으련다(그러나 창의적인 사고 과정에서 정신적 장애를 어떻게 극복할 수 있는가 하는 문제에 대해서는 6장에서 짧게 언급할 것이다). "작업 기억"이라는 개념은 특정한 시점에 활성화되는 기억들과 관련이 있다(Rickheit/Strohner 1993: 39). 번역 과정에서 작업 기억은 텍스트를 읽고 해석하고 과거에 읽었던 것들을 기억해 내 세계 지식과 연결시키는 경우에 중요한 역할을 한다.

또한 우리는 정신적 어휘사전(그림 상단의 왼편)과 세계 지식(그림 상단의 오른편)을 구분했는데, 전자는 단어들의 의미와 사용에 대한 지식이며 후자는 경험이나 체험, 언론매체, 독서 등을 통해 축적한, 세상에 대한 지식을 말한다. 방법론적인 이유에서 이렇게 구분하긴 했지만, 이러한 구분은 어디까지나 인위적인 것이다. 원형의미론 및 신-프레임 의미론의 관점에서 본다면, 단어들이 우리의 기억 속에서 불러오는 경험적인 표상들은 세계 지식에도 속할 수 있기 때문이다. 이제 "자료조사를 통한 정신적 어휘사전의 확장" 및 "자료조사를 통한 세계 지식의 확장"에 대해 살펴보자.

《두덴 독일어 대사전》이나 《바리히 독일어 사전》, 《롱맨 현대 영영 사전 *Longman Dictionary of Contemprorary Englisch*》(*DCE*) 등 앞에서 인용한 사전들에는 사전적 지식, 그러므로 단어들의 의미 및 그 쓰임이 한데 모아져 있다. 《브로크하우스 백과사전 *Brockhaus Enzyklopädie, Gertelsmannn Univerwallexikon*》이나 《브리태니커 백과사전 *Encyclopedia Britannica*》 등의 백과사전에는 세계 지식이 모아져 있다.

이 점을 명확하게 설명하기 위해 사례를 하나 들어보자. 이를테면 《두덴 사전》은 "인간"이라는 낱말을 "논리적 사고 능력과 언어 능력, 도덕적인 결정 능력, 선악에 대한 인식 능력을 갖춘 최고의 고등 생명체"라고 비교적 포괄적으로 정의한다. 사전의 정의들은 일반적으로 "definitio fit per genus proximum et differentiam specificam"[1]의 원칙에 근거한다. 즉, 그 다음으로 높은 범주(여기에서는 "생명체")를 거론하면서 해당 낱말을 위한 차이점들을 덧붙인다(Leisi 1985: 143). 《두덴 사전》의 정의는 비교적 많은 차이점들을 언급한다. 《바리히 독일어 사전》에서는 "가장 고도로 발달한 생명체"라고만 정의되어 있다. 그렇다면 《두덴 사전》의 정의에는 백과사전적 정보까지 포함되어 있는 것이 아닐까 하는 의문이 들 수 있다. 예를 들어

1 〔옮긴이〕'한 단계 높은 상위 개념 및 종 특유의 차이점을 언급하여 정의한다'는 뜻의 라틴어.

《베텔스만 세계 사전*Bertelsmann Universallexikon*》은 인간을 생물학적 관점에서 포유류에 포함시켜, "최고의 고등생명체"라는 《두덴 사전》의 정보를 보다 상세하게 설명한다. 그 밖에도 인간의 계통발생사를 설명하고 《두덴 사전》에서 거론한 인간의 추상적 사고 능력 및 발화 능력을 강조한다.

언어학적 정보와 백과사전적 정보 사이의 경계는 유동적일 수 있다. 우리는 범주들 사이의 경계가 분명하지 않다는 것을 잘 알고 있다. 번역을 할 때에는 언어학적 정보와 백과사전적 정보 사이의 차이점이 아니라 정보 그 자체가 중요하다. 이 점에 대해서는 필수적인 세분화의 정도와 관련해 이미 살펴본 바 있다(3.3장). 그러나 자료조사가 목적인 경우에는 그 차이점을 알아 두는 것이 바람직하다. 어떤 참고 서적에서 어떤 정보를 찾을 수 있는지 반드시 알고 있어야 한다.

그림 하단에 "텍스트 분석을 통한 지식의 확장"이라는 란이 있다. 우리는 종종 특정 낱말들의 의미나 텍스트에서 다루는 실용 지식 및 전문 지식의 특정 측면을 위해 자료조사를 해야 한다고 생각한다. 그러나 텍스트를 좀더 정확하게 읽으면(분석하면), 텍스트 자체에서 이미 해당 낱말의 의미나 전문 지식에 대한 정보를 얻을 수 있다. 텍스트 분석이 자료조사를 대신해 주거나 아니면 적어도 미흡한 점을 보완해 주는 경우가 많다. 이 과정에서 우리가 이미 잘 알고 있는 상향정보처리과정과 하향정보처리과정이 중요한 역할을 한다. 이것들은 그림에서 과정으로서의 특성을 나타내기 위해 둥그런 화살표로 표시되어 있다. 이 과정들은 작업 기억의 영향을 받는다. 텍스트 분석은 잠시 뒤로 미루어 4장의 말미에서 논하게 될 것이다. 사전적 지식과 백과사전적 지식은 사실에 대한 지식이라고 일컬을 수 있는 반면, 텍스트 분석 능력과 관련해서는 과정적 지식이라고 말한다. 그러나 사실에 대한 지식이 때로는 일련의 과정을 불러일으키고(예를 들어 낱말 의미에 대한 지식이 맥락과 연관되어 특정한 장면을 불러일으킨다), 반대로 사실에 대한 지식에 접근하기 위해서 특정한 과정(예를 들어 효율적인 자료조사 테크닉)을 거쳐야 할 때도 있다. 여기에서도 그 경계가 분명하지 않다.

4.2 정신적 어휘사전의 확장

어떻게 사전의 도움을 받아 낱말 의미에 대한 지식을 확장할 수 있는지 이미 1장에서 살펴보았다. 영어의 '*programme*'과 독일어의 'Programm'은 서로 다른 의미 구조를 갖고 있었다. 또한 1개 국어사전의 정의들이 어떻게 번역의 자극제가 될 수 있는지도 '*community*'의 예를 통해 확인한 바 있다. 2개 국어사전의 경우에는 상황이 다르다. 2개 국어사전은 도착어의 등가어로서 언제나 완성된 해답을 제공한다. 우리는 기껏해야 연상을 통해 또 다른 등가어들을 거기에 덧붙일 수 있을 뿐이다. 앞에서 언급한 바 있는 번역 교수법 학자이자 문학 번역가인 울리히 카우츠는 이 점을 아주 적절하게 표현한다.

> 사전에서 제시하는 상응어들은 아무리 정확하다 할지라도, 맥락에 맞는 최선의 의미를 파악할 수 없도록 번역자들을 방해한다. 2개 국어사전 역시 다른 사전들과 마찬가지로 랑그의 차원에서 움직이기 때문이다. 즉, 1 대 1이든, 1 대 다수든 "등가성"을 제시한다. 반면에 번역자는 파롤-텍스트와 관계한다. 〔…〕 예를 들어 번역자는 사전에서 제시하는 출발어 명

사의 의미들이 그에 딸린 출발어 동사에 적합하지 않다는 사실을 자주 확인하게 된다. 또는 설령 적합하더라도 그 전체 표현이 나머지 텍스트에 맞지 않는 경우도 종종 있다. 바로 그런 상황에서 적절한 낱말을 찾는 번역자들은 단순한 "사전의 지혜"에 비교해 텍스트 맥락 및 텍스트 분석의 결정적인 중요한 의미를 의식하게 된다. (Kautz 2000: 94)

언어학자가 아닌 사람들을 위해 덧붙이면, 랑그와 파롤의 개념은 저 유명한 프랑스 언어학자 페르디낭 드 소쉬르Ferdinand de Saussure에서 유래한 것으로서, 우리의 목적에 맞게 "언어 체계"와 "언어 사용"으로 번역할 수 있다.

교사들에게 자주 비난을 받긴 해도 물론 2개 국어사전들이 아주 쓸모가 없는 것은 아니다. 그렇지 않다면 출판사들에게 지금처럼 좋은 사업거리가 되지 못했을 것이다. 게다가 브리타 노르트의 경험적인 연구에 따르면, 이런 사전들은 전문 번역가들이 가장 자주 사용하고 또 가장 많이 도움을 받는 자료조사 수단이다. 물론 무엇을 알고자 하는가에 따라 다르긴 하다. 앞에서 인용했던 카우츠의 글에서 알 수 있었듯이, 2개 국어사전들이 정보를 제공하지 못하는 전형적인 경우들이 있다. 이들 사전들 자체에 원래 그런 목적이 없기 때문이다. 그러나 2개 국어사전이 도움이 되는 전형적인 상황이 있다. 외국어로 번역할 때, 찾고 있는 단어가 종종 입 안에서 뱅뱅 맴돌기는 하는데 정확하게 떠오르지 않는 것이다. 그래서 2개 국어사전에서 제시하는 상응어를 보게 되면, 찾고 있던 단어가 무엇이었는지 금방 알게 된다. 전문용어 또는 전문용어 비슷하게 굳은 개념들이 도착어에 있을 경우에는 2개 국어사전이 도움이 된다(Kautz 2000: 94 참조).

1개 국어사전이건 2개 국어사전이건 모두 때로는 도움이 된다. 하지만 그 도움이란 것이 그다지 큰 것이 아니어서 추가로 다른 조사수단을 찾아봐야 한다.

다음 사례들을 분석하기 전에 먼저 하고 싶은 말이 있다. 나는 그림을 통해 묘사한 지식 확장의 종류를 기준으로 사례들을 선별했다. 이 사례들은 내가 직접 글을 번역하고 학생들을 가르치는 과정에서 얻게 된 것들이어서 일화적인 문체를 띠고 있다. 그렇다고 해서 이 사례들이 대표성을 띠지 않는다는 이야기는 아니다. 내 교수법적인 관심사에 맞게 자료조사를 번역 과정에 통합함으로써 이 사례들이 대표성을 갖기를 바란다.

ISSP 2003에 이런 구절이 있다.

> Immigrants take jobs away from people who were born in [COUNTRY]
> 이주자들이 〔그 나라에서〕 태어난 사람들의 직업을 빼앗아 간다.

설문조사 전문가들과 함께 이 문장의 번역을 자세히 관찰했을 때, '이주자 immigrant'라는 단어가 문제 되었다. *DEC*에서는 이 낱말을 이렇게 정의한다.

> **immigrant** someone who comes from abroad to live permanently in another country — compare emigrant
> **이주자**immigrant 다른 나라에 영영 눌러 살기 위해 외국에서 온 사람—emigrant와 비교해 보시오

이에 상응하는 독일어로 물론 "Einwanderer"가 금방 떠오르지만, 그와 동시에 "Zuwanderer"로 번역해야 하지 않을까 싶은 생각이 든다. 《두덴 독일어 대사전》에는 이렇게 정의되어 있다.

Einwanderer 어떤 나라로 이주하거나 이미 이주한 사람. Immigrant.

그리고 "einwandern"이라는 동사 아래에는 다음과 같이 적혀 있다.

> In ein fremdes Land gehen, um sich dort anzusiedeln [und die Staatbürgerschaft zu erwerben]
> 정착하기 위해 〔그리고 국적을 얻기 위해〕 타국으로 가다

"zuwandern"이란 동사는 다음과 같이 정의되어 있다.

> Von auswärts, bes. aus einem anderen Land, in ein Gebiet, an einen Ort kommen, um dort zu leben.
> 타지에서, 특히 다른 나라에서 어떤 지역, 장소에 살려고 오다

여기에서 여러 가지 문제들이 제기되면서 번역이 진척되지 않았다. '정착하다ansiedeln'와 '살다leben' 사이에 차이점이 있는가? 국적 취득이 두 낱말의 구분점인가? "einwandern"의 정의에서 대괄호를 어떻게 해석할 것인가? 국적 취득이 "Einwanderer"라는 낱말 의미에 필수적인 것인가 아니면 임의적인 것인가? 그리고 이 설문조사에서 말하는 사람들은 대체 어떤 사람들인가? 이런 문제들은 우리의 언어 지식은 물론이고 세계 지식과도 관계가 있었다.

우리의 지식을 확장하기 위한 매우 유익한 방법은 유사한 텍스트들과 배경 텍스트들을 참고하는 것이다(Kautz 2007 97f.). 예를 들어 인터넷 시대를 살아가는 우리는 구글 같은 검색엔진을 이용해 그런 텍스트들에 무척 편리하게 접근할 수 있다(이 점에 대해서는 1장 언어 부분에서 이미 다룬 바 있다). 그

래서 우리는 쟁점이 된 개념들(Einwanderer, Deutschland)을 www.goole.com에 입력했다. 나는 가장 최근의 정보를 얻기 위해 오늘 다시 한 번 더 이 방법을 활용해 본다. "Deutschland"와 "Einwanderer"를 함께 입력하니 대략 160만 개의 사이트가 떴고, "Deutschland"와 "Einwanderung"을 결합한 경우에는 대략 80만 개의 사이트가 떴다.

"Deutschland"와 "Zuwanderer"를 함께 입력해서는 약 40만 개의 사이트를 찾았다. "Zuwanderung"과 "Deutschland"의 경우에는 약 110만 개의 사이트가 있었다. 이러한 개념들이 관례적으로 사람에 대한 것인지 아니면 사태에 대한 것인지는 중요하지 않다고 여겨진다. "Einwanderer" 내지 "Einwanderung"뿐만 아니라 "Zuwanderer" 내지 "Zuwanderung"을 포함하는 사이트들도 많았다. 이 두 낱말의 의미와 쓰임의 차이는 어디에 있는가?

예를 들어 독일 연방 내무성 BMI(Bundesministerium des Inneren)(http://www.zuwanderung.de/2_neues_gesetz-a-z/einwanderung.html)의 정보사이트에 이런 텍스트가 있다.

> Zuwanderung A-Z
> Einwanderung
> 독일에서는 입국 및 체류가 처음부터 기간 제한 없이 계획되고 승인되는 경우에만 "Einwanderung"이라고 말한다. 그 밖에 "Zuwanderung"과 "Zuwanderer"의 개념들은 (장기든 단기든) 국경을 뛰어넘는 모든 형태의 이주를 나타내는 것으로 최근 몇 년 사이에 정착되었다

여기에서 "Einwanderung"과 관련해 국적은 언급되지 않지만, "기간 제

한 없는 체류"는 거론되고 있다. "Zuwanderung"의 경우에는 이러한 특징이 포함되어 있지 않다. 그러므로 "Zuwanderer" 및 "Zuwanderung"이 더 포괄적인 개념임이 분명하다. 이 개념에는 오역의 위험이 따르지 않고, 그래서 우리는 그것을 *ISSP* 설문조사에 활용했다. BIM을 통해 확인할 수 있듯이(http://www.zuwanderung.de/), 2005년부터 발효된 법령은 "Zuwanderungsgesetz"로 불린다. 여기에서 우리는 의심의 여지 없이 전문어의 영역에 부딪힌 것이다. "Zuwanderung"과 "Einwanderung" 사이의 차이점은 법률적인 성격을 갖는다.

BMI 텍스트는 이주Migration에 관해서도 언급한다. 신문을 읽거나 뉴스를 듣는 사람은, 최근에 이주자들이 화제에 많이 오르는 것을 기억할 것이다. "Migranten"이란 낱말을 입력하면, "Deutschland"와 결합해서 실제로 510만 개의 사이트가 뜬다. "Migranten" 역시 널리 통용되고 있는 낱말임이 분명하다. 그러므로 우리는 이 단어 역시 번역에 사용할 수 있을 것이다.

이 사례에서 번역자들은 도착어 낱말 두 개를 알고 있었지만, 그 가운데 어느 것을 고려해야 할지 확신이 서지 않았다. 이런 경우들에는 우리가 이미 해본 것처럼, 각기 낱말들이 도착어 텍스트에서 어떻게 사용되는지 인터넷을 통해 알아볼 수 있다. 이때 물론 텍스트의 신빙성을 고려해야 한다. 우리의 경우에는 BMI의 정보라는 점에서 믿고 신뢰할 수 있었다.

도착어의 적절한 상응어를 모르는 상태에서 2개 국어사전들도 별로 도움이 되지 못하고 어떻게 번역해야 할지 아무런 생각이 나지 않는다면 어쩔 것인가. 예를 들어 《랑엔샤이트/콜린스 영어 대사전》에는 '*imigrant*'에 대해 "Einwanderer" 및 "Immigrant"만 쓰여 있다. 이런 경우에는 다국어 전문용어 데이터뱅크에서 도움을 구하는 것이 바람직하다. 이에 대해서는 아우스터뮐의 저서(Austermühl 2001)에 상세하게 소개되어 있다. 유럽 위원회의 번역 서비스에서 그런 데이터뱅크를 무상으로 제공하며, http://europa.eu.int/eurodicautom/Conroller에서도 그 데이터뱅크를 찾아볼 수 있다. 영어 '*immigrant*'와 주제 기준subject criterion인 "*society*"를 거기에 입력하면, 예를 들어 '이민자들의 사회적 통합social integration of immigrants'에 상응하는 독일어 "soziale Eingliederung der Zuwanderer"가 "Gesamtbericht E.G." 라는 출처에서 뜬다. 이런 경우에는 우리가 했던 것처럼, 좀더 최근의 텍스트를 통해 단어의 사용을 한 번 더 확인하는 것이 좋을 것이다.

나는 사례들이 대표성을 띤다고 앞에서 말한 바 있다. '*immigrants*'의 사례에서는, 사전이 충분한 정보를 제공하지 않는 바람에 다른 자료조사 수단을 강구해야 하는 낱말 의미가 문제되었다. 한 언어의 어휘에 새로운 낱말들이 등장하거나 또는 우리의 사례처럼 새로운 의미의 뉘앙스를 갖게 되는 경우에는 항상 이런 일이 발생할 수 있다.

4.3 세계 지식의 확장

이번 사례는 대학 1학년생들을 대상으로 실시했던 번역 실습에서 유래한다. 파트너 관계에서 미국 젊은이들과 영국 젊은이들의 태도상의 차이점을 다루는 텍스트로서, 영국 젊은이와 사귀는 젊은 미국 여자의 관점에서 씌어진 것이다. 텍스트의 내용에 의하면, 간단히 말해서 미국의 젊은 남자들은 파트너 관계에 대해 많이 말하는 반면에, 영국의 젊은 남자들은 그렇지 않다는 것이다. 영국의 젊은이들은 일상적인 일들을 이야기한다. 이 글의 번역문을 독일의 일간지에 게재한다는 (가상의) 의뢰 조건이 제시되었다. 영국과 미국의 문화적 배경이 그대로 살아 있어야 했다.

다음의 텍스트 단락들과 관련해 무엇보다도 세계 지식을 위한 자료조사를 해야 한다.

> He'd rather lay an egg than share his emotions
>
> 〔…〕
>
> I learnt it the hard way: English boys might possess the gift of the gab, but they tend to talk about things that you can draw pictures of, such as spaghetti and Martin Amis's hair and the 41 bus. There's no getting an English boy to go on about mushy things, no discussing anything that might come in italics. Sex and the City creator Candace Bushell hasn't revealed why she split up from her London beau, but I have a hunch I know the reason.
>
> 〔…〕
>
> Only an American boy will stalk you to show that he cares. Once you get used to the English boy's way, it's refreshing to have a beloved who would sooner try to lay an egg than engage in an Oprah-style conversation. (《데일리 텔레그래프*The Daily Telegraph*》, 2002년 3월 13일 17면)
>
> 그는 자신의 감정을 공유하느니 차라리 실패를 감수할 것이다.
>
> 〔…〕
>
> 나는 그 점을 어렵게 배웠다. 영국 남자들은 언변이 좋을 수도 있지만, 당신들이 그림으로 그릴 수 있는 것들, 예컨대 스파게티나 마틴 에이미스의 머리, 41번 버스 같은 것들에 대해서만 이야기하려는 경향이 있다. 영국 남자들은 너저분한 일들에 관심을 두지 않으며, 중요할 수도 있는 일들에 대해서도 토론도 불가능하다. 〈섹스 앤 더 시티〉의 작가 캔데이

스 부쉬넬Candace Bushnell은 자신이 영국 남자친구와 헤어진 이유에 대해 말하지 않았지만 나로서는 알 수 있을 것 같다.

〔…〕

오직 미국 남자들만이 자기가 관심이 있다는 것을 보여 주고자 접근할 것이다. 일단 영국 남자들의 방식에 익숙해지게 되면, 오프라 스타일의 대화에 참여하느니 실패를 감수하려 할 사람을 사랑하는 것이 매우 신선하게 느껴진다.

번역자들의 배경 지식은 각기 다르다. 따라서 모든 번역자가 같은 구절을 조사할 필요는 없을 것이다. 기억으로부터 지식을 불러내거나 자료조사를 할 경우에, 독자에게 무엇을 설명할 것인지 심사숙고해야 한다. 배경 지식과 관련된 부분들을 모두 설명할 필요는 없다. 지나치게 많은 것을 설명함으로써 독자를 과소평가해서는 안 된다. 독자가 자칫 예민하게 반응할 위험이 있다. 예를 들어 독일에서도 성황리에 방영 중인 텔레비전 연속극 〈섹스 앤 더 시티〉를 자세히 설명해 줄 필요는 없다.

그러나 우리는 마틴 에이미스가 누구이고 어떤 머리카락을 가지고 있는지 문제를 제기했다. 독자들이 설령 마틴 에이미스가 누구인지 알고 있다 해도, 마틴의 모습을 즉시 떠올리고 그의 머리카락이 어떻게 생겼는지 금방 알 것이라고는 기대할 수는 없다.

바로 앞의 사례에서처럼, 이제 오늘날의 관점에서 정보들을 조사해 보자. 구글을 통해 무료 온라인 다국어 백과사전 '위키피디아'에서 그에 관련한 항목을 찾을 수 있다. 누구나 원하는 사람은 자신의 지식으로 위키피디아에 보탬을 줄 수 있다(http://de.wikipedia.org). 물론 위키피디아는 《브로크하우스 백과사전》이 아니며, 거기에 글을 쓰는 사람들 모두가 전문가는 아니다. 따라서 어느 정도 주의해서 정보들을 다뤄야 한다. 그런데도 위키피디아의 커다란 장점이라면, 매우 시사적인 주제들에 대한 최신 정보들을 얻을 수 있다는 것이다. 다음의 두 가지 사례를 통해 각자 정보의 품질 및 그 유용성에 대해 생각해 볼 수 있을 것이다.

> 마틴 에이미스Martin Amis(1949년 8월 25일, 옥스포드 출생)는 영국의 작가로서, 소설가 킹슬리 에이미스Kingsly Amis의 아들이다. 마틴 에이미스는 처녀 소설 〈레이첼 페이퍼스The Rachel Papers〉로 서머싯 몸 상을 수상했다(1974). 일련의 장편 및 단편 소설들을 집필했으며, 특히 자신의 유명한 아버지와의 관계를 다룬 회고집 〈체험Experience〉을 발표했다.

위키피디아에서 마틴 에이미스의 홈페이지로 이어지는 링크를 이용해 그의 사진들을 불러낼 수 있다.

그림 2

그의 머리카락과 헤어스타일은 사실 아주 평범해 보인다. 따라서 그것들의 어떤 점이 과연 대화의 주제가 될 만큼 특별한 것인지 의문이 떠오른다. 여기에서 필수적인 세분화 정도의 원칙에 따라 마틴 에이미스가 누구인지 설명하고 그의 머리 스타일에 대해 묘사하는 것은 별 의의가 없을 것이다. 나는 학생들과 함께 그 텍스트를 번역하면서, 마틴 에이미스의 머리카락을 마돈나 스타일로 대체하기로 결정했다. 그 텍스트 구절의 의사소통 기능에 대해 깊이 생각한 결과 그런 결론에 이른 것이다. 여기에서 중요한 것은, 구체적인 테마(그림으로 그릴 수 있는 것), 정확히 말하면 독자들이 이미 알고 있어서 머릿속에 떠올릴 수 테마를 지칭하는 것이다. 마돈나는 독일 독자들에게도 익히 알려져 있는 표상으로서 대화의 적절한 주제이다.

그 다음으로 맞닥뜨린 미비한 정보는 둘째 단락에 제시된 오프라 스타일이었다(많은 독자들은 당연히 오프라가 누구인지 알 것이다). 위키피디아에 이렇게 씌어져 있다.

> Oprah Gail Winfrey (born January 29, 1954) is the multiple Emmy-winnig host of the highest rated talk show in television history, an influential book critic, an Oscar nominated actress, and a best-selling magazine publisher. According to Fobes rich lists,[2] she was the richest African-American of the 20th century and the world's only Black billionaire by 2004[3].
>
> 오프라 게일 윈프리(1954년 1월 29일 출생)는 텔레비전 역사상 가장 인기 있는 토크쇼의 진행자로 수차례 에미상을 수상했고, 영향력이 있는 비평가이자, 오스카 상 후보로 노미네이트 된 배우이며, 베스트셀러 잡지 출판인이다. 포브스의 부자 랭킹 리스트에 따르면,[2] 그녀는 20세기 가장 부유한 아프리카계 미국인이며 2004년까지 세계에서 흑인으로서는 유일한 억만장자이다[3].

오프라의 토크쇼 스타일에 대해서는 다음 글의 특히 마지막 행이 매우 흥미로운데, 이것 역시 위키피디아에서 발췌한 것이다.

> Time magazine wrote, "Few people would have bet on Oprah Winfrey's swift rise to host of the most popular talk show on TV. In a field dominated by white males, she is a black female of ample bulk. As interviewers go, she is no match for, say, Phil Donahue... What she lacks in jounalistic toughness, she makes up for in plainspoken curiosity, robust humor and, above all, empathy. Guests with sad stories to tell are apt to rouse a tear in Oprah's eye... They, in turn, often find themselves revealing things they would not imagine telling anyone, much less a national TV audience. It is the talk show as a group therapy session."
>
> 타임지에 이런 글이 실린 적이 있다. "오프라 윈프리가 순식간에 가장 인기 있는 TV 토크쇼 진행자로 부상하리라고 장담한 사람들은 거의 없었다. 백인 남성들이 주류를 이루는 분야에서 그녀는 풍만한 몸의 흑인 여성이다. 일단 인터뷰가 진행되면, 그녀는 예를 들어 필 도나휴 같은 사람의 맞수는 절대 되지 못한다. … 그녀에게는 저널리즘적인 끈질김이 부족하다. 그러나 그녀는 자신이 궁금하게 생각하는 것을 솔직하게 털어놓고 또 건강한 유머를 구사하며 특히 공감을 통해 이 점을 보완한다. 슬픈 사연을 갖고 있는 게스트들의 이야기를 들으면 오프라의 두 눈에는 금방 눈물이 맺힌다. … 반대로 게스트들은 종종 자신이 다른 사람에게 털어놓을 것이라고 상상하지 못했던 일들을, 그것도 모든 텔레비전 시청자들 앞에서 털어놓고 있는 것을 발견하게 된다. 토크쇼는 집단 심리치료 같은 것이 된다."

독일 독자들은 아마 오프라라는 이름만 들으면 어떤 사람인지 금방 표상이 떠오르지 않을 것이다. 그래서 우리는 만약의 경우를 대비해 성을 덧붙여서 "오프라 윈프리의 토크쇼 스타일의 대화에 참여하는 것"으로 번역했다. 그러나 위키피디아의 정보들을 토대로 영국 남자들과 미국 남자들의 대립되는 점을 분명하게 부각시키려면, "스타일"에 대해 보다 자세하게 서술해야 하지 않을까 하는 생각이 든다. 이러한 생각은 도착어의 이해 과정과 관련된다. 그 밖에 독일 독자들이 오프라 윈프리라는 이름을 듣고 실제로 토크쇼의 한 장면을 떠올리는지도 생각해 볼 일이다. 그렇지 않다면 "마음으로 느끼는 대화에 참여하다" 또는 "파트너 관계에 대한 대화에 참여하다"라고 말하는 것으로 족할 것이다. 그러면 충분히 세분화된 번역일 것이다.

이 두 가지 사례는 비교적 새로운 정보들이 문제되는 대표적인 경우라고 말할 수 있다. 그런 정보들은 인쇄되어 있는 백과사전보다는 인터넷에서 더욱 성공적으로 찾을 수 있다.

4.4 텍스트 분석에 의한 세계 지식의 확장

"잘 모르는 낱말이라서 사전을 찾아봐야겠어요" 또는 "여기 이 텍스트 부분을 이해 못하겠어요. 아마 조사를 해봐야 할 것 같아요." 내 제자들에게서 자주 이런 말을 듣게 된다. 그러나 이미 앞에서 잠깐 언급했듯이, 텍스트를 좀더 자세히 살펴보게 되면 굳이 사전을 찾는다든가 자료조사를 할 필요가 없다. 내 제자들을 안심시키기 위해서, 학생들만이 이런 사실을 깨닫지 못하는 것은 아니라고 말해 두어야 한다. 텍스트 분석과 자료조사가 서로 별개의 것이 아니라는 사실을 수시로 거듭 의식해야 한다. "번역에 중요한 텍스트 분석을 방법론적으로 실행하는 것은 곧 일관성 있는 자료조사를 향한 길이다"(Hönig 1998a: 162).

나는《국제 사회조사 프로그램*ISSP*》(2006)의 한 단락에 대한 번역을 놓고 어느 설문조사 전문가 그룹과 논의한 적이 있다. 그 단락의 주제는 '정부의 역할Role of Government'이었는데, 다음과 같은 일련의 복합적인 질문이 이어졌다.

> How successful do you think the government in [Country] is nowadays in each of the following areas?
> Providing health care for the sick?
> Providing a decent standard of living for the old?
> Dealing with threats to [Country's] security?
> Controlling crime?
> Fighting unempolyment?
> Protecting the enviroment?
> 다음의 각 분야에서 〔우리〕 정부가 최근에 어느 정도 성공을 했다고 생각하십니까?
> 병자들을 위한 보건복지정책을 실시했는가?
> 노인들에게 적절한 생활여건을 제공했는가?
> 〔우리〕 안보를 위협하는 요소들에 잘 대처했는가?
> 범죄를 예방했는가?
> 실업대책을 세웠는가?
> 환경을 보호했는가?

'다음의 각 분야에서 (우리) 정부가 최근에 어느 정도 성공을 했다고 생각하십니까?'라는 상위 질문에서부터 번역의 어려움이 발생했다. '*Government*'라는 낱말을 어떻게 이해하고 번역할 것인가. "국가Staat"로 번역할 것인가 아니면 "정부Regierung"로 옮길 것인가? 우리가 잘 알고 있는 분기 현상이 문제되었다. 우리는 독일어 단어들의 의미를 분석했으며, 그 결과 "국가"는 긴 시간을 내포하는 반면에 "정부"는 보다 짧은 시간을 내포하고 있다는 결론을 내렸다. 여기에서 '*nowadays*를 어떻게 이해할 것인가?'라는 다음 문제가 발생했다. '*Government*'에 대한 이해가 그것에 달려 있다고 믿었기 때문이었다. '*nowadays*'로 표현되는 시간의 길이는 얼마일까? *DCE*의 정보는 이 점에서 너무 모호해서 별로 도움이 되지 못했다.

> **nowadays** now, compared with what happened in the past: Nowadays young people are much more aware of ecological issues than they used to be.
> **오늘날** 과거에 일어난 일과 비교해서 지금. "오늘날 젊은이들은 생태학적인 이슈에 대해 예전보다 더 많이 깨어 있다."

우리는 영국 여자, 즉 영어를 모국어로 하는 여자에게 물어보기로 결정했다. 이 책에서는 아직까지 언급하지 않았지만, 이것은 전문 번역가들이 사용하는 조사방법이다. 그 여성은 이메일로 이런 답변을 보내 왔다.

> 'Nowadays' alludes to a fairy broad period, and is a usefully vague term in British English. In thinking about how I would answer this question in Britain, however, I think that 'now', 'at the moment' or 'currently' would do instead—I would certainly be thinking of the Labour government as I answered.

> '*nowadays*'는 비교적 광범위한 기간을 말하는데, 영국식 영어에서는 일반적으로 모호한 기간이죠. 그러나 이 질문에 영국에서 어떻게 대답할 수 있을까 고민하다가, "지금now"이나 "현재at the momet", "최근에currently"로 대신할 수 있다는 생각을 했습니다. 저라면 설문에 대답하면서 노동당 정부를 염두에 둘 것입니다.

언어학적으로 고찰하면, 그 여성은 여기에서 대안(*now, at the moment, currently*)을 제시한 것이다. 그러나 대안으로 제시한 개념들 역시 모호하긴 마찬가지여서 더 이상은 도움이 되지 않았다.

인지언어학적인 관점에서 설명하면, '*Nowadays*'는 범주의 불확정성(불명료함)을 보여 주는 전형적인 예이다. 영국인 동료 역시 '일반적으로 모호하다usefully vague'라고 말했다. 그러나 우리는 이 경우에 그 기간이 어느 정도까지 의미할 수 있는지 알아내려 했다. 흥미롭게도 그 영국 여인의 이어지는 대답에서 이해 과정이 어떻게 진행되는지 분명하게 드러난다. 여기에서 하향정보처리과정을 고찰할 수 있다. 시대사적인 정치적 배경, 즉 노동당 정부가 기억에서 일깨워진다. 즉, 영국인 여자 동료는 '*nowadays*'를 정부 통치 기간의 의미에서 이해한 것이다.

이어서 우리는 '*Government*'를 "정부Regierung"로 번역할 것인지 토론했다. 여기에서 (마침내!) 텍스트 분석이 시작되었다. 우리는 이어진 문맥을 근거로, 현 정부의 성과가 아니라 보건복지나 노인복지, 실업방지책 같은 국가의 보편적인 책임에 대해 묻는 설문조사라는 것을 알게 되었다. 이것은 좀더 거시적인 장면의 요소들이라고 할 수 있을 것이다. 그렇다면 앞에서 말한 "국가의 책임"이라는 개념이 틀일 것이다. 따라서 '*nowadays*'는 커다란 시간 단위로 해석해야 하며, 여기에서 '*Government*'를 "국가Staat"로 옮길 수 있다는 결론이 나온다. 그러므로 '*nowadays*'를 "오늘heute", "오늘날heutzutage", "현재zur Zeit" 그 어느 것으로 번역할 것인지는 더 이상 문제되지 않는다. 우리는 이 구절을 "다음과 같은 사항에 있어서 국가가 현재 얼마나 성공을 거두었다고 생각하십니까Was meinen Sie, wie erfolgreich ist der Staat zur Zeit, wenn es um Folgendes geht?"로 번역했다.

물론 현재의 정부 정책에 대한 유권자들의 만족도를 묻는 설문조사라면, 마땅히 "정부Regierung"로 번역해야 할 것이다. 그러나 설문조사, 여론 및 분석 센터Zentrum für Umfragen, Meinung und Analyse(ZUMA)의 여직원이 알려주었듯이, ISSP Modul 2006은 정당 정책 그 자체가 아니라 국가와 정부에 대한 견해를 묻는 것이었다. 물론 그러한 견해들은 여러 정당 및 정치인들의 정책에 영향을 받을 수도 있을 것이다.

지금까지의 거의 모든 사례들을 통해 알 수 있었듯이, 텍스트 각 부분들의 "기능"은 올바른 번역에 달려 있다. 여기에서 만일 "정부Regierung"라고 번역했다면, 설문조사는 애초 의도했던 목적을 달성하지 못했을 것이다.

여기에서 번역 교수법과 관련하여, 이 사례가 갖는 대표적인 특성에 대해 언급하고 싶다. 번역가는 하향정보처리과정을 지나치게 중시하지 않도록 유의해야 한다. 그 영국인 동료의 경우에는 하향정보처리과정이 크게 작동했다. 그러나 아마 이어지는 문맥을 알지 못했을 가능성이 많다. 하향정보처리과정과 상향정보처리과정 사이에서 균형을 이루는 것이 중요하다. 텍스트 분석은 상향정보처리과정이 활성화되도록 도와준다. 뿐만 아니라 문맥을 너무 협소하게 파악하지 않도록 주의해야 한다. '*nowadays*'는 절대로 결정적인 문맥이 아니다. 따라서 영국인 동료에게 문의한 것은 불필요하게 길을 돌아간 것이었다. 보다 커다란 문맥을 주시해야 이해하는

데 도움이 된다. 물론 숙련된 번역가에게는 너무나 자명한 진리이겠지만, 자명한 진리들도 몇 번이고 되새겨 보아야 한다. 한 문장이나 또는 어쩌면 단 하나의 단어만을 주시하는 것이 편하긴 하지만, 많은 경우에 그런 시각은 한계가 있다.

5 번역 과정의 관찰

5.1 여러 가지 방법과 기술적인 가능성들

과연 번역 과정을 관찰할 필요가 있는가? 전문적인 번역이 어떤 것인지에 대해서는 이제 어느 정도 잘 알고 있지 않은가? 앞에서 우리는 어떤 의미론적인 문제들이 발생할 수 있는지, 또 그 문제들을 어떻게 해결할 수 있는지 살펴보았다. 문화와 상황에 이입移入하는 문제에 대해 상세히 논하고, 어떻게 번역 기능을 고려하여 이러한 사태에 대처할 수 있는지도 설명했다. 번역의 정확성에 대한 중요한 질문을 제기하고, 그 질문에 답하는 데 도움이 될 지침들에 대해서도 알아보았다. 또한 번역에 필요한 지식을 어떻게 확장할 수 있는지에 대해서도 살펴보았다.

지금까지는 '이렇게 해야 한다(혹은 해야 할 것이다)'는 식으로 규범을 제안하고, 번역학 및 언어학의 모델들을 그 근거로 제시했다. 게다가 나는 (수십 년간의) 경험을 토대로 그 방법들은 적절한 것으로 입증되었다고 말할 수 있다. '그런데 번역가가 정말로 지금까지 묘사한 것처럼 그렇게 작업하나요? 전문 번역가들에게 어떻게 번역을 하는지 직접 물어봐야 하지 않을까요? 대가들에게 배울 수 있을 텐데요.' 아마 이렇게 말하는 사람이 있을 것이다. 그러면 이것은 기술技述에 관련된 문제 제기일 것이다.

나는 이런 이의들을 고려하고 대가들에게 배우라는 제안을 수용하고자 한다. 그러므로 대가들의 번역 행위를 관찰하고 번역 방식을 보여 주는 것이 당면한 문제이다. 지금까지는 성공적으로 완성된 번역을 본보기로 제시했지만, 이제부터 우리의 관심 대상은 결과가 아니라 그 과정이다. 좋은 번역의 겉모습뿐만 아니라 좋은 번역이 완성되는 과정도 알고 싶은 것이다. 만약 성공적인 번역자가 걸어간 길을 보여 줄 수 있다면 우리 자신도 그 길을 갈 수 있을지 모른다.

1980년대 중반 이후로 번역학자들은, 한스 크링스Hans Krings의 지명도 높은 저서(1986a)의 제목을 빌자면, '번역가들의 머릿속에서 무슨 일이 벌어지는지' 알기 위해 번역을 하고 있는 번역자를 실제로 관찰하기 시작했다.

여기에서는 그 다양한 관찰 방법과 기술적 가능성들에 대해 좀더 자세하게 서술하고, 그 성과에 대해 간략하게 보고할 것이다. 이런 방법들은 번역학과의 세미나 시간에 번역 과정 연구를 위해 활용되고 있으며, 따라서 이 방법들이 어떤 것이고 어떤 기능을 수행하는지 알아 두면 좋다. 또한 이런 방법들은 자신의 번역 과정을 개선하기 위한 자기 관찰 수단이 될 수도 있는데, 여기에 대해서는 추후 다시 언급하게 될 것이다. 관찰 결과, 즉 번역하는 동안 피실험자들의 태도, 문제 해결을 위해 사용한 전략 및 기술 중에서 본보기가 될 만한 것을 관심 있게 살펴보려 한다.

한스 크링스는 1986년의 저서에서 소위 '말로 표현된 생각의 기록'(LD 프로토콜Protokoll des lauten Denkens)이라는 방법을 사용했다. 간단히 말해, 이 LD 프로토콜 방법은 피실험자가 텍스트를 번역할 때 머릿속에서 일어나는 모든 생각을 말로 표현하는 것이다. 그런 다음 그 말을 녹음기나 비디오카메라에 담아 여러 관점에서 분석할 수 있도록 글로 옮겨 적는다. 이런 방법을 총괄하는 상위 개념을 내성법內省法introspection[1]이라 부른다.

그런데 생각에 잠긴 번역자의 모습은 어떻게 보일까?

그림 1

발터 폰 데어 포겔바이데Walter von der Vogelweide는 물론 번역을 하지는 않았지만, 번역자들이 가끔 그렇듯이 골똘히 생각에 잠겨 있다.

> 바위 위에 앉아 나는
> 두 다리를 꼬고 생각했다.
> 무릎으로 팔꿈치를 괴고,
> 손바닥으로 턱과 볼을
> 비스듬히 받친 채.

1 〔옮긴이〕 정신을 지배하는 법칙을 발견하기 위해 자신의 정신 작용을 관찰하는 과정.

이 유명한 시에서 포겔바이데는 생각할 때 취하는 육체적 포즈를 먼저 묘사한 데 이어서 다음과 같이 자신이 무슨 생각을 하는지 보고한다. 말하자면 LD 프로토콜의 초기 형태를 보여 주는 것이다.

> 그런 자세로 난 골똘히 생각해 보았다,
> 어떻게 하면 이 세상에서 행복하게 살 수 있을지
> 〔…〕[2]

여기에서 중요한 것은 시의 내용이 아니기 때문에 시 전체를 인용할 생각은 없다. 발터 폰 데어 포겔바이데는 독백 프로토콜을 전해 주고 있다. 하이델베르크 마네세 필사본에 들어 있는 이 그림은 비디오카메라로 담은 것은 아니지만, 발터 폰 데어 포겔바이데가 지금 글을 쓰는 것이 아니라 생각하고 있는 것을 분명히 보여 준다. 그리고 그의 자세는 시에서 묘사하는 내용과 정확하게 일치한다.

어쩌면 우리는 생각하려면 손으로 머리를 받쳐야 할지도 모른다. 내가 알고 있는 한, 번역 과정에 대한 연구에서 지금까지 피실험자들의 자세를 시각적으로 포착하거나 해석한 경우는 없다. 그러나 독백 프로토콜은 번역자의 생각을 추적하기 위해 매우 빈번하게 사용되고 있다. 이때 피실험자는 번역을 하면서 말하자면 자신과 대화를 나눈다. 번역을 하면서 자신과 대화를 나누는 것은 일상적으로 흔히 있는 일이 아니기 때문에, 이른바 워밍업 단계에서 피실험자들이 이런 상황에 익숙해지도록 유도한다. 좀더

2 〔옮긴이〕 중세 표준 독일어로 쓴 '바위 위에 앉아Ich saz ûf eime steine'라는 제목의 시. 1190-1192년경의 작품으로 추정된다.

자연스러운 상황을 연출하기 위해 실험 책임자가 그 자리에 참석해서 아무 말 없이 주의 깊게 경청하는 것도 좋다. 그 밖에도 분위기가 긴장되지 않고 피실험자들이 비판받는다고 느끼지 않도록 유의해야 한다(Krings 1986a: 56). 크링스에 따르면, 번역과 말로 표현된 생각 사이에는 밀접한 근친 관계가 있기 때문에 독백 LD 프로토콜은 특히 번역 과정을 관찰하는 데 적합하다(Krings 1986b: 265f.).

번역 과정의 경험적인 연구에서 독백 프로토콜이 가장 흔히 사용되는 형식이긴 하지만, 그 상황이 인위적이기 때문에 연구자에 따라서는 피실험자들에게 서로 말을 나누게 하고 대화 프로토콜이나 때로는 그룹 프로토콜을 작성하게 한다(예를 들어 House 1988, Hönig 1990/1991, Kußmaul 1995/2000a, Schmid 1994). 율리아네 하우스Juliane House는 독백 프로토콜과 대화 프로토콜을 비교하는 연구를 했는데(1988), 그 결과 독백 프로토콜이 아주 많은 잡다한 정보를 담고 있지만 도착어의 여러 가능성들 중에서 하나를 선택하고 결정하는 과정은 언어로 표현되지 않는다는 것을 확인했다(House 1998: 89). 이와 반대로 대화 프로토콜에서는 번역의 대안들에 대한 합의 과정을 알 수 있었다. 따라서 독백보다는 대화의 상황에서 더 많은 자료들, 특히 더 중요한 자료들을 얻을 수 있었다(House 1988: 96). 이때 물론 관찰된 데이터의 분량은 피실험자들 각각의 성향에 달려 있으며 자료들의 중요성은 각 연구자가 관찰의 포인트를 어디에 두느냐에 따라 좌우된다는 점을 고려해야 한다. 예를 들어 대화가 잠깐 끊어진 휴지休止라든가 또는 끊어진 동안의 비언어적인 행동처럼 언뜻 전혀 존재하지 않는 듯 보이는 자료들도 있는데, 이 자료들은 이를테면 창의적인 문제 해결 과정의 부화 단계를 묘사하는 경우에 아주 흥미로울 수 있다(6장 참조).

휴지기와 관련해 독백 프로토콜에 대한 또 다른 문제가 제기된다. 피실험자들이 문제를 인식해서 해결해야 한다는 인지적 부담을 안게 되면, 즉 '생각에 깊이 빠지게' 되면, 스스로 생각한 것을 제대로 표현하지 못하거나 아니면 전혀 표현할 수 없다는 사실이 확인되었다(Ericsson/Simon 1984/1993: 91). 다른 한편으로 피실험자들은 그런 인지적 부담에서 벗어나 거의 생각을 할 필요가 없게 되는 경우에도 말로 표현하지 않는 듯 보인다. 이런 현상은 습관적인 태도에서 생긴다. 전문 번역가에게 번역은 종종 습관적인 업무이기 때문에, 이들에게서 얻어 낸 프로토콜에는 언어로 표현된 것이 별로 없다(Jääskeläinen/Tirkkonen-Condit 1991: 91). 전문 번역가들은 번역에 대해 말하는 것이 아니라 그냥 번역을 할 뿐이다. 더구나 많이 쉬지도 않는다. 만약 우리가 인지적 부담의 양을 눈금으로 표시한다면, 독백 프로토콜만으로는 눈금의 양쪽 끝에서 정신적 과정으로 뚫고 들어갈 입구를 발견하기 어려울 것이다.

대화 프로토콜 및 집단 프로토콜은 이런 딜레마에서 벗어나도록 도와준다. 팀 파트너의 질문과 설명, 해결책에 대한 찬반 주장, 비판과 방어, 즉 자연스러운 의사소통에서 나타나는 언어 행위들을 통해 정신적 과정들을 밝힐 수 있다. 이런 이유로 해서 나 자신도 대화 프로토콜을 자주 애용해 왔다.

그러나 대화 프로토콜을 통해서는 대개 한 사람의 번역자가 혼자서 일하는 번역의 상황을 연구할 수 없으며, 또한 한 사람의 생각이 아니라 서로 의견을 교환하는 두 사람의 생각을 관찰하는 것이 아니냐고 물론 이의를 제기할 수 있다. 그러나 우리가 전형적인 번역 과정에 관심이 있다면 그 과정이 한 사람의 머릿속에서 일어나든, 서로 의견을 나누는 두 사람의 머릿속에서 일어나든 상관없다고 답변할 수 있다. 우리에게 중요한 것은 번역

과정 그 자체다. 우리가 그 과정을 인식하게 되면 개개인에게 적용할 수 있다. 우리 모두는 일상생활에서 흔히 자기 자신과 대화를 나누곤 하는데, 이때 마치 두 사람이 대화를 나누는 듯 두 개의 관점을 취한다. 이런 자신과의 대화는 사고 과정을 성공적으로 이끌 수 있다.

여기에서 우리의 관심사는 번역 과정의 성공 여부를 판단하는 것인데, 그렇게 하려면 당연히 독백 프로토콜이나 대화 프로토콜에 문서 형식의 번역문을 참고로 첨부할 수 있다. 예전에 문서 형식의 번역은 다만 최종 산물로만 존재했지만, 얼마 전부터는 그 생성 과정을 상세하게 기록할 수 있게 되었다. 예를 들어 트랜스로그Translog 같은 컴퓨터 프로그램은 번역 과정에서 사용한 자판의 모든 움직임을 빠짐없이 기록하고 번역이 끝난 후에는 그 내용을 파일에 저장한다. 온라인으로 수집되고 저장된 데이터를 원하는 속도로 플레이시키거나 출력할 수도 있으며, 또한 어디에서 잠깐 번역을 중단하고 수정하고 추가로 마무리했는지도 관찰할 수 있다. 그러므로 어떻게 해결책에 이르게 되었는지 그 세세한 단계들을 확인할 수 있으며, 처음에 시도했다가 삭제한 번역까지도 기록에 남아 있다.

이 컴퓨터 기록은 LD 프로토콜이나 피실험자의 사후 설문(회상)과 한 묶음으로 이용할 수 있다(영어권 출판계에서는 이러한 결합을 '삼각 측량triangulation'이라는 개념을 이용해 표현한다. 예를 들어 Alves 2003 참조). 번역을 기록 프로그램에 연결해서 컴퓨터에 입력하는 동안 생각하는 바를 말로 표현해 달라고 피실험자들에게 부탁하면, 당연히 전체 번역 과정은 길어지고 피실험자가 번역한 양은 그만큼 줄어든다(Jakobsen 2003: 91). 즉, 실험이라는 상황 탓에 피실험자의 태도가 변하는 것인데, 이것은 사실 바라던 바가 아니다. 그러나 피실험자들이 번역을 마친 직후에 질문을 하면 이런 일은 일어나지 않는다. 번역을 잠깐 중단했던 휴지기나 수정한 부분을 출발점으로 삼아서, 중단하는 동안에 무엇을 생각했고 무슨 까닭으로 수정했는지 기억할 수 있냐고 각기 개별적으로 묻는다. 이 방법은 영어에서 차용한 '단서 회상cued recall'이라는 개념으로 불린다. 복기復碁의 방법들에도 단점이 있기 마련이다. 피실험자들이 잘못 기억하거나 아예 기억하지 못할 수도 있고, 번역 과정에서 전혀 생각하지 않았던 것들을 나중에 덧붙일 수도 있기 때문이다. 그런데도 나는 여기에서 보고하는 사례 연구에 이 방법을 활용했으며, 코펜하겐 경영대의 아른트 리케 야콥센과 라스 수가 개발한 컴퓨터 프로그램 '트랜스로그'를 기술적인 보조 수단으로 이용했다(트랜스로그에 대한 추가 정보는 Jakobsen 1999: passim.).

그 밖에 번역 과정을 기록하는 또 다른 가능성이 있는데, 이것은 지금까지 설명한 방법들보다 정확도에서 확실히 뒤떨어진다. 그래서 번역 과정에 관한 연구에 거의 사용되지 않는다고 알고 있다. 그러나 이 방법이 비교적 간단한 데다가 가령 번역 과정에서 동료들과 어떤 문제에 대해 논의하거나 혹은 번역 수업에서 문제를 해결하는 경우에 활용할 수 있기 때문에 여기에서 언급하고자 한다. 즉, 이 방법은 번역 과정이 성공적으로 끝난 것을 인식한 경우에 곧바로 메모하는 것이다. 나 자신은 이 방법을 수시로 활용한다. 적절한 해결책에 이른 길을 단계적으로 메모해서, 이 메모를 근거로 그 경로를 대강이나마 재구성해 볼 수 있다. 예를 들어 트랜스로그를 이용해 번역의 여러 단계를 관찰한 결과와 이 방법을 어떤 식으로든 비교할 수 있을 것이다. 그러면 그에 대한 의견을 추가로 메모해야 한다.

5.2 피실험자들과 그 행동방식

초창기 연구(Gerloff 1986, Krings 1986a/1986b, Lörscher 1986, Königs 1987)에서는 근대어문학을 전공하는 학생들을 실험 대상자로 선택했는데, 물론 그 학생들의 학업 목표는 전문 번역이 아니었다. 텍스트를 고를 때 중요한 조건은 가능한 한 어려운 대목이 많이 들어 있어야 한다는 것이었다. 번역 주문 사항은 따로 제시되지 않았고, 실제 번역에 근접한 상황도 조성되지 않았다. 이 실험의 조건은 전문적인 번역 교육의 조건과는 완전히 달랐다. 또한 근대어문학부에서 번역은 직업 번역가를 위한 교육 과정의 경우와는 기능이 다르며, 근본적으로 외국어 능력을 증명하는 데 이용된다. 그렇기 때문에 근대어문학을 전공하는 학생들은 자신에게 부과된 기대를 충족시키기 위해 종종 글자 그대로 번역한다. 예를 들어 특정한 단어를 안다는 걸 보여 주려 한다. 외국어 습득과의 관계에서 번역 주문 사항이나 기능에 걸맞은 도착 텍스트 같은 것은 일반적으로 아예 생각도 하지 않거나 아니면 부차적인 수준에 머문다. 이 같은 전제조건하에서는 당연히 모범이 될 만한 훌륭한 번역을 기대할 수 없는데, 초창기 실험에서는 이 점을 전혀 고려하지 않았다. 이를테면 사전을 찾거나 맥락을 보고 의미를 추론하거나 통계적으로 빈번하게 사용되는 등가어를 선택하는 등 피실험자들이 사용한 기술과 방법을 알아내고 수집하는 것이 주로 문제가 되었다.

번역학과의 상급반 학생들 같은 이른바 준전문적인 피실험자들이나 실제로 번역 실무에 종사하는 전문적인 번역가들을 대상으로 연구가 진행되면서 비로소 전문 번역가를 양성하기 위한 요구 조건에 맞추어 실험이 설계되었다. 또한 전문적인 태도를 보다 명확히 인식하기 위해서 전문 번역가와 비전문 번역가들을 비교하기도 했다. 이러한 실험들에서 피실험자들에게 대개는 번역 주문 사항이 제시되었고, 번역 현장에서 실제로 번역되거나 아니면 적어도 실제 번역 상황을 연출할 수 있는 텍스트들이 선별되었다. 그와 같은 실험을 통해 연구자들은 특히 전문적인 행동을 관찰할 수 있기를 기대했다.

전문 번역가들은 과연 어떻게 번역할까? 이들이 우리의 모범이 될 수 있을까? 우리는 그들의 행동 방식을 응용할 수 있을까? 번역 과정 연구를 위한 작업은 이제 코니 오피츠Conny Opitz(2004)의 연구 보고를 토대로 잘 정리되어 있다. 나는 우리의 연구에 추가적으로 그의 연구 보고를 이용할 생각이다. 그러나 전체적으로 모든 연구에 비교적 소수의 인원이 참여한 사실을 미리 말해 두어야 한다. 내가 알기로, 피실험자의 수가 가장 많았던 것은 24명이 참여한 아스트리드 옌센Astrid Jensen의 연구(2001)였다. 따라서 표본조사의 임의 추출 방식이라고 말할 수 없기 때문에 물론 통계적 타당성을 주장할 수는 없다. 실험 리더가 어렵지 않게 접촉할 수 있는 사람들 중에서 전문 번역가들을 선택하고, 비전문 번역가들은 자기 과목 수강생들 중에서 뽑은 것으로 추측된다. 엥글룬트-디미트로바Birgitta Englund-Dimitrova의 연구(2005)에서는 피실험자들이 실험 리더와 개인적으로 잘 아는 사이였다. 그렇다고 해서 이런 연구들에 신빙성이 없는 것은 아니다. 우리는 이것들을 사례 연구로 간주해야 한다. 이것들은 그 자체로 경향들을 드러내 주며 가설을 설정하도록 도와준다.

지금까지 얻어 낸 가장 중요한 성과는, 전문가가 초보자보다 한 번에 더 많은 양을 번역한다는 것이 아닌가 싶다(Lörscher 1991: 30). 트랜스로그 연구를 바탕으로 야콥센(Jakobsen 2005: passim)은 전문가들이 학생들보다 단숨에 더 많은 양을 컴퓨터에 입력한 사실을 확인했다. 엥글룬트-디미트로바 역시 특히 다년간 경험을 쌓은 전문가에게서 유사한 결과를 이끌어 냈다(Dimitrova 2005: 96-106, 140). 야콥센은 전문가들이 텍스트의 해당 분야를 염두에 두고 텍스트의 의사소통 기능을 좇음으로써 번역 과정을 보다 능숙하게 계획하고 통합한다고 추측한다(Jakobsen 2005: 115). 그 이전에 이미 크링스(Krings 1987: passim)가 비슷한 이유를 추측한 바 있다. 전문 번역가들은 포괄적인 전략, 다시 말해 텍스트 전체를 염두에 두는 전략을 이용하는 반면에, 비전문가들은 직선적인 전략, 즉 하나의 텍스트 구절만을 고려하는 전략을 사용한다는 것이다. 포괄적인 전략은 일직선적인 전략에 비해 회귀성을 훨씬 더 뚜렷하게 드러낸다. 다시 말해 텍스트 어느 한 곳에서의 적절한 결정이 전체 텍스트에 영향을 미칠 수도 있기 때문에, 전문 번역가들은 단순히 순차적으로 번역해 나가는 것이 아니라 자유자재로 텍스트의 앞뒤를 오간다(Opitz 2004: 668f.). 심지어는 번역 과정이 병렬적으로 진행될 수 있는 사실도 관찰되었다(Séguinot 2000: 146, Opitz 2004: 669에서 재인용). 전문 번역가들이 거시적 분석을 수행하는 것도 포괄적 전략의 일부다. 즉, 전문 번역가들은 더 큰 맥락과 텍스트 유형, 텍스트 종류 및 수사학적 유형을 고려한다(Barbosa/Neiva 2003: 150).

그 밖에도 전문 번역가들은 의미를 중심으로 번역하는 성향이 강하며 텍스트를 이해하는 데 많은 관심을 기울인다(Lörscher 1991: 272ff.). 이때 하향 정보처리과정을 통해 텍스트에 대한 지식과 세계 지식을 불러낸다(예를 들어 Jääskeläinen 1989: passim, 1996: passim, 1999: 120; Jensen 2001: 167). 반대로 학생들은 형식 위주로 번역하는 경향이 있다(Lörscher 1991: 272ff.). 예를 들어 출발어의 각기 단어들에 맞는 도착어의 단어를 찾으려고 할 뿐 의미에 맞는 번역을 시도하지 않는다. 게다가 사전을 지나치게 자주 사용해서, 이미 도착어의 적절한 해결책을 찾았는데도 이것을 버리고 다시 사전의 낱말들을 찾아본다(Livbjerg/Mees 1999: 144f., 2003: 131f.). 이것은 불안감과 자신감 부족의 표시라고 볼 수 있다(Hönig 1995: 26). 의미를 지향하는 전문 번역가들은 비전문가에 비해 문제를 인식하는 경향이 강하고, 만사가 순조롭게 진행되면 이러한 인식은 결국 문제 해결을 이끈다(Rohte-Neves 2003: 115ff.). 끝으로 성공적인 번역가들은 해결책을 즉각 즉각 검증한다(Opitz 2004: 670). 이때 직역을 의역으로 대체하는 일이 자주 발생하는데(Englund Dimitrova 2005: 146), 경험 많은 전문 번역가의 경우에는 쓰기 단계에서 이미 수정이 이루어지는 것으로 보인다(Englund Dimitrova 2005: 148).

대화 프로토콜의 일부분을 살펴보면, 프로토콜이 구체적으로 어떤 것인지 알 수 있다. 이 대화 프로토콜은 게머스하임의 마인츠 대학 응용언어 및 문화학과에서 마르쿠스 쿤과 루츠 피셔가 2004년 여름 학기의 세미나 리포트로 제출한 것이다. 번역해야 할 텍스트는 다음과 같았다.

> So who, then, is the that now occupies 16000 Pennsylvania Avenue? I'll tell you who: He is George W. Bush, "President" of the United States. The Thief-in Chief. It used to be that politicians would wait until they were in office before they became crooks. This one came prepackaged. […] But because this coup was wrapped in an American flag, delivered in your choice of red, white, or blue, those responsible believe they're going to get away with it. (Michael Moore: *Stupid White Men. (... and other sorry excuses for the state of the nation!).* (Harmondsworth 2002, S.2)
>
> 그럼 지금 펜실베니아 가街 16000 번지를 차지하고 있는 자가 누구일까

> 요? 그가 누군지 알려드리죠. 조지 W. 부시, 미연방 "대통령"입니다. 도둑 중의 상도둑. 과거엔 보통 정치가들이 공직에 취임하고 나서야 사기꾼이 됐죠. 이 사기꾼은 이미 포장이 다 돼 있었던 겁니다. 〔…〕 하지만 이 쿠데타는 적색, 백색, 청색의 미국 국기에 싸여 여러분들이 선택하도록 인도되었기 때문에 책임을 져야 할 자들은 그 짓을 하고도 아무 탈이 없을 거라고 믿고 있는 거죠. (마이클 무어:《멍청한 백인들.) (… 그리고 국정에 대한 또 다른 치사한 변명들!)》)

피실험자들(대학생들)은 '다음 텍스트를 원문의 문체를 유지한 채 독일어로 번역하시오!'라는 번역 임무를 부여받았다. 다음의 대화 프로토콜은 'This one came prepackaged'라는 텍스트 구절에 해당된다.

> A: (한숨을 쉬면서) "This one came prepackaged." 'prepackaged'는 보통 … 인스턴트식품의 경우에 쓰는 말인데…
> B: 미리 포장되어 있는.
> A: 그래. 아니면 준비되어 있는. 아냐…
> (잠깐 말을 멈춘다.)
> A: 'prepackaged' … 음. (잠깐 말을 멈춘다) 좀더 조롱하는 뜻이 있는 거 같아, 안 그래? 'prepackaged'. 인스턴트 식품을 독일어로 뭐라고 하지… 미국의 런치에이블스Lunchables 알아? 여러 개의 작은 칸에 각각 선키스트나 크래커, 치즈 같은 그런 거가 담겨 있는 거 말이야. 그리고 전부 단단히 봉해져 있잖아.
> B: 맞아, 바로 그거야.
> A: 그걸 뭐라고 하지? 미리… 미리… 아냐.
> B: 미리 용접되어 있는. (웃는다)

A : (웃는다) "미리 포장되어 있어서" 좋은 것은 아니야.

B : 잠깐, 'prepackaged'를 한번 찾아보자… (사전을 뒤적인다)

A : 원래는 모든 걸 미리 가져왔다는 뜻이네. 안 그래? … 그렇다면, 그가 처음부터 그걸 가져왔다…

먼저 이 대화에서 학생들이 문제점을 인식한 것을 분명히 알 수 있다. 한 학생이 문제된 텍스트 구절을 소리 내어 읽는다. 이때 한숨은 문제가 발생했음을 알려 준다. 그런 다음 피실험자들이 하향정보처리과정을 통해 세계 지식을 불러내는 모습을 분명히 볼 수 있다. 앞에서 이미 확정지었듯이, 이것은 전문적인 번역 전략이다. 피실험자 A가 인스턴트 식품을 머리에 떠올리고, 'prepackaged'에 대한 번역 가능성으로 즉시 "미리 포장되어 있는"과 "준비되어 있는"이란 두 낱말이 제시된다. 피실험자 A는 'prepackaged'란 낱말의 효과를 묘사하고, 이 말에 연관된 세계 지식을 명시적으로 묻는다. "미국의 런치에이블스Lunchables 알아?" 그러고는 미국의 인스턴트 식품을 구체적으로 상세하게 떠올린다. "선키스트나 크래커, 치즈 같은 거…" 기억을 불러오는 과정에서 "그런so" 이란 단어의 등장이 흥미롭다. 《두덴 독일어 대사전》에 따르면, 이 단어는 무엇보다도 "그런"이란 뜻의 지시대명사 기능을 가지고 있으며, 뭔가 잘 알려진 것을 지시한다. 나는 이런 종류의 단어들을 다른 책에서 "장면지시계Szenenindikator"(Kußmaul 2000a : 155, 182)라고 불렀다(또한 이 책의 6.4장 참조).

피실험자들은 '런치에이블스'의 장면에서 'prepackaged'의 번역을 이끌어 내려 한다. 이 번역들은 곧바로 검증되고 비판되는데, 앞에서 확인했듯이 이것 역시 성공적인 번역가들에게서 관찰할 수 있는 태도다. 사전도 분명 참고로 하지만 이렇다 할 만한 성과는 없었다. 피실험자 A는 처음에 즉시 "준비되어 있는"이라는 쓸 만한 번역을 찾아냈지만 채택하지는 않았다. 조사 결과, "준비되어 있는"이 "미리 포장되어 있는"보다 더 자주 사용되는 것을 확인할 수 있었다. 구글 검색은 "준비되어 있는"은 13,600개의 사이트, "미리 포장되어 있는"은 766개의 사이트를 찾아냈다.

앞에서 나는 학생들이 불안감이나 아니면 적어도 좋은 번역을 곧바로 인식하는 능력 부족을 보인다고 말했다. 이 사례가 바로 그런 경우에 해당된다고 생각한다. 바로 이 점에서 전문가와 학생의 차이가 나타난다. 전문가는 좋은 해결책이 나오면 얼른 붙잡고 학생은 자신도 모르는 사이에 지나쳐 버린다. 그러나 이 실험에 참가한 학생들은 다른 부분에서는 전문가와 다름없이 행동했다. 지금까지 전문가와 초보자를 비교 분석하면서 특정한 전형적인 행동 방식들을 관찰했다면, 그런 경향이 있다는 것이지 그것을 확고부동한 특성이라고는 할 수 없다. 이것은 앞에서 언급한 이유들로 인해서 이런 연구들이 통계적인 타당성을 가질 수 없는 것과 관계가 있다. 이런 연구들은 사례 연구이며, 사례란 그야말로 사례일 뿐이고 몇 가지 사례라 해도 마찬가지이다.

5.3 일반적인 성공 전략—전문 번역가는 이렇게 번역한다

대가에게 배울 수 있다는 것을 이미 앞에서 언급한 바 있다. 위의 대화 프로토콜을 살펴보면 때로는 학생들에게서도 어느 정도 배울 수 있는 것이 확실해진다. 학생들도 종종 이상적인 전략을 사용하는데, 이런 사실을 다음 장章에서는 더 자주 확인하게 될 것이다. 전문 번역가 및 방금 분석한 대화 프로토콜에 대한 관찰을 종합하면, 일반적인 전략 리스트를 작성해서 '이 리스트를 사용하면 성공할 것이다!'라고 권유할 수 있다. 이 장에서는 또 다른 사례 연구에 대한 보고에 이어 특별 전략도 소개할 것이다. 그러므로 여기에서는 먼저 다음 사항들을 권유한다.

- 포괄적인 전략으로 작업하고 텍스트를 거시적으로 분석하라!
- 커뮤니케이션의 일반적인 조건에 유의하라!
- 단어에만 집중하지 말고 의미에 집중하라!
- 더 큰 텍스트 단위를 살펴보고 텍스트를 앞뒤로 검토하라!
- 텍스트 지식과 세계 지식을 이용하고 사전에 있는 정보에 만족하지 말라!
- 바꿔 쓰기Paraphrase가 의미를 더 확실하게 할 수 있음을 명심하라!
- 무엇보다도 '위험을 알면 위험을 제거할 수 있다'는 금언을 좇아 어려움과 문제점을 인지하라!

그러나 이런 조언들이 약간 모호하게 생각되면서 다음과 같은 의문들이 생길 수 있다.

1. 포괄적인 전략은 세부적으로 어떤 것인가? 거시 분석은 실제로 어떤 것인가?
2. 예를 들어 낱말의 의미를 전후 맥락에서 유추하고자 한다면 어디에 초점을 맞춰야 하는가?
3. 그렇다면 우리의 머릿속에서는 어떤 정신적 과정이 일어나야 하는가?
4. 우리의 텍스트 지식과 세계 지식을 어떻게 활성화시킬 수 있는가? 실

제로 어떤 지식이 중요한가?

5. 단어의 의미를 적절히 바꿔 쓰는 것, 일반적으로 자유로운 번역이라고 불리는 것은 어떻게 가능한가?

6. 번역의 어려움을 어떻게 찾아내어 해결해야 하는가?

앞에서 인용한 논문들에서 거론되는 전문적인 전략들은 비교적 피상적인 것에 머물렀다. 이제 그 저변에 놓인 정신적 과정을 인지하는 것이 중요하다. 우리가 이미 앞에서 접했던 이론들은 정신적 과정에 대해 알려 준다. 의미론과 이해 과정, 그리고 문화적 이입과 상황 분석에 대해서 이미 상세하게 설명했는데, 이 과정들에 대한 지식을 전문적인 전략에 연계할 수 있다. 번역할 텍스트를 위에서 권고한 대로 거시 분석할 경우에는, 2장에서 살펴본 문화적 이입과 상황 분석 그리고 기능 규정을 응용할 수 있다. 의미를 중심으로 해서 번역할 경우에는, 의미론과 심리언어학 이론을 토대로 1장과 2장, 4장에서 설명한 이해 과정을 활성화시킬 수 있다. 따라서 여러분도 이 책을 끝까지 읽어 본 후에는 어느 정도 전문가가 될 것이다.

기술적技述的인 관점에서 말하자면, 번역 과정에 대한 연구에서 기술적으로 관찰한 내용을 규범적인 권유 사항들을 통해 세부적으로 보완할 수 있다. 또는 반대로, 규범적인 권유 사항들을 기술적인 틀에 끼워 넣음으로써, 전문적인 실제 번역을 통해 그 효용성을 증명할 수 있다. 전문가들이 비록 명시적으로는 언어학의 이론과 개념을 뒤쫓지 않을지라도, 내가 제시한 이론을 빌려 그들의 행동을 설명할 수는 있다. 이 장에서는 앞에서 예고한 대로, 아주 특이한 전문 번역가들에 대한 작은 사례 연구를 바탕으로 이러한 사실을 확인하게 될 것이다.

그러나 지금까지의 연구에서 관찰된 또 다른 행동 방식에 대해 먼저 언급해야 한다. 이제까지 거론한 전략과 기술 이외에, 해당 과제에 대한 심리적 태도나 어쩌면 번역가의 개성과도 관련된 행동 방식이 있다.

어떤 일을 할 때 열정과 정열을 쏟아부으면 성공한다는 것은 전혀 새로운 사실이 아니다. 번역의 경우도 마찬가지다(Jääskeläinen 1999: 237, Norberg 2003: 96-101).

내 경험으로 보아 가장 중요한 행동 인자는 불확실성과 애매성에 대한 너그러움이다. 특히 핀란드의 연구가 티르코넨-콘디트가 전문성의 증대에 대한 연구에서 이를 확인한 바 있다. 티르코넨-콘디트는 번역에 대해 이렇게 말한다.

> [번역은] 원래 애매성을 갖고 있다. 번역은 항상 절충물이며, 가장 잘된 번역이라고 해도 근삿값에 불과하다. (Tirkkonen-Condit 1997: 78)

이것은 물론 전문 번역가들의 행동 특징이 포기라는 뜻은 아니다. '그냥 이대로 놔두자'라는 것은 확실히 전문가다운 태도는 아니다. 다만 그것은 텍스트를 해석할 필요가 있고 때로는 수긍할 만한 해석이 여러 개 있을 수 있으며, 또 해석을 하기로 결정한 경우에도 대개는 최상의 해결책이 곧바로 떠오르지 않는다는 것을 숙지하고 있음을 말할 뿐이다. 노련한 번역가들은 이 말이 사실이라고 인정할 것이다.

불확실성과 애매성을 참아 내고 불확실한 가운데서도 특정한 번역을 선택할 수 있기 위해서는 자의식과 자신감 같은 행동 특징이 요구된다. 전문가들에게서 이런 자의식과 자신감을 관찰할 수 있다(Jääskeläinen 1996: 71).

번역학자들은 자신감의 강화를 교육 목표의 하나로 삼아야 한다고 계속 강조해 왔다. 그 대표적인 학자로서 한스 회니히를 들 수 있는데, 그는 이것을 테마로 한 논문에서 다음과 같이 주장했다.

> 자신감은 효과적이고 성공적인 번역의 토대이다. 전문 번역가는 직업 활동의 성공을 통해서 이런 자신감을 얻을 수가 있다. 그러나 준전문 번역가들에게는 이런 버팀목이 없다. [⋯] 자의식의 강화를 통해서만 자신감을 심어 줄 수 있다. 즉, 준전문 번역가들에게 자신이 하는 번역 활동의 모든 측면을 꿰뚫어 보게 함으로써, 자신감을 심어 줄 수 있다. (Hönig 1993: 89)

"자의식"에는 두 가지 의미가 있다. 하나는 방금 언급한 "자신감"이라는 의미이고, 또 하나는 "자기 자신에 대한 의식"이라는 의미이다. 번역 과정의 관찰 방식을 자기 관찰에도 사용할 수 있다고 앞에서 언급한 바 있다. 우리 스스로 번역하는 과정을 기록한다면, 그것은 우리의 행동 방식을 인식하고 경우에 따라서는 향상시키는 기회가 된다. LD 프로토콜을 비롯해 여기에서 거론한 방법들을 자신의 행동을 자각하는 교수법의 수단으로 활용할 수 있다. 소규모 그룹인 경우에, 교수자는 모든 학생들에 대한 진단을 내리고 상담을 할 수 있다(Hansen 1999: passim, Livberg/Mees 1999: 146, 2003: 133). 혼자 공부하는 경우에도 같은 방법으로 LD 프로토콜을 사용할 수 있다. 그러면 학생들은 물론 스스로를 진단하고 개선해야 한다. 이것은 항상 그리 쉬운 일만은 아니다. 하지만 이 책을 읽었다면, 틀림없이 한결 쉬워질 것이다. 스스로를 개선하는 데 성공하면, 자신감이란 의미에서 자의식도 서서히 강화된다.

5.4 사례 연구

이미 예고한 바와 같이, 이제부터는 전문 번역가들을 대상으로 한 사례 연구에 대해 보고하려 한다(Kußmaul 2003 참조). 먼저 피실험자들을 선택한 경위에 대해 설명해 보자.

5.4.1 피실험자

앞에서 확인했듯이 독백 프로토콜을 살펴보면 말로 표현되는 것이 거의 없다. 그러나 대화 프로토콜의 경우에는 다르다. 이미 소개한 사례 연구에서처럼 피실험자에게 직접 질문을 하면 피실험자는 당연히 무엇인가를 말해야 한다. 물론 항상 문제는 피실험자들이 자신의 생각에 대해 얼마나 잘 알려 주느냐는 것이다. 예를 들어 피실험자가 "나는 번역이 만족스럽지 않아서 다른 대안을 선택하기로 결정했다"라고만 말한다면 이 발언을 평가하기는 상당히 어렵다. 우리는 피실험자가 만족하지 못한 이유와 새로운 해결책에 이른 경로를 추측할 수밖에 없기 때문이다. 자신의 문제 해결 과정에 대해 전문적으로 이야기할 수 있는 사람, 그러므로 자신의 기술과 방법, 전략에 대해 자세한 정보를 줄 수 있는 사람이 우리의 목적에 부합되는 피실험자이다. 다시 말하면 메타언어적인(아마도 언어학적인) 능력을 지닌 사람이어야 한다. 사실 번역에 종사하는 동시에 번역을 가르치는 사람에게서 이와 같은 것을 기대할 수 있다. 따라서 나는 이 같은 선정 기준을 토대로 피실험자를 선발했다.

우리의 연구 목적에 중요한 피실험자들의 이력은 다음과 같다(이름은 가명이다).

코리나 실험 당시, 번역 회사에서 정규직 번역가로 2년 근무. 대학에서 번역 강사로 1년 근무

주자네 실험 당시, 산업 분야에서 정규직 번역가로 2년 근무. 대학에서 번역 강사로 1년 근무

로베르트 대학의 번역 강사이며 프리랜서 번역가. 실험 당시, 강의 경력 12년

마르쿠스 실험 당시, 강의 경력 30년의 통번역 대학 강사. 프리랜서 번역가

내 목표는 무엇이고 이 자료들은 얼마나 대표성을 갖는가? 경험적 연구가들은 흔히 대학생이나 전문 번역가 같은 특정 그룹 번역가들의 전형적인 행동 방식을 관찰한다. 그러나 내 의도는 여기에 있지 않다. 만일 대학생들이나 전문 번역가들의 행동, 이를테면 전형적인 결점이나 전형적인 전문가들의 태도에 대해 중요한 사실을 말하려 한다면, 피실험자들의 임의 추출 방식에 많은 신중을 기해야 할 것이다. 아마 임의 추출 견본의 규모와 무작위 추출(우연의 원칙에 따른 실험 대상자의 선택)이 문제가 될 것이다(Kußmaul 2000a: 55 참조). 이미 말한 바와 같이 무작위 추출의 원칙을 채택한 연구는 지금까지 없었던 것으로 알고 있다.

그러므로 나는 여기에서 통계 연구가 아닌 4명의 피실험자에 대한 사례 연구를 보고한다. 전문 번역가가 초보자보다 번역을 더 잘하는지 밝혀 내려는 것이 아니라 성공적인 번역에 이르는 문제 해결의 과정을 관찰하려 한다. 초보자들에게서도 그런 문제 해결의 과정을 찾아볼 수 있다. 다만 초보자들의 경우에는 대개 메타언어적인 능력을 갖추지 못했을 뿐이다. 성공적인 문제 해결의 과정에서 중요한 것은, 통계적으로 얼마나 많이 성공했

느냐가 아니라 어떻게 성공적으로 해결에 이르렀느냐는 것이다. 성공적인 번역의 모범이 될 수 있는 몇몇 과정을 관찰할 수 있다면, 내 연구 목적은 달성된 셈이다. 원칙적으로는 머릿속에서 성공적인 번역 과정이 진행되는 피실험자 한 명이면 족하다. 그러나 피실험자가 네 명이면 그만큼 확률도 커지는 법이다.

5.4.2 텍스트

이 연구는 엑스퍼타이즈Expertise(http://www.hf.uio.no/ilos/forskning/forskningsprosjekter/expertise/) 모임의 연구 프로젝트를 위한 2001년도 예비 연구의 일부분이었다. 그 당시 유럽위원회에 이 프로젝트를 위한 지원 신청을 했다. 프로젝트 구성원들은 예비 프로젝트의 텍스트를 유럽연합과 연관 있는 것으로 선택하는 것이 좋다고 판단했다. 그래서 1989년 유럽공동체 위원회의 선정 절차에서 사용되었던 텍스트로 결정했다. 여기에서 먼저 말해 두고 싶은 것이 있다. 나는 유럽연합의 번역가 시험에 출제됐던 텍스트가 실무와는 거리가 멀다고 생각한다. 그 텍스트에는 번역 주문 사항이나 심지어는 텍스트 출처조차 제시되지 않았을 뿐만 아니라, 사전이나 다른 조사 도구 없이 번역해야 했기 때문이다. 이런 조건에서는 전문적인 번역이 불가능하지 않겠냐고 이의를 제기할 수도 있을 것이다. 그런데도 우리는 그 텍스트를 사용했으며, 피실험자들 가운데 한 사람이 미비한 화용론의 틀을 보완하려고 시도한 것을 나중에 평가 과정에서 확인할 수 있었다(아래 참조). 게다가 실제 번역 상황과는 관련이 없었는데도, 실제에 근접한 번역 상황에 적용할 수 있는 문제 해결 전략을 관찰할 수 있었다.

The vision of unity that must not fail

A great extravagance of language is devoted to a visionary concept of Europe. The founding fathers were certainly inspired by the prospect of a Europe bound together by institutions through which the divisiveness of European history would be replaced by a common cause.

But the real world of European politics is primarily concerned with the pursuit of self-interest.

Britain's failure to attend the conference that paved the way for the Treaty of Rome gave France and Germany the chance to enshrine their self-interest in institutional form. Thirty-five years later Britain still feels the same tension as France and Germany talk of faster progress towards the achievement of ill-defined aims. Do their words mean anything or nothing? At one extreme they can be taken to imply a full-blown European State. In Britain we could never accept the relegation of our Parliament to that type of federalism.

It was no surprise to me that 'political union' in the text before Dublin became overnight 'political dimension'. We have seen all these words before. Indeed we have even put our signature to them, with that sheepish smile that politicians reserve for the grandest forms of Eurospeak. But have no doubt, these words are the disposable wrapping beneath which lies the vigorous horse-trading that is the stuff of Community politics.

Britain cannot accept a Europe dominated by the self-interest of a Franco-German alliance. Nor do we need to accept a looser concept: a two-tier Community, divided between the pacesetters and the rest. It is quite obvious who the pacesetters are determined to be. It is equally obvious that, while they may accept us as partners, they will never allow us to impose a brake on their ambition.

(유럽공동체 관보, 1991년 10월 16일, No. C271 A/12. 밑줄은 필자)

실패하지 않을 통합 비전

터무니없는 말들이 유럽에 대한 환상적인 개념에 동원되고 있다. 유럽연합의 창시자들이 유럽 역사가 겪은 불화를 공동의 목적으로 대체하는 제도들을 통해 결속된 유럽의 전망에 자극을 받았다는 것은 분명한 사실이다.

하지만 유럽 정치의 현실 세계는 일차적으로 자국의 이익 추구에 관심을 두고 있다.

영국이 로마 조약의 길을 열었던 총회에 참석하지 않은 까닭에 프랑스와 독일은 자국의 이익을 제도 형태로 보장받을 수 있는 기회를 갖게 되었다. 35년이 지난 지금 프랑스와 독일이 불명확한 목적을 향해 좀더 빠르게 일을 진척시켜야 한다고 말할 때, 영국은 여전히 똑같은 불안을 느끼고 있다. 그들의 말이 의미가 있을까, 아니면 그저 말뿐인가? 극단적으로 그것은 본격적인 유럽 국가를 의미할 수도 있다. 우리 영국에서는 의회가 연방주의 의회로 격하되는 것을 결코 용납할 수 없었다.

더블린의 유럽연합 정상회담 텍스트상의 '정치적 연합'이 하룻밤 사이에 '정치적 규모'로 바뀌었다는 것은 나에게는 놀랄 일이 아니었다. 누구나 그런 말들을 예전에도 본 적이 있었으니까 말이다. 실로 우리는 정치인들이 유럽연합 관료 용어로 된 그 위대한 서식들에 보여 주는 소심한 웃음을 지으며 거기에 서명을 하기까지 했다. 하지만 의심의 여지없이 이러한 말들은 지역 정치의 폐물인 치열한 물밑 흥정을 가리고 있는 일회용 포장재에 지나지 않는다.

영국은 프-독 동맹의 자국 이익에 좌우되는 유럽을 인정할 수 없다. 우리는 또한 주도 국가와 나머지로 구분되는 '이단계 공동체'라는 엉성한 개념도 인정할 필요가 없다. 어떤 나라가 주도 국가가 될지는 뻔하다. 마찬가지로 우리 영국을 동반자로 인정한다 해도 그들의 야망에 제동을 거는 짓은 결코 허용하지 않으리라는 점도 명백하다.

5.4.3 기술적인 보조수단

우리는 앞에서 언급한 트랜스로그라는 프로그램을 사용해 번역 과정을 기록했다. 실험 책임자로서 엑스퍼타이즈 모임의 구성원들은 프로그램에 의해 기록된 휴지(5초 이상), 그리고 번역 과정 및 교정 단계 동안에 일어난 변화에 특히 관심을 보였다. 그것들은 문제가 발생했다는 것을 알려 주는 표시였다. 번역의 단조로운 흐름이 깨지는 것은 예를 들어 문제 해결 같은 특정한 인지적 과정의 징후라고 볼 수 있을 것이다(여기에 관해서는 인지적 리듬을 제창한 Jakobsen 1999: 14 참조). 따라서 우리는 이러한 휴지와 변화를 피실험자와의 인터뷰를 위한 출발점으로 삼았다. 피실험자들은 인터뷰에서 지난 기억을 더듬었으며, 인터뷰 내용은 카세트테이프에 녹음되었다. 피실험자들은 각자 원하는 대로 방금 자신들이 옮긴 번역물의 트랜스로그 전사轉寫를 읽거나 아니면 번역 과정을 한 번 더 모니터에 재연해 보였다. 피실험자들 스스로 휴지와 변화에 대해 설명할 수 있으면 이상적일 것이다. 이

```
↓↓✶✶✶✶✶✶✶✶✶✶A•great•extra⌫avay⌫gance•of•language•ist•d⌫
⌫⌫•devoted•to•✶⌫•einem•visionären•Konzueotp⌫⌫⌫⌫⌫ept•v
onEuripa←←←→⌫o←←←←•⇨.✶✶✶✶✶✶✶•Die•Grüder⌫⌫⌫nder
v-⌫-te⌫⌫⌫äter•dier⌫⌫⌫er•✶✶EU•waren•sicherlich••besellt•vo
n•←←←←←←←⌫e⇨vonder•Aussicht•auf•ein•Eurio⌫⌫opy,•⌫⌫
⌫a,•das•✶zusammengehalten•wird•vonInstitutionen•←←←←←←←←
←←←←←←•⇨✶✶⌫,•dank•denen•die•DI⌫EVISIVENESS•✶✶✶✶✶
der•europäischen•fga⌫⌫⌫Geschichtge⌫⌫e•✶ERSETZTE•w⌫wpr
⌫⌫p⌫ürde•duc⌫rch✶•die•gemeinasm⌫⌫⌫same•Sachen⌫.↲↑
↑↑→→→→→→→→→→→
```

그림 2

때 실험 책임자가 자극을 줄 수 있다. 피실험자 로베르트의 트랜스로그 전사 몇 줄(텍스트의 첫 부분)을 보면 이해하는 데 도움이 될 것이다(그림2).[3]

별표(*)는 5초 동안의 휴지를 의미한다. ⌫(백스페이스 키)로 표시된 맞춤법 교정은 이 사례에서 자주 보이기는 하지만 우리의 연구에는 별로 중요하지 않다. 그러나 예를 들어 피실험자가 휴지 후에 영어 단어들('a great extravagance of language'와 'divisiveness')을 입력한 부분은 우리의 흥미를 끈다. 이것은 의미론적인 문제가 발생했다는 표시이며, 피실험자는 인터뷰에서 이 문제에 대해 설명했다(아래 참조). 여기에서 자주 쓰이는 기호들은 다음과 같은 의미를 지닌다.

- ◆ 스페이스 바
- ↓ 커서 아래로
- ↑ 커서 위로
- ← 커서 왼쪽으로
- → 커서 오른쪽으로

5.4.4 데이터 분석의 관점

피실험자들이 성공적으로 번역을 마치기 위해서 심리언어학, 의미론, 커뮤니케이션, 그리고 또한 번역학의 전문가가 될 필요는 없다. 그러나 데이

3 einem visionären Konzept = a visionary concept, Die Gründer = the founding fathers, waren sicherlich = were certainly, von der Aussicht auf ein Europa = by the prospect of a Europe, das zusammengehalten wird von Institutionen = bound together by institutions, dank denen die ⌫ through which the, der europäischen Geschichte = European history, ERSETZTE = replaced, würde durch die gemeinsamen Sachen = would ... by a common cause, (이것은 트랜스로그에 기록된 독일어와 이에 상응하는 영어를 짝지은 것이다—옮긴이)

터를 분석하는 자는 프로토콜을 통해서 인지적 과정을 추론해야 하기 때문에 모델이 있어야만 뭔가를 볼 수 있다(Erisson/Simon 1984/1993).

과정들을 추론하려 한다면 그 과정이 어떤 것인지 이미 알고 있어야 한다. 이것이 바로 그 유명한 해석학적 순환의 문제이다. 우리가 무엇을 찾으려 한다면, 그것을 어디에서 찾을 수 있는지 미리 짐작할 수 있어야 한다. 모델은 안경과 같은 것이다. 우리는 안경이 없으면 제대로 보지 못한다. 잘못된 안경이라도 껴야 한다. 나는 1장에서 언급한 인지언어학의 모델들, 즉 원형의미론, 신-프레임 의미론, 상향정보처리과정과 하향정보처리과정, 그리고 초점 맞추기의 개념들을 사용한다. 또한 4장에서 거론한 기억력 연구의 기본 개념들도 활용한다. 이렇게 함으로써 올바른 안경을 착용했기를 바란다.

전문가라고 항상 번역을 잘 하는 것은 아니다. 종종 문제 해결 과정을 관찰할 수 있고 또 피실험자들은 결국 문제가 해결되었다고 믿을지 모르지만, 그 결과는 만족스럽지 못하다. 우리는 실험 책임자로서 그 결과를 평가하지 않을 수 없다. 내가 직접 평가를 하면서 "기능적인 구상Konzept"을 근거로 삼았다(Nord 1994: passim, Nord 1998: passim, Kußmaul 2000a: 36-51 참조). 기능적으로 평가하는 경우에, 가장 결정적인 판단 기준은 번역 의뢰이다. 물론 우리는 위원회의 시험 문제와 관련해 의뢰를 받은 적이 없었다. 또한 유럽연합 선정 절차라는 원래 상황을 바꾸지 않기 위해 마음대로 번역 의뢰를 할 수도 없었고 또 하려고도 하지 않았다. 따라서 나는 이미 말한 불만스러운 번역 상황과 내 평가 기준 사이에서 타협점을 찾았다. 의미론적인 문제들을 관찰하는 것으로 제한하고, 이 경우에 화용론적인 문제들(예를 들어 문화 및 상황에 관련된 이입의 문제)은 아쉽더라도 고려하지 않기로 했다.

5.4.5 각기 텍스트 부분에 대한 피실험자들의 설명

특정 낱말들이나 어구들(내가 앞에서 밑줄 그은)이 거의 모든 피실험자들에게 번역의 어려움을 안겨 준 것을 확인할 수 있었다. 그렇다고 피실험자들이 문제를 해결할 수 없었다는 뜻은 아니다. 여기에서 독자들의 부담을 덜어 주기 위해, 사례 연구 전체(Kußmaul 2003)를 소개하기보다는, "새로운 언어표현의 의미에서 이해와 번역"이라는 테마에 교수법의 관점에서 특히 흥미로워 보이는 몇 구절만을 발췌하려 한다. 해당 구절들(문장 속에서 밑줄 그어진)을 텍스트에 등장하는 순서대로 다루기로 한다.

A great extravagance of language is devoted to a visionary concept of Europe. **터무니없는 말들이 유럽에 대한 환상적인 개념에 동원되고 있다.**

코리나

트랜스로그 전사에서 30초의 휴지가 나타난다. 이에 대해 피실험자는 이 텍스트 부분에서 어려움에 봉착했으며 처음에 "언어Sprache"라는 개념을 어떻게 처리해야 할지 알 수 없었다고 설명했다. 코리나는 "상당히 자유롭게" 번역했다고 말했다. "대외적으로 유럽은 유럽에 대한 환상적인 구상으로 결속돼 있다Nach außen hin ist Europa durch ein visionäres Konzept von Europa verbunden." 이 표현은 결국 끝까지 그대로 수용되었다.

주자네

25초의 휴지가 나타났는데, 피실험자는 항상 전체 단락을 먼저 한 번 더 읽고 나서 번역을 하기 때문이라고 그 이유를 설명했다. 주자네는 "유럽연합의 비전에 대해 이미 쓸데없이 많은 미사여구가 사용되었다Viele schöne Worte sind bereits über die Vision der Europäischen Union verloren worden"라고 번역했다. 피실험자는 이 번역이 너무 '경박하게' 들린다며 불만을 토로했지만, 그런 번역을 선택하게 된 이유에 대해서는 설명하지 못했다.

로베르트

이 텍스트 부분을 번역하기에 앞서 45초의 휴지가 나타난다. 피실험자는 우선 문제점을 제쳐 놓고 출발어의 단어들을 기입한다(그림2 참조). 인터뷰에서 로베르트는 텍스트 작성자가 비판적인 입장을 취하고 있다는 인상을 받았다고 말했다. 그리고 그럴듯하게 둘러말하는 말치레와 현학적으로 꼬치꼬치 따지는 것이 연상되었다고 덧붙였다. 교정 단계에서 로베르트는 그 부분을 "말을 가지고 많은 법석을 떨었다sprachlich wird viel Aufhebens gemacht"라고 번역했다.

로베르트의 행동을 인지적으로 다음과 같이 해석할 수 있다. 로베르트는 출발 텍스트를 전체적인 것으로 간주하는 포괄적인 전략을 사용하며, 문제 해결을 위해 직접 텍스트 부분을 해석한다. 좀더 자세하게 말하자면, 작업 기억에 저장되어 있는 장면이 텍스트를 통해서 구성된다. 이 장면은 텍스트 부분을 번역하기 위한 배경, 즉 언어적 틀을 발견하기 위한 배경을 이룬다.

마르쿠스

피실험자는 이 텍스트 부분에 이를 때까지 긴 휴지가 없었던 것으로 트랜스로그 전사에 나타난다. 그러나 마르쿠스는 마지막 단락의 은유적 표현들에 대해 설명하면서, 번역을 시작하기 전에 먼저 텍스트를 읽고 텍스트의 테마가 무엇인지 명확하게 이해하려 했다고 말했다(아래 참조). 그는 텍스트를 이해하는 과정에서 텍스트의 결속성에 기여하는 낱말들(예를 들어 'grandest forms of Eurospeak', 'disposable wrappings')에 주의를 집중했다. 이 부분을 "아주 세련된 말로mit sehr gewählten Worten"라고 번역했으며, 이 표현을 "do their words mean anything or nothing" 구절에도 사용했다. "그들의 아주 세련된 말 뒤에는 많은 것이 숨어 있을 수도 있고, 아무것도 숨어 있지 않을 수도 있다.Hinter ihren sehr gewählten Worten kann sich vieles verbergen - möglicherweise auch nichts." 그리고 이와 조금 다른 형태인 "We have seen all these words"는 "우리 모두는 이런 미사여구를 알고 있다Wir alle kennen diese schönen Worte"로 번역했다. 인터뷰가 끝나갈 무렵, 마르쿠스는 텍스트의 결속성을 분명히 하기 위해서 같은 표현 내지는 비슷한 표현을 사용했다고 그 이유를 설명했다.

여기서 텍스트 결속성이란 개념을 설명해야 한다. 텍스트 결속성은 텍스트를 형성하는 문장들의 관련성을 말하는데, 이 관련성은 문장을 초월하는, 모든 종류의 문법적, 의미론적 관계를 포함한다. 예를 들어 인과관계나 시간적인 연결, 또는 이번 사례에서처럼 특정한 테마와 관련된 낱말들이 이런 의미론적 구조에 속한다(Bußmann 1990: 389 참조). 텍스트 결속성은 번역에 중요한 개념으로서, 텍스트와 번역의 질을 드러내는 특성이다. 결속성이 있는 텍스트는 이해하기 쉽다. 결속성이 없으면 텍스트의 기능은 보장되지 않는다.

인지적으로 보면, 마르쿠스의 경우에도 로베르트와 비슷한 과정이 진행되었다. 마르쿠스는 로베르트와 마찬가지로—하지만 로베르트보다 더 의식적으로—텍스트 분석을 각기 낱말을 번역하기 위한 발판으로 이용했다.

텍스트 분석을 통해 얻은 지식은 작업 기억에 저장된다. 하향정보처리과정에서 그 지식은 각기 낱말들에 의해 유발된 의미론적 상향정보처리과정과 상호 작용을 한다.

평가

피실험자들의 인지적 과정이 어떻게 진행되는지에 따라서, 그에 대한 설명도 제각각이다. 인식 가능한 인지적 성찰과 번역의 품질 사이에 과연 모종의 연관성이 있는지 이제 일반적인 질문을 제기할 수 있다. 여기에서는 이 문제에 대해 간단히 언급하고, 나중에 끝부분에서 다시 자세히 다룰 것이다. "대외적으로 유럽은 유럽에 대한 환상적인 개념으로 결속돼 있다nach außen hin ist Europa durch ein visionäres Konzept von Europa verbunden"라는 코리나의 번역은 출발 텍스트의 의미에 상응하지 않는다. 이는 문제를 인지하고서도 해결 방안을 제시하지 못한 본인의 설명과도 맞아떨어진다. "유럽연합의 비전에 대해 이미 쓸데없이 많은 미사여구가 사용되었다Viele schönen Worte sind bereits über die Vision der Europäischen Union verloren worden"라는 주자네의 번역은 머릿속에서 진행된 과정에 대해서는 알려 주지 않지만 출발 텍스트의 의미에는 부합한다. 이 번역에 "~에 관한von"을 첨부했더라면 물론 문장의 의미가 더욱 분명해졌을 것이다. "유럽연합에 관한 비전에 대해 이미 쓸데없이 많은 미사여구가 사용되었다.Viele schönen Worte sind bereits über die Vision von der Europäischen Union verloren worden." 로베르트와 마르쿠스의 번역("말을 가지고 많은 법석을 떨었다sprachlich wird viel Aufhebens gemacht"와 "아주 세련된 말로mit sehr gewählten Worten")은 성공적이라고 평가할 수 있다. 출발 텍스트에서 부각된 유럽연합 관료 용어 'Eurospeak'라는 테마와 여기에 내포된 비판을 언어적으로 잘 표현했는데,

이것은 인지적 성찰의 결과이다.

The founding fathers were certainly inspired by the prospect of a Europa bound together by institutions through which the divisiveness of European history would be replaced by a common cause. **유럽연합의 창시자들이 유럽 역사가 겪은 불화를 공동의 목적으로 대체하는 제도들을 통해 결속된 유럽의 전망에 자극을 받았다는 것은 분명한 사실이다.**

코리나

트랜스로그 전사에 20초의 휴지가 기록된 후, 피실험자는 처음에 "다양성Vielfältigkeit"이라고 썼다. 그러나 이 낱말이 "지나치게 긍정적"이라는 생각이 들어서 "이질성Heterogenität"으로 바꾸었다고 나중에 설명했다. 이 표현이 같은 문장 안의 'common cause'(공동의 목적)이란 말에 대립하기 때문이라고 그 이유를 들었다.

주자네

21초의 휴지 후에 피실험자는 "적대성Feindseligkeiten"이라고 적었으며, 이것을 끝까지 그대로 유지했다. 주자네는 처음에 "차이Unterschiedlichkeiten"라는 표현을 떠올렸지만, 'divide'의 의미에 비해 "너무 빈약하다"는 생각이 들었다고 설명했다. 인터뷰 동안에 피실험자는 다시 이 문제를 거론하며 "분열Gespaltenheit"이라는 낱말을 생각해 냈다. 그러나 예를 들어 세계 지식을 이용해 명확한 근거를 제시하지는 않았다.

로베르트

로베르트는 나중에 번역할 생각으로 일단은 출발어 'divisiveness'(분리)를 그대로 기입했다. 인터뷰에서 그는 지난 몇 세기 동안 작은 나라들로 나뉘어졌던 독일 역사를 생각하고는 결국 교정 단계에서 "군소국가들 Kleinstaaterei"로 번역했다고 말했다. 인지적으로 보면, 로베르트는 여기에서 하향정보처리과정에 의해 활성화된 세계 지식을 활용했다.

마르쿠스

피실험자가 "분열"이라고 번역하기까지 처음 15초 동안의 휴지에 이어 또다시 20초의 휴지가 기록되었다. 인터뷰에서 마르쿠스는 유럽의 동서 분열을 떠올렸다고 말했다. 따라서 이 부분은 최종 단계에서 "역사적 분열"로 번역되었다. 그러므로 마르쿠스 역시 세계 지식을 활용했지만, 로베르트와는 다른 세계 지식을 활성화시킨 것이다.

평가

여기에서 당연히 '누가 텍스트를 올바르게 이해했는가?'라는 문제가 제기된다. 아니면 차라리 '어떤 텍스트 이해가 더 설득력 있는가?'라고 물어야 할지도 모르겠다. 앞에서 이미 여러 차례 강조했듯이, 텍스트 이해는 일반적으로 하향정보처리과정과 상향정보처리과정의 상호작용으로 특징지어진다. 나는 이 두 과정의 불균형이 오해를 낳을 수 있다는 것을 다른 맥락에서 관찰할 수 있었는데(Kußmaul 1995: 25-28), 여기에서 또다시 이 점을 확인할 수 있다. 출발 텍스트에서 'founding fathers'(유럽연합의 창시자들), 즉 1957년 유럽경제공동체(EWG)가 창시되었던 시절이 이야기된다. 유럽경

제공동체는 NATO에 가입한 유럽 국가들이 결성한 기구였으며 유럽 역사상 유례없는 최초의 공동 기구였다. 세계가 두 개의 권력, 즉 동과 서로 나뉘어져 있었는데도, 당시에는 동쪽 진영과의 통합을 고려하지 않았다. 오늘날 상황은 달라졌다. 분단은 극복되었으며, 예전의 동구 국가들은 현재 유럽연합의 회원국이거나 아니면 적어도 회원 후보국이다. 그러므로 마르쿠스는 텍스트를 현재의 관점에서 보았다고 추정된다. 마르쿠스의 하향정보처리과정이 텍스트에서 "떠오르는 것"을 제대로 보지 못하도록 가로막은 것이다. 이에 반해 로베르트는 텍스트의 역사적 관점을 그대로 받아들였다. 나는 로베르트의 해석이 더 설득력 있고 따라서 그의 번역이 더 옳다고 생각한다.

"이질성Heterogenität"(코리나)과 "적대성Feindseligkeit"(주자네)은 출발 텍스트의 의미에 상응하지 않는다. 두 피실험자들이 성공적인 해결점에 도달하지 못한 이유는 아마 세계 지식을 활용하지 않은 데서 찾을 수 있을 것이다.

At one extreme they can be taken to imply a full-blown European State. **극단적으로 그것은 본격적인 유럽국가를 의미할 수도 있다**

코리나

코리나는 처음에 이 텍스트 구절을 어떻게 옮겨야 할지 알 수 없어서 잠시 번역을 보류했다고 말했다. 그러다 교정 단계에서 다시금 이 부분에 대한 번역을 시도했다. 코리나는 'full-blown'(만발한, 만개한, 완전히 무르익은)이 전후 관계에서 무엇을 의미하는지 처음에는 명백하게 떠오르지 않았다고 한다. 교정 단계에서 다른 텍스트 구절들을 수정하는 동안에 'full-blown

European state'의 문제를 내내 염두에 두고 있었다고 설명했다. 이것은 코리나가 자주 활용하는 번역 기술技術 가운데 하나이다. 코리나는 'European State'가 대문자로 시작한다는 점에 착안하여 이 말이 이 텍스트에서 새로 만들어진 고유명사일 수 있다고 생각했다. 결국 이런 인식을 토대로 'full-blown European State'을 "…본격적인 유럽국가…eines regelrechten Europäischen Staates"라고 번역했다.

코리나가 이른바 우회로를 통해서 목표에 도달한 것을 인지적 관점에서 관찰할 수 있다. 코리나는 'full-blown'의 의미를 어떻게 파악할지 알 수 없었으며, 그러다 철자법에서 힌트를 얻었다. 코리나에게 'European State'는 정치적으로 통합된 유럽연방국가를 위한 이름을 의미했는데, 이것은 상당히 설득력이 있다. 코리나가 문제를 보류하는 기술에도 주목할 필요가 있다. 이와 유사하게 정신적 긴장을 해소하는 활동을 병행함으로써 장애를 극복하는 과정들을 창의적 사고의 부화 단계에서 관찰할 수 있다(6.3장 참조).

주자네

트랜스로그 전사에 도합 1분이 넘는 여러 번의 휴지가 기록되었다. 피실험자의 설명에 따르면, 처음에는 'full-blown'을 문체상의 문제("일상어")로 여겼다는 것이다. 그러나 다음 문장을 읽으면서, 'full-blown'은 이런 식의 유럽이 각 회원국들의 권리와 권력을 제약할 수 있는 것을 의미할지 모른다고 깨닫게 되었다. 주자네는 "강력한 유럽연합mächtige Europäische Union"이라고 번역했지만, 본인 스스로 만족하지 않았다.

인지적 관점에서 보면, 여기서 사고의 흐름을 인식할 수 있다. 주자네는 처음에 이 문제를 문체와 관련된 것으로 오인했지만, 곧 의미의 문제로 인식한다. 아마 국가연합 내에서 각 국가들의 관계에 관한 배경 지식을 활성화시켰을 것이라고 추정된다. 주자네의 생각이 옳았음이 분명하다. 다만 여기서 문제는 번역이 해석한 내용에 실제로 일치하느냐는 것이다.

로베르트

5초의 휴지 후에, 로베르트는 "유일한einen einzigen"이라고 번역한 것을 "완전히 주조된 유럽 국가einen voll ausgeprägten europäischen Staat"로 수정했다. 나중에 이에 대해 유럽 공통 화폐인 유로를 고려하여 "주조된ausgeprägt"을 선택했다고 설명했다. "주조하다prägen"란 단어는 동전에도 사용되기 때문이다. 또한 로베르트는 "전형적 증상Vollbild"이라는 말로 병의 증후를 설명하는 에이즈도 생각했다고 한다.

여기에서 피실험자가 이해 과정 동안에 떠올린 장면의 세부적인 표상을 인지적 관점에서 관찰할 수 있다. "유로"는 전체 장면 "full-blown European State"의 한 요소이다("장면 요소Szenen-elememt"에 대한 자세한 설명은 6.3장과 7장 참조). "주조된ausgeprägt"과 "전형적 증상Vollbild" 사이에 연관이 있을 수도 있겠지만, 에이즈 표상은 지나치게 빗나간 것으로 보인다.

마르쿠스

20초의 휴지 후에, 마르쿠스는 "연방제의föderal"라는 낱말에 이어 "연방국가Bundestaat"라고 기입했으며, 이 말을 끝까지 그대로 유지했다. 마르쿠스의 설명에 따르면, 이 문장을 다음 문장과의 관계에서 보았으며, 여기에서 유럽 전체의 연방 구조와 각기 국가의 의회들 사이의 차이가 문제된다고 여겼다는 것이었다. 따라서 마르쿠스는 문맥(상향 자료)을 토대로 의미론적 분석을 행한 결과 번역에 이른 것이다.

평가

피실험자들 모두에게서 인지적인 성찰 과정이 드러나며, 번역들도 모두 괜찮은 것으로 여겨진다. 성찰과 해결책 모색 사이의 관계가 아주 분명하게 나타난다. 유럽 정치의 이상적인 목표를 거론한다는 점에서, 나는 "…본격적인 유럽국가…regelrechter Europäischer Staat"와 "연방국가Bundesstaat"가 가장 좋은 번역이라고 생각한다.

Nor do we need to accept a looser concept: a two-tier community, divided between the pacesetters and the rest. It is quite obvious who the pacesetters are determined to be. It is equally obvious that, while they may accept us as Partners, they will never allow us to impose a brake on their ambition. 우리는 또한 주도 국가와 나머지로 구분되는 '이단계 공동체'라는 엉성한 개념도 인정할 필요가 없다. 어떤 나라가 주도 국가가 될지는 뻔하다. 마찬가지로 우리 영국을 동반자로 인정한다 해도 그들의 야망에 제동을 거는 짓은 결코 허용하지 않으리라는 점도 명백하다.

나는 여기에서 밑줄 친 은유들을 하나의 복합적인 문제로 본다. 앞으로 보게 되겠지만, 피실험자들이 이 문장들을 부분적으로 하나의 복합체로 여겼기 때문이다.

코리나

트랜스로그 전사에 기록된 18초의 휴지에 대해 코리나는 '*a two-tier Com-*

munity'(이중 공동체)를 "두 개의 신분Zwei Klassen"으로 번역하는 것은 영국 신분 제도의 관점에서 오히려 적합하지 않다는 생각이 들었다고 설명했다. 코리나는 문맥을 토대로 진보적인 그룹과 나머지 그룹, 두 그룹으로 분할된 것을 인식하고서 "양분된 유럽zweigeteiltes Europa"이라고 번역했다. '*pacesetters*'(속도 조정자)의 경우에는 먼저 상응하는 독일 낱말을 찾았으나, 전혀 떠오르는 낱말이 없어서 "속도를 지시하고자 하는 나라들diejenigen Länder, die das Tempo vorgeben wollen"이라고 바꿔 표현했다. 나머지 구절들에 대해서는 설명하지 않았다.

인지적으로 살펴보면, 여기서 피실험자가 번역 평가에서는 세계 지식(영국의 신분 제도)을 활용하고, 이해 과정에서는 문맥에 관련한 지식을 활용한 것을 알 수 있다.

주자네

이 텍스트 부분에 앞서, 트랜스로그에 30초의 휴지가 기록되었다. 주자네는 독일과 프랑스의 우호 관계를 떠올린 데 이어서 전체 유럽을 이끄는 "독불 기관차deutsch-französische Lokomotive"에 관한 언론 보도가 기억났다고 말했다. 이 표현이 다음 문장의 '*pacesetters*'와 잘 어울린다고 생각했으며, "하지만 독불 기관차와 나머지 유럽으로 이루어진 양분된 공동체 역시 말도 안 되는 일이다Doch auch eine zweigeteilte Gemeinschaft, die aus der deutsch-französischen Lokomotive und dem Rest Europas besteht, kommt nicht in Frage"라고 번역했다. 주자네는 반복되는 것을 피하기 위해 두 번째 '*pacesetters*'를 "유럽의 지도적인 역할을 담당하는 자wer die Führungsrolle in Europa übernehmen wird"로 옮겼다. '*impose brake*'(제동을 걸다)(28초의 휴지)에 대해서는 "중단시키다stoppen"와 "거부Veto"를 떠올렸고, 이를 토대로 "실질적인 공동 결정권이나 거부권이 없는ohne wirkliches Mitsprache- oder Vetorecht"이라고 번역했다.

여기에서 주자네가 독불 파트너 관계에 대한 세계 지식을 활성화하여 현재 널리 사용되는 은유("기관차Lokomotive")를 생각해 낸 것이 분명하다. 조지 레이코프George Lakoff(1987)를 좇아, '*pacesetter*'와의 관계를 연쇄Verkettung(레이코프는 'chaining'이라고 말한다)라고 표현할 수 있다.

연쇄라는 개념은 두 개의 사유 범주(은유들도 사유범주를 표현한다)가 하나 또는 그 이상의 표상들을 공유하는 것을 의미한다. 예를 들어 레이코프는 영어의 '*anger*'(화, 성냄)와 '*lust*'(육욕)라는 두 개념이 공통의 표상 '*fire*'(불)을 통해 연결되어 있다는 점을 입증했다. '*fire*'는 '*he was breathing fire*'(그는 살아 있는 화통이다) 또는 '*after the argument, Dave was smoldering for days*'(논쟁 후에 데이브는 며칠 동안 씩씩대며 연기를 뿜었다) 같은 관용적 표현에서는 '*anger*'를 의미하고, '*hey, baby, light my fire*'(어이, 아가씨, 불 좀 붙여 줘) 또는 '*she's hot stuff*'(그녀는 멋진 몸매를 하고 있어)(Lakoff 1987: 95, 388, 410) 같은 표현에서는 '*lust*'의 의미로 사용된다.

'*pacesetter*'를 "기관차Lokomotive" 및 "선도적 역할Führungsrolle"에 인지적으로 연결해 보면, 이 개념들에 "앞선 위치Vordere Position"라는 의미가 공통되는 것을 알 수 있다. 기관차는 일반적으로 기차의 선두에 위치하고 속도를 지시하는 사람 역시 맨 앞에 위치하기 때문이다. 이른바 연상 고리의 두 번째 부분("속도를 지시한다")에서 이 은유의 의미를 "선도 역할"로 풀이할 수 있다. "*impose a brake on their ambition*"(그들의 야망에 제동을 걸다)의 번역 역시 연상과 관련해서 시사하는 바가 많다. 피실험자는 기차 운행(impose a brake)이라는 구체적 장면에서 정치적 장면("거부Veto", "거부권Vetorecht")으로 전환했다고 설명했다. 이것 역시 연쇄라고 말할 수 있는데, 무엇인가를 저지할 수 있다는 기본 표상이 두 범주에 공통으로 들어 있다. 은유를 풀어 쓴 이 번역이 함축된 의미를 아주 적절하게 표현한다고 여기에서 미리 밝혀 둔다.

로베르트

"*two-tier community*"라는 구절이 별 문제를 야기하지 않은 듯 보인다. 트랜스로그 전사에 전혀 휴지가 나타나지 않았으며, "두 계층으로 이루어진 공동체eine zwei-klassen-Gemeinschaft"라고 즉각 번역되었다. 로베르트는 문장의 두 번째 부분(the pacesetters and rest, 주도 국가와 나머지 국가들)에서 영감을 받았다고 설명했는데, 그 부분을 맥락상 중요한 단어들로 여긴 것이다. 놀랍게도 로베르트는 나머지 은유들을 번역하면서도 전혀 뜸을 들이지 않았으며, 전체 텍스트 부분을 이렇게 번역했다. "그러나 선두 국가들과 나머지 국가들이라는 두 계층으로 이루어진 공동체에 대한 이 설득력 없는 구상 역시 받아들일 필요가 거의 없다. 누가 선두 국가로 결정될지는 상당히 빤한 일이다. 또한 선두 국가들이 영국을 파트너로 받아들이기는 하겠지만 영국이 자신들의 야망에 제동을 걸도록 허용하지 않을 것도 빤한 사실이다.Ebenso wenig hat man es jedoch nötig, ein weniger stringentes Konzept zu akzeptieren: eine zwei klassen-Gemeinschaft, bestehend aus den Vorreitern einerseits und dem Rest andererseits. Es ist ziemlich offenkundig, wer dazu entschlossen ist, Vorreiter zu sein. Ebenso offenkundig ist, dass sie, während sie die Briten vielleicht als Partner akzeptieren, es ihnen jedoch nicht zugestehen werden, ihre Ambitionen zu bremsen."

우리는 여기서도 나중에 인지적 맥락을 확인할 수 있었다. 'two tier'는 수평적 계층화를 암시한다. "두 계층으로 이루어진 공동체zwei-Klassen-Gemeinschaft" 역시 마찬가지다. '*pacesetter*'의 상응어 "선두국가Vorreiter"는 출발 텍스트의 단어에서 쉽게 떠오르기 때문에 부연 설명이 따로 필요 없다. 마지막 문장의 은유 역시 이와 같은 경우이다.

마르쿠스

트랜스로그 전사에 3분의 휴지가 기록되었다. 마르쿠스는 '*two-tier community*'를 "두 속도로 달리는 유럽Europa der zwei Geschwindigkeiten"이라고 번역했는데, 이 표현이 유럽에서 타협을 나타내는 전문 용어로 사용되고 있으며 모든 유럽 국가들이 단번에 통합될 수 없다는 점을 그 근거로 들었다. 그는 본래부터 서로 어울리지 않는 두 개의 이미지가 출발 텍스트에 내재한다고 비판했다. 그래서 두 이미지를 하나의 은유 영역으로 통합하면서 출발 텍스트를 수정했다고 설명했다. 그 결과 '*partners*'를 "동행자Mitfahrer"로, '*put a brake on their ambition*'을 "제동자로서 관여한다als Bremser dabei haben"로 옮겼다. '*pacesetters*'의 경우에는 출발 텍스트와 근접하게 "속도조정자Schrittmacher"로 번역했는데, 이것 역시 마르쿠스가 선택한 은유 영역에 합치했다.

여기서 마르쿠스는 장기 기억에 저장된 유럽연합 정책에 관한 배경 지식과 유럽연합 용어에 대한 어휘지식을 활성화했다. 그 밖에도 앞에서와 마찬가지로 텍스트를 분석하여 출발 텍스트의 은유를 평가했는데, 이때도 다시 결속성의 원칙을 기준으로 삼았다. 그런 경우에는 출발 텍스트를 개선하여 번역할 때도 결속성의 원칙이 토대가 되었다. 앞에서 말한 바와 같이 마르쿠스는 하나의 통일적인 은유 영역을 만들어 내기 위해 텍스트를 개선하는 것을 합당하다고 보았다. 작가가 의도적으로 두 가지 형상을 암시했을 수 있는 문학 텍스트가 아니라 일원적인 은유를 통해서만 효과를 얻을 수 있는 저널 텍스트라는 것이 그 이유였다.

인지적으로 보면, 마르쿠스는 "여행Reise"을 주제로 하는 은유적인 전체 장면을 구성했으며, 그의 번역은 이 장면의 각기 요소들을 묘사했다. 나는 장면 요소를 선택하는 기술技術을 창의적 번역에서 자주 관찰할 수 있었다(6.3장과 7장 참조). 심리학적으로 보면, 이 같은 행동은 당연히 앞에서 언급한 자신감을 요구한다.

평가

여기에서 피실험자들 모두가 성찰한 것을 알 수 있다. 물론 그 정도는 각기 다르다. '*two-tier community*'와 관련해, 주자네와 마르쿠스는 세계 지식을 활용해 "독불 기관차deutsch-französische Lokomotive"와 "두 속도로 달리는 유럽Europa der zwei Geschwindigkeiten"이라는 매우 창의적인 번역을 내놓았다. 두 번역가는 "실질적인 공동 결정권이나 거부권이 없는ohne wirkliches Mitsprache-oder Vetorecht"(주자네)과 "제동자로서 관여한다als Bremser dabei haben"(마르쿠스)의 경우처럼 그 밖의 은유들에서도 매우 창의적이었다. 로베르트의 번역이 상대적으로 단어에 충실했던 것은 그가 다른 피실험자들에 비해 배경 지식을 적게 활성화시킨 데서 그 원인을 찾을 수 있다. 문맥상의 지식은 활성화했지만 세계 지식은 활성화하지 않은 코리나의 번역은 오해의 여지를 안고 있다. "양분된 유럽zweigeteiltes Europa"을 서구와 동구라는 역사적 분열의 의미로 잘못 이해할 수 있기 때문이다.

5.5 특수한 성공 전략—전문 번역가들은 이렇게 사고한다

피실험자들은 전문 번역가인 동시에 학생들에게 번역을 가르치는 일을 하고 있다. 이러한 점이 피실험자들의 설명에 영향을 미치는 게 확실하다. 그런 영향을 고도의 성찰과 언어적인 정밀함에서 부분적으로 확인할 수 있다. 그들은 "내 마음에 들지 않는다", "그것이 만족스럽지 않았다", "그냥 한 번 써 보았다"처럼 간단한 설명으로 그칠 때도 있었지만, 문맥을 분석하는 기술과 세계 지식의 의도적인 활용, 텍스트 결속성을 인식하고 만들어 내는 능력에 관해 말하면서 메타언어적인 능력을 보여 주기도 했다. 피실험자들은 결국 번역을 하는 동안의 사유 과정과 성찰에 대해 말했다. 모든 피실험자들이 이런 능력들을 가지고 있다. 교수 경험이 많을수록 이런 능력들도 자라날 것이다. 특히 교수 경험이 가장 오래된 마르쿠스의 경우에 이 점이 두드러진다. 학생들에게 번역을 가르치는 동시에 메타언어적 능력을 지니고 있을 가능성이 높은 사람이 문제 해결의 과정을 관찰하는데 적합한지는 향후의 경험적 연구를 위해 고려해야 할 문제이다.

좋은 번역자라면 언어 지식, 세계 지식 그리고 실용 지식을 소유해야 한다. —이 점에 관해서는 4장을 다시 참조하기 바란다. 또한 여기에서 한 걸음 더 나아가 절차 지식, 즉 번역이 어떻게 이루어지는가에 대한 지식을 가져야 한다. 앞에서 피실험자들이 좋은 번역에 성공한 경우에는 언제나 이런 절차 지식을 소유하고 있음을 보여 주었다.

나는 대가들에게 배울 수 있다고 이미 앞에서 말한 바 있다. 그렇다면 우리의 피실험자들은 대가인가? 그들도 때로는 대가이다. 내 생각에 전문 번역가들이 항상 번역을 잘한다는 관념에서 벗어나야 한다. 그러나 전문 번역가들이 번역을 갓 배우기 시작한 사람들보다는 성공적인 순간을 더 많이 경험할 것이다. 초보자들도 물론 성공적인 번역의 순간을 체험할 수 있다. 우리는 이런 사실을 다음 장에서 살펴볼 것이다.

성공적인 순간들을 좀더 정확하게 기술할 수 있을까? 나는 5.3장에서 상세한 질문을 몇 가지 제기한 바 있다. 여기에서 그에 대해 제시하는 답변들을 방법론적인 권유 사항으로 이해해 주기를 바란다.

1. 전문 번역가들은 의미의 문제에서 어떤 포괄적인 전략들을 응용하는가? 첫째로, 성찰과는 직접 관련이 없는 형식적인 기술技術을 들 수 있다. 이것은 일단 문제를 보류해 두었다가 나중에 수정 단계에서 해결하는 기술이다(예를 들어 로베르트의 'divisiveness'와 코리나의 'full-blown' 번역). 이 같은 기술은 시간적인 의미에서 전반적인 전략, 그러므로 포괄적인 전략이다. 문제점들을 차례대로 순차적으로 처리하는 것이 아니라, 일단 제쳐 두었다가 다시 재개하는 식으로 주어진 시간을 하나의 커다란 단위로 보고 자유롭게 활용한다. 앞에서 언급한 바와 같이 이러한 방법을 통해 걸림돌을 해결할 수 있다.

성찰의 의미에서 가장 눈에 띄는 내용상의 포괄적인 전략은 텍스트 분석과 더불어 텍스트 기능과 관련된 텍스트 결속성에 대한 고려이다. 이것을 토대로 마르쿠스는 출발 텍스트의 적절하지 못한 구조를 인식하고서 번역문에서 적절하게 수정했다.

2. 우리는 단어의 의미를 추론할 때 무엇에 주목해야 하는가? 그리고 어떤 정신적 과정을 진행시키는가? 출발 텍스트의 이해는 장면의 표상을 불러

일으키고 표상은 결국 번역의 토대를 이룬다는 것을 모든 피실험자에게서 관찰할 수 있었다. 우리는 이것을 지금까지 많은 사례를 통해 보았으며, 이제 경험적으로 이 방법을 확인했다.

3. 우리가 아직까지 테마로 삼지 않은 사항이 있다. 즉, 피실험자들에게서 관찰할 수 있었듯이 장면들은 서로 연쇄에 의해 결합될 수 있다. 결합된 장면들이 언어적으로 표현되면서 종종 창의적인 번역으로 성공할 수 있는데, 이것은 일반적으로 자유로운 번역(때로는 바꿔 쓰기일 때도 있다)이라 불린다. 물론 피실험자들 스스로는 연쇄에 관해 말하지 않는데, 그 이유는 이런 연상들이 의식에 의해 의도적으로 조정되는 경우가 별로 없기 때문이다. 그러나 문제 해결 과정의 각 단계를 관찰하여 그 상호 관계를 기술할 수는 있다.

우리는 낱말의 의미를 어떻게 적절히 바꿔 쓰기 할 수 있는가 하는 문제를 앞에서 제기했다. 솔직히 말해, 바꿔 쓰기가 어떻게 시작하는지 피실험자들의 태도로는 정확하게 설명할 수 없다. 다만 그것이 준비되는 과정과 그 과정에서 텍스트 분석 및 장면 표상이 중요한 역할을 하는 것만을 볼 수 있다(6장과 7장 참조).

4. 피실험자들은 낱말 의미를 분석하는 과정에서 장면 표상들을 불러내기 위해 세계 지식 역시 활성화시킨다. 특히 텍스트 분석과의 상호작용을 통해 세계 지식을 활성화시키는 경우도 많은데, 이를 통해 번역을 위한 이해의 토대가 마련된다. 이러한 상호작용 과정의 균형이 깨지면 전문 번역가(마르쿠스의 'divisiveness' 번역이 그런 예이다)라 할지라도 실수를 하게 된다. 따라서 텍스트 분석과 연관된 세계 지식이 중요하다는 것을 분명히 알 수 있다.

5. 끝으로 가장 중요한 문제는, '좋은 번역에 성공하기 위해서 어떻게 번역의 문제점들을 찾아내어 해결해야 하는가?'이다. 이러한 물음은 번역 과정에서의 성찰의 정도와 밀접한 관련이 있다. 각기 텍스트 부분에 대한 피실험자들의 설명을 개관해 보면, 이런 연관 관계의 경향을 인식할 수 있다. 예를 들어 'full-blown'과 마지막 단락의 은유들에서는 아주 명백하게 드러난다. 성찰의 정도가 높고 성찰이 세분화될수록 좋은 번역의 가능성이 높아진다고 과감하게 가설을 세워 볼 수 있을 것이다(한센과 회니히도 각기 피실험자들에게서 이런 관찰을 했다. Hansen/Hönig 2000: 333).

6. 일반적으로 그 반대의 경우도 알 수 있다. 만족스럽지 못한 번역에서는 성찰이 선행하지 않은 경우가 빈번했다. "*a great extravagance of language*"에 대한 코리나의 번역과 "*divisiveness*"에 대한 코리나와 주자네의 번역이 그런 예이다. '*divisiveness*'의 경우에는 마르쿠스도 잘못된 성찰을 했다.

나는 일반적인 경향에 대해 말한다. 물론 각기 텍스트 부분과 피실험자

그림 3 문제 인식

들의 번역을 도표로 작성해서, 성찰과 관련해 채택 가능한 번역을 백분율로 환산할 수도 있을 것이다. 그러나 이런 작업에는 문제가 많이 따를 것이라고 생각한다. 상당수의 채택 가능한 번역들이 종종 다른 번역들보다 나을 뿐만 아니라 번역자가 깊이 파고들려는 경우에는 종종 더 상세하고 정밀하게 성찰하기 때문이다. 전문 번역에서 문제 해결을 보여 주는 개별 사례는 흥미롭다. 마지막 텍스트 단락에서 주자네와 마르쿠스의 성찰이 좋은 사례로서 시사하는 바가 많았으며 이들의 번역 또한 창의적이었다고 생각한다. 교수법을 연구하는 사람의 입장에서 '그렇게 번역해야 한다'라고 말할 수밖에 없다.

6 번역가는 얼마나 창의적일 수 있는가?

6.1 번역은 과연 창의적인가?

'창의적'이라는 단어가 5장에서 자주 등장했다. 그리고 5장을 비롯한 다른 장들에서 다룬 많은 사례들을 창의적인 번역이라고 할 수 있다. 이제 6장에서는 번역을 창의성의 관점에서 좀더 자세히 고찰하려고 한다.

'번역이 과연 창의적인 행위일 수 있는가?' 하는 의문이 들 수도 있다. 일반적인 견해에 따르면, 시, 장편소설과 단편소설, 전문서와 신문 기사 같은 텍스트를 새롭게 만들어 내는 사람들을 가리켜 창의적으로 글을 쓴다고 말한다. 그러나 번역자는 자유롭게 자신의 텍스트를 만들어 내는 것이 아니라 출발 텍스트에 얽매여 있다. 이처럼 원문에 예속되어 있는 것을 번역학에서는 등가성Äquivalenz, 불변성Invarianz, 적합성Adäquatheit이라는 널리 알려진 개념들을 빌려 거듭 강조한다.

그러한 견해들은 번역가라는 직업이 사회에서 차지하는 위상에도 영향을 미치게 되었으며, 번역가는 대부분 작가나 기자, 편집자보다 훨씬 못한 대우를 받는다. 번역가들은 이런 상황에서 고통을 받기 마련이지만, 이미 앞에서 언급한 "현지화Lokalisierung"와 "기술적인 글쓰기Technical Writing" 같은 많은 새로운 작업 명칭들이 무엇보다도 번역가의 지위를 높이는 데 한몫을 담당하고 있다. 사람들은 대부분 번역이 출발 텍스트에 밀접하게 얽매여 있다고 추정하는데, 현지화와 기술적인 쓰기는 실제로 그렇지 않은 특별한 작업들이다. 그래서 이러한 작업들은 대체로 번역보다 더 많은 창의성을 인정받는다. 그러나 6장에서 우리는 번역 또한 근본적으로 창의성을 요구한다는 사실을 알게 될 것이다. 정확히 말하면, 독자적인 텍스트를 쓰는 것에 못지않은 창의성이 요구된다. 이런 인식이 일반적으로 널리 자리 잡게 되면, 무엇보다도 번역의 위상을 높이는 데 기여하게 될 것이다.

그렇다면 출발 텍스트와의 관계는 어떤가? 출발 텍스트가 번역의 자유를 제한하는 것은 사실이다. 그러나 이를테면 2.3장에서 언급한 스코포스 이론(Reiss & Vermeer 1984)과 같은 새로운 번역 이론들은 출발 텍스트와의 관계를 부차적인 것으로 다룬다. 무엇보다 결정적인 것은 번역의 목적이다. 출발 텍스트와의 관계는—2.3장을 상기해 보라—예를 들어 번안의 경우처럼 느슨할 수도 있고 아니면 중세 시대에 라틴어 텍스트의 행간 위쪽에 독일어 번역을 기록했던 행간 번역Interlinearversionen처럼 아주 긴밀할 수도 있다(학창 시절에 우리들도 이따금 외국어 텍스트에 그런 행간 번역을 하기도 한다). 출발 텍스트에 대한 관계가 긴밀하지 않을수록 창의성을 발휘할 여지가 더 많아진다고 말할 수 있다. 예를 들어 영어의 의미론과 논리학 입문에서 애용되는 "*The cat is on the mat*"(고양이가 매트 위에 있다)와 같은 문장을 독일어로 옮기면, "*Die Katze ist auf der Matte*"로 충분하다. 여기서는 문자 그대로의 번역이 가능하며 창의성은 필요하지 않다. 그러나 독자의 즐거움을 위해서 운(cat - mat)을 맞추려면(의미론을 중시하는 독자들조차 조금 느슨한 번역에 고마워할 것이다) 창의성이 필요하다. 이런 경우에 번역자는 출발 텍스트로부터 멀어져야 하며, 이를테면 "Die Katze ist auf der Matratze"(고양이가 매트리스 위에 있다)와 같은 문장으로 옮길 수 있다.

창의성 연구에서 창의적인 산물은 새로움과 타당성이라는 두 가지 특징을 통해 정의된다(Preiser 1976: 5). 예를 들어 어느 디자이너가 아주 새로운 여행용 차—옥상 정원과 작은 수영장을 갖춘 이층짜리—를 설계할 수 있다. 그러나 차량 제작업자는 기체 역학이 기준에 맞지 않고 차량 제작비용이 너무 많이 들어가 판로를 찾을 수 없을 것이라고 말할 것이다.

창의적 번역에 대해서도 이와 비슷하게 말할 수 있다. 창의적 번역은 출발 텍스트에 변화를 주게 되며, 이를 통해 'mat – Matratze'와 같은 새로운 표현을 갖게 된다. 이와 동시에 창의적 번역은, 예를 들어 "Katze" – "Matratze"라는 운의 경우처럼 독자를 즐겁게 하는 목적도 이루는데, 이 점 역시 마찬가지로 중요하다. "Matratze"는 예를 들어 행간 번역으로는 적당하지 않을 것이다.

6.2 창의성의 전통적인 신비화

이 장에서 소개하는 창의성에 대한 견해는 두루 알려진 전통적인 견해와는 근본적으로 다르다(Kußmaul 2000a, 5.1장 참조). 일반적으로 사람들은 창의적인 과정이 신성한 것이라고 믿는다. 즉 신들이 특별히 총애하는 사람들에게만 창의성을 선물한다는 것이다. 이런 창의성의 종교적인 신비화는 우리 서양 문화의 일부가 아닌가 싶은데 이미 호메로스에서부터 나타난다. 호메로스는 시인에 대해 이렇게 말한다(Schottländer 1972: 153 참조).

> 노래하는 가인歌人들은 지상의 모든 인간들에게 존경받고 추앙받는다. 예술의 여신 뮤즈가 그들에게 노래의 오솔길을 가르쳐 주고 그들 종족을 사랑하기 때문이다.(호메로스, 《오디세이아*Die Odyssee*》, 볼프강 샤데발트 역, Hamburg 1958: 106)

호메로스의 이런 생각은 지금까지도 영향을 미쳐서, 위대한 호메로스 번역자인 볼프강 샤데발트Wolfgang Schadewaldt에게서 변형된 형태로 나타난다. 샤데발트는 비록 신들에 대해서는 명시적으로 말하지 않지만, '운명'과 '선물', '생산적인 순간'에 대해서는 명시적으로 말한다. 이것은 창의성과 관련해 잘 알려진 전통적인 생각들로서, 샤데발트와 같은 권위자를 통해 힘을 얻는다. 샤데발트는 이렇게 주장한다.

> 그래서 한편으로는 모든 가치 있는 번역은 생산적인 순간의 행복한 선물이다. 다른 한편으로는 번역의 창조자는 희랍 정신 그 자체이며 우리 안에 영향력을 미친다. 번역을 할 수 있는 운명이 모든 사람에게 주어지는 것은 아니지만, 희랍 문화와 접촉하는 모든 이들은 스스로 생각할 수 있는 가능성을 갖게 된다. 바로 이러한 가능성을 통해 희랍 정신에 마음을 열게 된다. (Störig 1968 : 266f.에서 재인용)

샤데발트는 종교적인 신비화를 보완하기 위해 스스로 생각할 수 있는 능력, 즉 '자각Selbstbesinnung'의 개념을 제안한다. 이 개념을 빌려 인간의 내면에서 일어나는 일에 대해 알려 주고 우리가 나아갈 방향을 제시한다.

샤데발트는 자각에 관하여 말하지만, 창의적인 생각의 탄생은 종종 인간의 의도와는 무관한 양 묘사한다. 즉 신들이 총애하는 사람들에게 창의적인 생각을 선물하는데, 그것도 보통 잠을 자는 동안 선물한다는 것이다. 창의적인 생산에 대한 잠의 은유는 괴테에게서도 나타난다. 자서전에서 괴테는 〈젊은 베르테르의 슬픔〉과 관련하여, 마치 "몽유병에 걸린 듯" 그 소설을 썼다고 말한다(Schottländer 1972: 159). 창의성 연구가인 기젤라 울만Gisela Ulmann은 새로운 아이디어는 꿈에 미리 나타난다고 주장한다(1968 24ff.). 또 다른 창의성 연구가인 카를-하인츠 브로트베크Karl-Heinz Brodbeck(1995: 11)도 화학자 아우구스트 케쿨레August Kekule가 자기 자신의 꼬리를 무는 뱀 "우로보로스Uroboros"의 꿈을 꿨다고 설명한다. 이 꿈은 케쿨레가 벤젠환[1]을 발견하는 데 결정적이고 주도적인 역할을 했다.

창의적인 과정은 이런 신비화를 통해 어쩔 수 없이 잠재의식으로 옮겨진다. 창의적인 생각과 관련되어 사용되는 "영감"이나 "직관" 같은 개념들도 이를 시사한다.

작가나 예술가들은 자신들의 이미지를 위해서 종종 의도적으로 이런 신비화를 이용했다. 이 같은 신비화는 일화로서는 재미있지만, 창의적인 과정을 밝히는 데는 별로 이롭지 못했다(Preiser 1976: 14 참조). 그러나 창의성 연구는 이 신비스러운 어둠에 빛을 밝히려 노력하고 있으며, 우선 창의적인 생산에 참여하는 요소들을 따로 떼어 내어 하나의 과정으로 묘사하는 것에서 시작한다. 창의적인 과정은 네 단계로 이루어진다(다음은 프라이저와 울만의 네 단계 모델에 대한 설명을 요약한 것이다. Preiser 1976: 42ff., Ulmann 1968: 22ff. 참조).

1. 준비
2. 부화

1 〔옮긴이〕 벤젠의 결정형인 6각의 고리.

3. 착상
4. 평가

준비 단계와 평가 단계는 합리적으로 기술할 수 있다. 준비 단계에서는 특히 자료조사가 중요한데, 직관 없이도 어떻게 의도한 대로 자료조사를 할 수 있는지 이미 4장에서 살펴보았다. 평가에 대해서는 따로 자리를 만들어 집중적으로 고찰하지는 않았지만, 완성된 번역을 합리적으로 설득력 있게 평가하려고 지금까지 여러 차례 노력했고 앞으로도 계속 그럴 것이다. 이 네 단계 모델에서 창의적인 생각이 움트는 단계들, 즉 두 번째와 세 번째 단계가 은유로 표현되어 있는 것이 흥미롭다. 이것은 본래의 창의적인 과정을 합리적으로 분석하기 어렵다는 표시로 볼 수 있다. "착상llumination"[2] 이라는 은유에는 창의성 연구가들이 거듭 관찰한 미묘한 뉘앙스, 즉 창의적인 발상은 강한 행복감과 결부되어 있다는 뉘앙스가 내재한다(Stanley-Jones 1970: 157). 이것은 대화 프로토콜에서 "최고다super", "끝내준다toll" 등과 같은 다소 열광적인 표현과 더불어 대부분 안도의 웃음으로 나타난다. 그러나 이 네 단계의 개념들은 정신적인 과정을 분석하는 데에는 별로 도움이 되지 않는다. "착상"이라는 개념은 사실 창의성의 신비화를 밝히기는커녕 오히려 더 조장한다. 빛의 은유를 사용함으로써 이 단계는 오히려 계속 "어둠"에 묻혀 있다. "*llumination*" 및 이에 상응하는 독일어 낱말 "Erleuchtung"(깨달음, 계시)는 앞에서 말한 신적인 영역을 시사한다. 대부

2 〔옮긴이〕 'llumination'은 원래 '밝게 비춤'이라는 뜻이며, 여기에서 유래하여 '깨우침', '계몽' 등의 뜻을 갖는다. 이런 의미에서 저자는 'llumination'을 은유적 표현이라고 본 것이다.

분 계시는 "위에서" 온다고 생각한다. 그것은 바로 영감과 같은 것이다. 말로 설명할 수도 없고, 또 원한다고 가질 수 있는 것도 아니다. 기다려 봤자 헛일이다.

그러니 물론 창의성이란 개념과 번역의 창의성에 대한 학문적 연구는 미흡한 상태이다. 그런 식의 은유들은 너무 모호하며 사실 학문적인 것이라고도 할 수 없다. 바로 그런 애매모호함이 신비화를 낳고 창의성은 예외적인 현상인 듯 보인다. 마치 일상적인 것이 아니라 뜻밖의 행운인 것 같은 인상을 일깨운다. 기적은 날마다 일어나는 것이 아니며 큰 소리로 부른다고 일어나는 것은 더더욱 아니다.

그러나 내가 여기서 지지하려는 논제들은 사뭇 다르다. 번역에서—물론 번역에만 한정된 이야기는 아니지만—창의적인 생각은 아주 자연스러운 것이다. 우리는 위에서 내려오는 영감을 기다릴 필요가 없다. 오로지 특정한 사고 과정을 가동시키기만 하면 된다. 이러한 사고 과정들은 예술가와 시인, 발명가들만이 아니라 모든 인간의 뇌 속에서 진행된다. 그러한 과정들이 어떻게 이루어지는지 안다면, 그 과정을 의도적으로 불러올 수 있을 것이다.

그동안 창의성 연구는 부화 단계와 착상 단계에서 일어나는 특별한 사고 과정을 추적하려 했다. "종적vertikales" 사고와 "횡적laterales" 사고(de Bono 1971: passim)라는 개념들이 여기서 중요한 역할을 한다는 것을 밝혀 두어야 한다. 또한 한곳으로 모이는 수렴성 사고와 여러 곳으로 흩어지는 분산형 사고에 대해서 말하는 창의성 연구가들도 있다(Guilford 1975: passim). 이러한 개념들은 무엇을 의미하는가? 종적 사고는 인과관계에 의한 논리적 사고이다. A=B이고 B=C이면 A=C라는 식의 추론이 종적 사고의 전형적인 예이다. 이에 반하여 창의성을 장려하는 횡적 사고는 연상을 따른다. 말하자면 옆으로 움직여 습관화된 경로에서 벗어나는 것이다. 그럼으로써 종종 사물을 다른 관점에서 보게 되거나 또는 지금까지 전혀 주의를 기울이지 않은 것에 주목하게 된다.

인지언어학 또한 사고 과정의 여러 모델들을 발전시켰다. 나는 그 모델들이 창의성 연구의 모델들과 유사한 데가 있으며, 창의적인 사고 과정의 신비를 밝히는 데 도움을 줄 수 있다고 생각한다. 그 모델들에 대해서는 이미 1장에서 소개한 바 있다. 자칫 이론에 너무 매달리게 되면 복잡해질 우려가 있기 때문에, 여기에서는 인지 모델들에 집중하려 한다. 이 모델들을 빌려, 부화 단계와 착상 단계에서 일어나는 사고 과정들을 더욱 명료하게 이해할 수 있다. 여기에는 아주 실용적인 목적이 있다. 뇌 속에서 어떤 사고 과정이 펼쳐지는지 알게 되면 그것을 직접 자기 자신에게 적용해 볼 수 있는 것이다(창의성 연구와 인지언어학에 대해 보다 자세히 알고자 하는 사람은 Kußmaul 2000a: 81-150 참조).

6.3 창의적인 과정의 분석

신비를 밝혀내려 한다고 해서, 모든 것을 명백하게 설명할 수 있길 기대해서는 안 된다. 언제나 설명하기 어려운 부분이 남아 있게 마련이다. 어쩌면 상당히 많은 부분을 설명할 수 없을지도 모른다. 게다가 그런 시도들은, 관찰에 토대를 두기는 하지만 실험 분석을 통해 계속 보강해야 하는 가설들이라고 할 수 있다. 앞에서 사례들을 설명하기 위한 본보기로 필모어의 신-

프레임 의미론을 들었지만, 번역 과정의 흐름을 관찰하고 설명하기 위해서는 아직까지 그 의미론을 이용하지 않았다. 이제 여기서 그 의미론을 응용할 예정인데, 그러면 창의적인 사고가 눈에 보일 것이다.

필모어에 의하면, 우리가 텍스트에서 읽는 단어들은 "틀(프레임)"이고, 이러한 틀을 통해 우리의 기억 속에서 정신적인 형상들이나 "장면들Szenen"이 활성화된다. "장면"이라는 단어는 의미가 우리의 체험이나 경험에 바탕을 둔 정신적 표상mentale Vorstellungen들과 관계된다는 것을 분명하게 보여 준다. 번역 수업에서 문제를 성공적으로 해결한 경우에는, 정신적 표상들이 창의적인 문제 해결에 중요한 역할을 했다는 것을 종종 관찰할 수 있었다. 나는 4학년 학생들과 함께 다음의 텍스트를 독일어로 번역하였다. 번역 의뢰 조건(가상의)은, 독일 신문이나 잡지에 발표할 수 있도록 다음 텍스트의 언론 문체를 그대로 유지하며 번역하라는 것이었다(Kußmaul 2000b: 61-64의 사례).

Robomoths

Insects are not nearly as biddable as dogs or horses. Although they can perform amazing feats of strength and dexterity on their own scale, that scale is so much smaller than humanity's that it is not surprising they have been overlooked. With rare exceptions, such as bees and silkworms, the insect world is a source of pests rather than of pets or pack animals.

In an age of miniaturisation, however, a few researchers are wondering if more insects might be harnessed to the service of man. One is John Hildebrand, a neurobiologist at the University of Arizona. As part of a project [...] he and his colleagues have been working on the giant sphinx moth to create a "biobot" - an animal that can be controlled electronically by a human. They have designed a radio transmitter small enough to attach to a sphinx moth without impairing its ability to fly. (《이코노미스트》, 2000년 3월 4일, 밑줄은 저자)

나방로봇

곤충들은 결코 개나 말처럼 유순하지 않다. 그것들은 놀랄 만큼 강하고 솜씨 좋은 재주를 보여 주지만, 그 정도가 인간보다 훨씬 작은 것이어서 우리가 그것들을 간과한다고 해도 놀랄 일이 아니다. 벌이나 누에 등과 같은 드문 예를 제외하고 곤충들은 애완동물이나 짐을 나르는 동물이 되기보다는 병의 원인이 된다.

그러나 소단위화 시대에 몇몇 학자들은 인간을 위해 더 많은 곤충들을 이용할 수 있지 않을까 생각하고 있다. 그중 한 사람이 애리조나 대학의 신경생물학자 존 힐데브란트이다. 프로젝트의 일부로서 〔…〕 그와 그의 동료들은 인간이 전기로 통제할 수 있는 동물인 "생체로봇"을 만들어 내기 위해 거대한 박각시나방을 연구해 오고 있다. 이들은 박각시나방에 붙여도 나방의 비행 능력을 손상시키지 않을 정도의 작은 무선 송신 장치를 고안해 냈다.

학생들은 '*miniaturisation*'에 이르러 어려움에 봉착했으며, "소단위화Miniaturisierung" 혹은 "소형화Verkleinerung"로 번역하는 것에 불만을 표시했다. 이 단어들이 텍스트에서 의도하는 표상을 불러일으키기에는 너무 추상적으로 보였기 때문이다. 나는 일상생활에서 소단위화의 사례들을 생각해 보라고 제안했다. 학생들은 점점 작아지는 라디오, 이동전화, 리시버, 카메라 같은 것들을 들었다. 한 학생이 "컴퓨터 시대"라는 번역을 제안했지만, 나머지 학생들은 이 낱말에서 "아주 작은"이라는 표상이 분명하게 드러나지 않는다고 대답했다. 예를 들어 컴퓨터 모니터는 점점 작아지는 것이 아니라 오히려 더 커진다는 것이었다. 그러자 갑자기 한 여학생이 "마이크로 칩의 시대"라는 아이디어를 생각해 냈다. 모두가 이 번역에 만족스러워했는데, 텍스트의 후반부에서 거론되는 작은 라디오 송신기에 틀림없이 그런 마이크로 칩이 내장되어 있기 때문이었다.

그림 1과 2를 참조하여 이런 해결책을 찾는 과정을 설명하고자 한다.

그림 1

그림 2

그림 1과 2는 널리 알려진 장면을 보여 주는데, 그림 1에는 "예수의 탄생"이라는 제목이 붙어 있다. 제목(액자에 쓰여 있는)이 말하자면 이 그림의 '틀 Rahmen'이다. 우리는 실제로 미술관에 전시된 그림의 액자에서 이런 제목들을 자주 접한다. 그림의 제목은 우리의 사례에서 영어 단어 '*miniaturisation*'에 비교할 수 있는데, 이 단어가 작은 전자 제품들의 장면을 "틀처럼 에워싼다".

위의 그림이 무엇을 묘사하느냐는 질문을 받으면 "예수의 탄생"이라고 답변할 수 있다. 만일 어린아이에게 이런 질문을 받는다고 치면, 아마 제목을 말하지 않는 편이 더 나을 것이다. 아이는 제목을 들어도 상응하는 표상을 즉시 떠올리지 못할 것이기 때문이다(아마 라틴어의 2격을 쉽게 이해하지 못할 것이다). 그래서 제목을 떼어 내고(그림 2), 그림의 이모저모를 자세히 열거하며 이렇게 말하는 편이 더 적절할 것이다. "여기 아기 예수를 무릎에 안고 있는 성모 마리아가 보이지. 그 뒤에 요셉이 서 있고, 아기 옆에는 목동이 무릎을 꿇고 있어. 하늘에는 베들레헴의 별이 반짝인단다." 학생들도 이와 마찬가지로 '*miniaturisation*'의 의미를 설명하기 위해서 라디오, 휴대전화, 보청기 등을 거론하며 장면의 세부 사항들을 묘사했다. 마이크로 칩을 명시적으로 언급하지는 않았지만, 우리 모두 잘 알고 있듯이 그것은 거론된 기기들 속에 내장되어 있다. 이러한 기술을 번역 수업 시간에 문제 해결 과정에서 자주 볼 수 있는데, "틀 안의 여러 장면 요소들 가운데서 선택하는 것"이라고 일컬을 수 있다(Kußmaul 2000a: 158-165 참조).

인지의미론과 창의적인 번역 사이에는 또 다른 연관성이 있다. 1장에서 이미 말했듯이, 신-프레임 의미론은 "핵심"과 "불분명한 경계"로 특징지어지는 원형의미론에 토대를 둔다.

학생들이 열거한 라디오, 휴대전화, 보청기, 카메라와 같은 것들은 말하자면 'miniaturisation'이라는 장면의 원형적 요소들이었다. (받아들이지 않은) 번역인 "컴퓨터 시대"에서는 이런 요소들이 표상의 핵심에까지 이르지 못했던 것이다. 개인용 컴퓨터는 실제로 점점 작아지는 것이 아니라(이미 말했듯이 모니터는 오히려 더 커지고 있다), 성능이 점점 좋아지고 있다. 물론 컴퓨터의 부품들은 작아지고 있지만 우리의 눈에는 보이지 않는다. 그래서 컴퓨터라는 표상은 'Miniaturisation' 장면을 번역하기에는 적당하지 않다. "컴퓨터 시대"라는 번역은 출발 텍스트와 비교하여 새로운 점은 표현하겠지만 적절하지는 않을 것이다.

"**핵심 요소**Kernelement" 혹은 "원형적" 요소라는 개념은 번역이 의미론적으로 적합한지를 판단하는 데 일반적으로 도움이 된다고 생각한다(1장에서 설명한 "핵심 표상Kernvorstellung"의 개념을 상기하라). 앞에서 들었던 번역 사례 "Die Katze ist auf der Matratze"에서는 운 외에 원형적인 표상들도 중요한 역할을 한다. 고양이가 어디서 휴식을 취하는지 질문을 받게 되면, 우리들은 대부분 안락의자, 소파, 침대 같은 대상들을 생각하게 될 것이다. 그리고 침대와 함께 저절로 매트리스도 떠올릴 것이다. 그러나 고양이가 물론 때로는 낮은 걸상이나 책상 위에서 휴식을 취할 수 있는데도 이것들은 떠올리지 않을 것이다. 걸상이나 책상은 바로 주변 표상Randvorstellung인 것이다. 이런 전제 조건하에서 우리는 '장면의 핵심 요소를 선택하는 것은 의미론적으로 적절한 창의적인 번역에 이르는 길이다'라는 논제를 내세울 수 있다. 아니 어쩌면 규칙이라고 해야 할지도 모른다.

학생들이 "소단위화의 시대"를 거부하고 "마이크로 칩의 시대"를 생각해 냈다고 이미 앞에서 말한 바 있다. 그렇다면 "소단위화의 시대"는 잘못된 번역인가? 물론 그렇지는 않다. 아마도 '*age of miniaturation*'과 같은 뜻이고, 또 그랬더라면 말 그대로의 번역이었을 것이다. 여기서 굳이 "자유롭게" 번역해야 할 의무는 없지만, 자유롭게 번역을 하면 텍스트를 보다 명료하고 쉽게 이해할 수 있을 것이다. 이것은 번역의 조건으로 제시된 언론 문체에 적당하다. 텍스트는 이 부분에서 근본적으로 개선되었으며, 언론 문체를 유지하라는 화용론적인 전제 조건의 관점에서 적합하다.

여기서 해명해야 할 또 다른 문제가 있다. "마이크로 칩의 시대"라는 번역에는 장면 요소 "마이크로 칩"이 들어 있다고 이미 말했다. 그런데 필모어에 의하면 언어 표현들(따라서 번역 역시 마찬가지다)은 본래 틀이 아닐까? 그리고 장면과 장면 요소들은 언어화되지 않은 정신적인 재현이 아닐까? "틀Rahmen"이나 "장면Szenen"의 개념에 대해 이야기하려면, 언어를 매체로 해서 묘사해야 한다는 문제점이 있다. 장면들의 경우에는 그림을 통해 묘사하는 것이 당연히 쉬울 것이다. 우리는 이미 앞의 "예수의 탄생"이라는 사례에서 그림을 통해 묘사한 바 있다. 장면이 언어에 묶여 있지 않다는 사실을 분명하게 보여 주기 위해서 앞으로도 이따금 그렇게 할 것이다. 그러나 정신적인 표상들을 종종 언어로 표현해 이용하는 번역 과정의 경우에는 언어 표현이 오히려 유리하다. 좋은 번역에 이르기 위해서는 '*miniaturisation*'처럼 비교적 추상적인 틀과 정신적 표상들을 묘사하는 비교적 구체적인 단어들을 구별하는 것이 좋다.

'*miniaturisation*'의 번역 과정을 그림 3과 같이 간단명료하게 정리할 수 있다.

출발 텍스트의 틀은 '*miniaturisation*'이다. 학생들은 "작은 라디오들", "휴대전화" 등의 장면 요소들을 열거했으며, 이러한 표상들을 토대로 결국

출발어 틀

⇩

표상: 장면 요소들

⇩

도착어 장면 요소

그림 3

도착 텍스트에서 "마이크로 칩"이라는 장면 요소를 선택하게 되었다.

번역은 독자적인 텍스트를 쓰는 것과 같다고 앞에서 말했다. 문자로 기록된 언어적 산물을 연구하는 심리언어학에서 장면과 원형적인 표상들에 대한 이야기는 없지만, 언어적 전환Umsetzung(심리언어학자들은 "번역Übersetzung"이라고 말하지만, 이 개념을 우리와는 다르게 이해한다) 및 가공Überarbeitung으로 이어지는 기획 단계에 대해서는 이야기한다. 심리언어학자인 게르트 리크하이트Gert Rickheit와 한스 슈트로너Hans Strohner는 이 기획 단계에 대해 다음과 같이 말한다.

> 기획 단계는 무엇보다도 텍스트를 표현하기에 충분할 만큼 정신적 재현에 이를 수 있도록 도와준다. 이때 반드시 언어적으로 재현할 필요는 없으며, 언어 이전의 차원에 머무를 수도 있다. (Rickheit/Strohner 1993: 65)

정신적 재현이 언어 이전의 차원에 머무를 수 있다는 지적이 흥미롭다. 즉, 여기에서 텍스트 쓰기와 번역의 공통점이 나타난다. 번역은 출발어의 단어들을 단순히 도착어의 단어들로 대체하는 것이라고 쉽게들 생각하는데, 사실은 그게 아니라 정신적 재현이라는 중간 단계를 거치는 하나의 과정이다. 우리는 신-프레임 의미론과 원형의미론의 개념들을 빌려 번역 과정에서의 정신적인 재현에 대해 묘사했다. 독자적인 문자 텍스트를 생산해 내는 경우에도 이 모델을 이용해 묘사할 수 있을 것이다.

방금 분석한 사례의 경우에는 나하고 학생들이 수업 시간에 나눈 대화가 바로 번역 과정이었다. 나중에 나는 메모를 바탕으로 그 과정을 글로 기록했다. 물론 경험적인 학문 연구에서는 이 정도로는 충분하지 않다. 예를 들어 강의 시간에 나눈 대화를 나중에 글로 기록하면 많은 것을 잊어버리지 않겠냐고 이의를 제기할 수 있다. 그러나 5장에서 소개한 대화 프로토콜을 이용해 그 과정을 더 자세하게 관찰하고 글로 남길 수 있을 것이다. 나는 창의적인 번역 과정을 관찰하기 위하여 피실험자 두 명에게 하나의 텍스트를 공동으로 번역하게 했다. 피실험자들은 서로 대화를 나누며 의견을 교환했다. 나는 그 대화를 카세트테이프에 녹음하고 종이에 옮겨 적었다. 한 가지 예를 살펴보자.

그 텍스트들 가운데는 휴가 중의 "숙취Kater"를 테마로 다루는 것이 있었다(Kußmaul 1995: 43ff.). 가볍게 한 잔 하며 갈증을 달랠 수 있는 상황이 언론 문체로(번역 또한 이런 문체를 그대로 유지해야 한다) 다음과 같이 아주 생생하게 묘사되어 있었다.

> How well the summer wine goes down, whilst you bask in the balm of an island evening, fanned by the flattery of murmuring machos and lulled by the lilt of gypsy guitars. (《코스모폴리탄*Cosmopolitan*》, 1980년 8월, 82쪽)
>
> 당신이 섬에서 저녁 시간의 향기에 젖어 사내들이 속삭이는 아첨으로 애무를 받으며 집시의 기타 가락을 들으면, 여름 와인이 얼마나 술술 목에 넘어가겠는가.

피실험자들은 '*fanned by the flattery of murmuring machos and lulled by the lilt of gypsy guitars*' 구절을 번역하려고 열심이었다. 이 단락의 형식을 구성하는 두운법頭韻法을 유지하는 것이 목표인 듯 싶었다.

> A: "갸름한 눈을 가진 남자들mandeläugige Männer"이라고 하면 어떨까, 아니면 …
>
> B: 아 그렇구나, 그럼 "m"이 두 개야.
>
> A: 보통은 "갸름한 눈을 가진 아가씨들mandeläugige Mädchen"이라고 하잖아.
>
> B: 맞아. (7초 동안 휴지) 저기 벽에 걸려 있는 멋진 스페인 사진들에게서 영감을 얻어 봐. (웃는다).
>
> A: 저 그림에는 남자들이 없는데. (웃는다. 5초 동안 휴지).
>
> B: 그래, "집시의 기타 가락을 듣는다lulled by the lilt of gypsy guitars"는 말이지. (카세트테이프를 뒤집는다. 약 10초 동안 휴지.)
>
> A: 내가 방금 "감탄하는 눈빛에 우쭐해진"이라고 말했지 않아.
>
> B: 그래, 그것 좋은데 !
>
> A: 그렇다면 남자들 얘기는 완전히 빼 버리자.
>
> B: 좋아.
>
> A: 그럼 "murmuring machos"를 "감탄하는 눈빛bewundernde Blicke"이라고 번역하는 거야. (웃는다).

창의적인 번역의 전형적인 일련의 현상들을 여기서 볼 수 있다. 우선 눈에 띄는 것들을 살펴보면, 카세트테이프를 뒤집기 전에는 해결책을 찾는 과정이 막다른 골목에 이른 듯 보였다. 피실험자들은 '아가씨들'이라는 잘못된 길을 좇았다. 해결책이 생각나지 않는 상태에서 휴지는 정신적 장애에 부딪혔음을 암시한다. 그러나 카세트테이프를 뒤집고 나서는 장애가 극복되고, 피실험자 A가 새로운 제안을 한다. 이 제안을 계기로 피실험자들은 출발 텍스트에서 벗어나 새로운 방향으로 접어든다.

번역자들이 카세트테이프를 뒤집거나 냉장고로 가는 등 주의를 다른 곳으로 돌리면서 해결책을 찾아야 하는 압박으로부터 잠시 벗어나는 것을 자주 볼 수 있다. 우리의 의식이 뭔가 다른 일에 몰두하는 동안에도, 두뇌는 계속 활동하여 장애를 극복하고 마침내 해결책을 내놓는다. 우리는 일상생활에서도 이런 현상을 체험한다. 누군가의 이름을 기억해 내려고 안간힘을 쓰다가 포기했는데, 몇 분 후에 그 이름이 저절로 떠오르는 경우가 있다. 대화 프로토콜에 기록된 휴지 뒤에는 종종 이렇듯 주의를 잠시 다른 곳으로 돌리는 행위가 숨어 있다. 만일 비디오로 촬영한다면, 이런 행위들을 관찰할 수 있을 것이다. 예를 들어 피실험자들이 주방에서 커피를 끓이려고 방을 떠나는 경우라면 물론 비디오 촬영이 곤란하겠지만, 그런 때는 피실험자들이 번역에 임하고 있지 않은 것을 알 수 있지 않겠는가.

언어 표현을 발견해 내는 것도 회상의 과정이다. 이따금 어떤 표현이 "입안에서 뱅뱅 도는데도" 머리에 떠오르지 않을 때가 있다. 정신적인 표상들과 우리에게 필요한 언어 표현들은 전적으로 새로운 것이 아니다. 이미 다 알고 있는 것들로서 현재의 상황과 연결시켜야 한다. 이러한 연결 작업 또한 창의적인 번역의 극히 본질적인 일부이다.

앞에서 소개한 인지론의 모델들을 빌려 이러한 연결 작업을 묘사할 수 있다. '*Murmuring machos*'는 "치근거리기"라고 부를 수 있는("치근거리기"라는 "틀로 에워쌀" 수 있는) 장면의 한 요소인 동시에 휴가의 장면이기도 하다. 태양, 모래, 바다, 와인 그리고 기타 소리. 여기서 나는 우선 피실험자들이 뭔가를—더욱이 시각적으로—상상해 보는 것이 중요하다고 생각한다. 피실험자들은 벽에 걸려 있는 스페인의 사진들에서 영감을 얻을 수 있다. 그러다, 말하자면 주의를 잠시 다른 곳으로 돌리는 행위로써 출발 텍스트의 한 장면 요소가 반복된다(*lulled by the lilt of gypsy guitars*). 이어서 갑자기—카세트를 뒤집으면서 또 한 번 주의를 다른 곳으로 돌린 뒤에—"감탄하는 눈빛에 우쭐해진"이라는 창의적 해결책이 떠오른다. 이미 앞의 예문에서도 볼 수 있었듯이, 여기서 또다시 번역을 통해 하나의 장면 요소를 선택한 것이다. 치근거리기 장면에는 가령 자세나 몸짓이나 표정 등의 신체 현상이라든가 대화(*murmuring*), 옷차림새 같은 다른 장면 요소들도 있을 것이다. "시선 교환"이라는 요소를 선택함으로써 이 장면의 핵심 요소가 선택되었다고 말할 수 있다. 여기서는 그야말로 "시선 교환"이 문제되기 때문이다. 앞의 사례와는 반대로 틀이 하나의 장면 요소를 통해 묘사된 것이 아니라, 하나의 장면 요소가 다른 장면 요소로 대체된 것이다. 한 핵심 요소가 선택되었지만, 그것은 출발 텍스트에서와는 다른 요소이다. 즉, 말이 아니라 시선이 선택되었다. 창의성 연구와 인지언어학에서 재삼재사 지적하는 과정이 여기서 일어난다(3.3장을 상기할 것). 초점을, 다시 말해 관점을 바꾸면, 지금까지 주의를 기울이지 않았던 새로운 것을 보게 된다(Kußmaul 2000a: 95-105 참조). 이러한 초점 전환의 기법을 습득한다면, 창의적인 해결책을 찾아내는 데 도움이 될 것이다. 적절한 번역을 확보하기 위해서는 물론 핵심 요소들에 초점을 맞추는 것이 중요하다. 이 과정을 다음의 그림 4로 나타낼 수 있다.

번역자 B는 장면 요소 '*lulled by the lilt of gypsy guitars*'를 정신적인 표상으로 머릿속에 다시 그려 본다. 이 과정을 거쳐서 출발어의 장면 요소 '*murmuring machos*'가 "감탄하는 눈빛에 우쭐해진"이라는 장면 요소에 힘

출발어 장면 요소
⇩
표상: 장면 요소들
⇩
도착어 장면 요소

그림 4

입어 번역에 이르렀다.

지금까지 말한 내용을 요약하면, 창의적인 번역은 신비한 과정이 아니라 일정 정도까지 파악할 수 있는 것, 따라서 가르치고 배울 수 있는 것이다. 틀 안의 장면 표상들 및 원형적인 요소들의 선택이라는 인지론의 모델들이 이것을 설명하는 데 도움이 된다.

더 간단하게 말하자면, 창의적인 번역의 경우에 출발 텍스트의 단어에서 곧바로 도착 텍스트의 단어에 이르는 지름길은 없다는 것이다. 아니 모든 번역의 경우에 그런 지름길은 드물다. 창의적인 길은 정신적인 표상을 경유한다. 바로 앞의 사례에 아주 적합하다고 여겨지는 그림 5를 통해서 끝으로 이 과정을 분명하게 보여 주려 한다.

그림 5

6.4 대화 프로토콜 분석

지금까지 말한 내용을 좀더 깊이 파고드는 동시에 비교적 긴 사례를 하나 더 분석해 보고자 한다. 6.4장은 학생들에게 번역 과정을 분석하는 훈련을 쌓게 하려는 데 그 목적이 있다. 다른 사람들의 성공적인 번역 과정을 분석하는 능력은 나 스스로 직접 그 과정을 밟아 보는 것과 밀접한 연관이 있기 때문이다. 다시 말하면, 이미 습득한 것을 나 자신도 직접 해볼 수 있는 것이다.

아래의 내용은 자비네 플로리와 올리버 베델이라는 두 학생이 2000/2001년도 겨울학기의 세미나 과제로 작성한 대화 프로토콜의 일부를 발췌한 것이다. 피실험자 A는 3학기 재학 중인 남학생이고, 피실험자 B는 7학기 재학 중인 여학생이다. 이 피실험자들이 물론 언제나 정신적인 표상을 동원하는 것은 아니다. 그러나 아래의 발췌된 대화 프로토콜에서는 정신적인 표상을 동원하는 과정을 거쳐 해결책에 이르렀는데 그 과정을 살펴보는 것은 흥미롭다. 더욱이 이들은 아직까지 창의적인 번역 과정에 대해 아무것도 들은 바가 없다. 피실험자들은 아래의 텍스트 부분에 대하여 오랫동안 생각했는데, 특히 밑줄 친 문장의 번역이 문제되었다.

> [...] Deep in the heart of Shakespeare country there is a rhythm to the scenes being played out in McDonald's. Starting at around six in the morning, when staff show up at the fast-food restaurant on Bridge Street in Stratford-upon-Avon, a relentless cycle of human traffic and repetitive labour shapes the day. The doors open at 7.30 am to those who have just finished or are about to start work. <u>Schoolchildren follow, loud, foul-</u>

mouthed and boisterous, their taunts only occasionally silenced by their Egg McMuffins. When school beckons pensioners take over at around 9 am, congregating in the safe-haven that has been cordoned off for a "coffee morning". The number of customers at this stage is few and those staff members who are not serving are looking for gainful employment - scrubbling surfaces and shining banisters to within an inch of their lives. "If you got time to lean, you've got time to clean," goes one company motto [...] (《가디언》, 2000년 7월 17일, 밑줄은 저자)

〔…〕 셰익스피어의 나라의 심장부 깊숙한 곳, 맥도날드에서 벌어지는 장면들에는 리듬이 있다. 스트래트포드 어폰 에이번의 브리지 스트리트에 위치한 패스트푸드 레스토랑에 직원들이 나타나는 아침 6시 무렵부터 시작해서, 사람들의 물결과 반복적인 노동의 끊임없는 순환이 하루를 만들어 간다. 문은 7시 30분에 열리고 그때 막 일을 마친 사람들 혹은 일을 시작하려는 사람들을 맞는다. 시끄럽고 입버릇이 상스러운 어린 학생들이 그 뒤를 잇는데, 누군가를 조롱하는 말을 이따금씩 멈추는 것은 이들이 계란 맥머핀을 먹을 때뿐이다. 학교가 아이들을 부르는 9시 무렵 연금생활자들이 "커피 마시는 아침"을 위해 따로 마련된 좌석에 모여 들어 가게를 차지한다. 이 무대의 고객 수는 몇 명 되지 않으며, 손님을 맞지 않는 직원들은 거의 죽을 지경이 되도록 바닥을 문지르고 계단의 난간을 닦으면서 돈벌이가 되는 다른 일거리를 찾는다. 회사의 모토는 "몸을 기댈 시간이 있으면 청소를 하라"이다.

A: 우선 단어 몇 개를 전혀 모르겠어.

B: 맞아, 나도 그래.

A: 그러니까 이 'foul-mouthed'라는 말하고, 그 다음에 'boisterous', 'taunts'…

B: 맞아.

A: 이건 확실해, 'beckons'라는 말…

B: 내 생각엔, 학교가 시작했을 때, 그러니까 학생들이 모두 학교에 있을 때, 뭐 그런 의미가 아닐까.

A: 그러고 나서 연금생활자들이 온다는 말일까…

B: 바로 그거야.

A: 그리고 'congregating', 'safe-haven', 'cordoned' 이 세 가지 표현 말이야.

(사전을 찾아본다.)

A: 그러니까 근본적으로 맥도날드라는 곳하고 누가 바로 거기에 가느냐 하는 것이 문제인 것 같아.

B: 맞아, 맞아, 맞아.

A: 아침 6시에 상황이 시작되어서 종업원들이 오고,

음… 그러고 나서 바로… 바로 이 학생들이 오는 거야.

B: 맞아, 그거야. 그런데 아이들이 누구랑 함께 온다는 걸까?

(사전을 찾아본다)

B: 이게 그거하고 무슨 상관이지? 그럴 리가 없는데. 이건 분명히 … 이건 분명히 명사잖아…

A: 그래, 여기 이건 명사야… 'a remark or joke intended to hurt someone's feeling'… 내 생각에는 아이들이 뭐 그냥 흔히 하는 행동, 그러니까 말도 안 되는 소리를 되는대로 지껄이면서 사람들에게 시비 거는 행동을 표현하는 거 같아.

어때? 난 그렇게 이해했어.

B: 음, 그래.

A: 이 아이들이 누가 뭐라든 상관하지 않고서 계속 누구에겐가 말도 안 되는 소리를 해 댄다는 거지, 그러다가 입을 다무는 것은…

B: 맞았어, 계란머핀을 먹을 때만 입을 다문다는 거야.

A: 맞아, 나도 지금 그렇게 이해했어.

B: 바로 그거야.

(잠깐 휴지)

A: 그렇다면 이 두 가지 개념이 무슨 뜻인지 좀 살펴보자.

(사전을 찾아본다)

B: 혹시 이런 것이 아닐까, 'how language…' 그렇구나.

A: 그래, 이건…

B: 바로 이거야… 거기에도 잘 맞아 떨어져.

A: 그래, 잘 맞아 떨어져. 바로 이거야. 그러니까 아이들이 와서 시끄럽게 굴고 마구 소리를 지른다는 거지…

B: 맞았어.

A: 그리고 또, 음…

B: 혹시 욕을 하는 걸까… 아냐.

A: 글쎄, 하지만 욕을 하는 거라면, 무슨 이유가 있어야 할 것 같은데.

내 생각에는, 아주 일반적인 것… 그러니까

그런 아이들 패거리가 서로 얘기하면서 다가올 때 길거리에서 흔히 듣게 되는 그런 것 말이야…

(잠깐 휴지)

A: 어쩌면 'boisterous'라는 말이… 한 번 더 살펴봐야 되겠어.

B: 그러자.

(사전을 찾아본다)

B : 다시 여기서도…

A: 여기 이것도… 그래 맞았어.

B: 그러니까 이런 방향에서 활달하다 뭐 이런 말이 아닐까.

A: 난 이 부분 전체를 어떻게든 그냥, 음, 그러니까 시끄러운 것은 아니고… 또… 결국 같은 말이 다시 반복되는 거잖아.

B: 맞아, 그건 그래.

A: 그러니까 여기서는 두 가지를 다 번역할 필요가 없는 거지.

B: 그렇지.

A: 어떻게 하나로 좀 뭉뚱그리고 싶은데, 음…

(잠깐 휴지)

A: 사람들이 일하러 오고…

B: 그래, 그러고 나서 아이들이 오는데…

A: 그리고 이어서… 여기서 난 그냥 '학생들 패거리Horde'라고 하고 싶어.
'학생들 패거리'라고 옮겨도 아이들이 오고 있다는 의미가 표현된다고…

B: 그래, 맞아.

A: 그리고 시끄럽게 떠들면서 무슨 행동인가를 하겠지.

B: 그래 바로 시끄러운 패거리가… 모르긴 해도…

A: 감자튀김을 마구 던지는 거야.

B: 맞아, 바로 그거야. 음… 이런 아이들을 뭐라고 말하지?
활달하다 아니면…

A: 그래, 그런데 '활달한 아이'라는 말은… 이 말은 좀 부정적으로 들리는데…
활달한 아이라는 말은 오히려 긍정적인 것 같아.

B: 음, 그래, 맞아.

A: 그러니까 이렇게 정리를 해보자고, 한 무리의 학생들이 와서는
바로 이 맥도날드에서…

B: 이렇게도 말할 수 있지 않을까. 그 뒤를 이어서 한 무리의 학생들이 오고…
음…

A: 그래, 학생들이…

B: 계란머핀을 씹을 때만 입을 다문다는 거지.

A: 맞아.
B: 아니면 그 비슷하게.
A: 맞아··· 아니면 다만··· 아냐, 그걸로 충분해.
B: 이걸 어떻게든 전부 기록해 두어야 하지 않을까? 잊어버리지 않게 말이야···
아니면··· 상관없을까?
A: 간단히 적어 두지 뭐. 그리고···
B: 좀더 나은 생각이 떠오르면, 그때 다시 두고 보자고.
그럼···(기록한다.)

번역 과정을 기록한 대화 프로토콜을 처음으로 분석하는 경우에는 피실험자들이 서로 협력하는 특정한 행동방식이 제일 먼저 눈에 띌 것이다. 가령 여기서 피실험자 A에 비해 피실험자 B는 말이 별로 없이 대부분 A의 말에 동의하는 편이며, 이런 상황은 A로 하여금 말을 더욱 많이 하게 만든다. 때로는 역할이 뒤바뀌기도 하지만 남자는 말하고 여자는 듣는 특정한 역할 모델을 여기서 발견하는 사람도 있을 것이다. 이러한 행동 패턴은 창의적인 번역 과정의 성패에 중요하게 작용할 수 있다. 만약 한 사람이 주로 말을 하고 다른 사람은 그 말에 동의하는 역할만 맡게 되면 창의적인 해결책을 놓쳐 버릴 수 있다. 여기에서 소개한 구체적 사례에서는 다행히 그런 일이 벌어지지는 않았다.

5.1장에서 피력했던 비판적인 논평을 여기에서 한 번 더 언급하고자 한다. 즉, 우리는 대화 프로토콜을 통해서 근본적으로 한 사람이 아닌 두 사람의 머릿속에서 진행되는 정신 과정을 탐구한다. 일반적인 번역 과정에서 이를테면 문제를 해결하기 위해 동료의 조언을 받는 그런 식의 상호 협

력은 예외적인 경우이다. 번역의 경우에 상호 협력 상황은 흔히 볼 수 있는 일이 아니지만, 산업 현장에서는 창의적인 해결책을 모색할 경우에 아주 당연한 것이다. 브레인스토밍brainstorming(난상토론)을 한 번 생각해 보자(Clark 1966 참조). 브레인스토밍에는 여러 사람들이 참여한다. 브레인스토밍이 어떻게 돌아가는지 알고 있다면, 굳이 팀을 이루어 번역하지 않더라도 혼자서 얼마든지 그것을 실행해 볼 수 있다. 나는 그것을 나 자신과 학생들에게서 여러 차례 확인할 수 있었다.

그렇다면 앞의 대화 프로토콜에서 창의적인 번역 과정은 어떻게 진행되는가? 피실험자들은 먼저 자료조사를 시작한다. 즉, 피실험자들이 읽는 사전의 정의(22/23행 참조)에서 알 수 있듯이 몇몇 단어들의 의미를 1개 국어 사전에서 찾아본다. 또한 자료조사 작업과 병행하여, 그 텍스트 단락의 내용이 무엇에 관한 것인지 머릿속에 떠올려본다. 이것을 네 단계 모델에서 준비 단계의 텍스트 분석이라고 말할 수 있을 것이다. 창의성 연구에서 누차 지적되는 현상이 여기서 나타난다. 즉, 대체로 각각의 단계들이 엄밀한 순서의 흐름을 따르는 것이 아니라 서로 중첩되며 앞의 내용과 뒤의 내용이 서로 연결된다(Preiser 1976: 48 참조). 여기서 사실 준비 단계와 부화 단계가 분리되어 있지 않다. 특히 피실험자 A의 경우에 이 단락의 내용이 무엇인가 하는 물음은 기억으로부터 정신적 표상을 불러내기에 이른다. 피실험자 A가 말한 내용에는 5.2장에서 '장면 지시계Szenenindikator'라고 언급한 것이 내포되어 있다. 여기서는 "문제인 것 같아"(14행), "바로 거기에"(13행), "그러고 나서 바로"(17행), "바로"(17, 38행), "뭐 그냥"(23행) 등의 말들이 해당된다. 따라서 이미 잘 알고 있는 표상들이 여기서 일깨워진다는 사실이 분명하게 드러난다. 물론 이 짧은 단어들과 어구들은 또 다른 의미를 가지고 있지만, 여기서는 이렇게 해석할 수 있다. 게다가 "난 그렇게 이해했어"(26행), "나도 지금 그렇게 이해했어"(31행) 등과 같이 장면 표상을 명시적으로 가리키는 표현들도 나타난다.

준비 단계의 자료조사 과정에서 학생들을 묘사하는 어휘, 특히 'taunt'라는 단어가 문제된다. 이에 대해 피실험자들은 사전에서 "a remark or joke intended to hurt someone's feeling"(22행)이라는 정의를 발견한다. 이와 동시에 이 단어를 말하자면 장면으로 불러내는 표상들이 말로 표현된다. 가령 "그러니까 말도 안 되는 소리를 되는대로 지껄이면서 사람들에게 시비 거는 행동을 표현하는 거"(23행 이하), "이 아이들이 누가 뭐라든 상관하지 않고서 계속 누구에겐가 말도 안 되는 소리를 해 댄다는 거지"(28행 이하), "그러니까 아이들이 와서 시끄럽게 굴고 마구 소리를 지른다는 거지"(39행 이하) 등이 그것이다. 창의적 번역에 흥미로운 사실은, "그런 아이들 패거리가 서로 얘기하면서 다가올 때"(46행)라고 장면을 언어로 표현하는 데서 아이들의 행동을 짧게 요약하는 낱말 하나가 등장하는 것이다. 그리고 바로 이어서 피실험자 A는 같은 형용사들이 자꾸 반복되고(56행) "Horde"라는 낱말이 아이들의 바로 그런 행동을 표현하는 것(64-71행)을 깨닫는다. 그러므로 부화 단계에서 곧바로 착상이 유래하는 것이다.

한 번 더 생생한 시각화(76행)를 거친 후에 "Horden"이라는 해결책이 확정되고, 일단 쓸 만한 것이라고 신중하게 판단된다(90행 이하).

'*murmuring machos*'의 사례에서는 출발 텍스트와는 다른 장면 요소가 번역에 선택되었지만, 여기에서는 출발 텍스트에서 거론된 '*loud*', '*foul-mouthed and boisterous*', '*taunts*' 등의 다양한 장면 요소들이 "Horde"라는 단어에 의해 틀을 갖게 된다. 출발 텍스트의 변화된 모습을 제시하기 때문에 이 번역은 창의적이다. 또한 "Horde"라는 단어의 의미가 출발 텍스트에서 학생들의 특징들로 지칭한 모든 것들을 내포하기 때문에 적절한 번역이다. 이 번역은 적어도 핵심 표상들을 내포하고 있다. 그러므로 여기서 번역 과정의 또 다른 변형을 보게 되는데, 이것을 다음과 같이 그림으로 나타낼 수 있다.

출발어 장면 요소들
⇩
표상: 장면 요소들
⇩
도착어 틀

그림 6

'*loud*', '*foul-mouthed and boisterous*', '*taunts*'라는 출발 텍스트의 장면 요소들은 "blöd daherreden"(말도 안 되는 소리를 되는대로 지껄이다), "Leute provozieren"(사람들에게 시비 걸다), "Lärmmachen"(시끄럽게 굴다), "Rumschreien"(마구 소리를 지르다) 같은 이 장면에 내포된 다른 요소들의 표상을 거쳐서 "Horde"라는 틀 번역에 도달한다.

7 시각화

7.1 시각화—하나의 중심 개념

영국인이나 미국인은 상대방이 자신을 잘 이해했는지 확인하기 위해 종종 "내 말이 무슨 뜻이지 알아요?Do you see what I mean?"라고 묻는다. 그러면 대개 "그래요, 당신의 말이 무슨 뜻인지 알아요" 혹은 "아니오, 난 당신의 말이 무슨 뜻인지 몰라요", "당신이 하는 말은 들었지만 무슨 뜻인지는 몰라요"라는 답변을 듣게 된다.

7장의 주제와 관련해 우리는 이 물음을 완전히 말 그대로 받아들여 이렇게 답변할 수 있다. "그래요, 난 당신의 말이 뜻하는 걸 머릿속에 그려 볼 수 있어요." 우리가 뭔가를 이야기 들었을 때, 그림으로 그리거나 스케치할 수 있는 영상들이 종종 마음의 눈앞에 떠오른다(Kußmaul 2005 참조).

우리의 주제와 관련해 좀더 일반적으로 표현하면, 우리가 뭔가를 이해하는 동안 우리의 머릿속에서는 정신적 재현이 일어난다. 그리고 번역을 하게 되면 이러한 재현이 새로운 표현의 출발점이 된다. 오해를 피하기 위해 덧붙이면, 우리가 뭔가를 이해할 때마다 항상 머릿속에 그려 본다는 뜻은 아니다. 아마 "개"나 "고양이", "새"와 같은 구체적 개념일 때는 대개 특정

동물을 머릿속에 떠올릴 것이다. 원형의미론(1장 참고)이 이 점을 상세히 연구했다. "자유"나 "사랑", "정의"와 같은 추상적 개념의 경우에는 이미지적 표상들이 그리 자주 나타나지는 않는다. 그러나 이런 경우에도 예를 들어 뉴욕에 있는 자유의 여신상이나 사랑의 장면, 손에 저울을 든 유스티티아Justitia[1] 같은 특정한 사물을 눈앞에 떠올리는 사람이 많다.

이 책을 읽은 사람은 위의 질문에 "그래요, 그 장면을 내면의 눈앞에 그려 볼 수 있어요"라고 대답할 수도 있다. 이 책의 모든 장에서 중심 역할을 하는 "장면"의 개념은 시각화Visualisieren와 관련이 있다. 나는 6장의 극히 시각적인 '*miniaturisation*' 장면을 떠올린다. 장면들은 시각적 요소를 포함할 수 있지만, 반드시 포함해야 하는 것은 아니다. 6장에서 살펴보았던 '*boisterous and foulmouthed schoolchildren*'의 예처럼 청각적 요소 혹은 다른 감각으로 지각할 수 있는 요소들도 포함할 수 있다. "그녀는 그에게 양파와 베이컨을 곁들인 감자튀김을 만들어 주었다"와 같은 문장을 읽는다면, 특히 이런 음식을 좋아하는 경우에는 어떤 냄새가 나고 또 어떤 맛이 나는지 머릿속에 떠올릴 수 있다. 그리고 마침 배가 고플 때라면, 입에 침이 고일 것이다. 또 "그는 고양이털을 쓰다듬어 주었다"와 같은 문장은 아마도 촉각으로 지각할 수 있는 표상을 독자에게 불러일으킬 것이다. 물론 장면들을 직접 감각적으로 지각할 수 없는 경우도 있겠지만, 이 장에서는 시각적 요소들이 중심을 이룬다.

바로 앞 장에서 우리는 창의적인 번역에 대해 살펴보았다. 창의성과 시각화 사이에도 연관성이 있다. 아르투어 쾨슬러A. Koestler는 주목을 많이 받은 저서 《신적 섬광*Der göttlicher Funke*》(1966)에서 창의적 사고가 무엇보다도 이

1 〔옮긴이〕 정의의 여신.

미지적 사고라는 논제를 내세웠다. 그리고 시인 콜리지S. T. Coleridge, 화학자 아우구스트 케쿨레A. Kekulé, 앨버트 아이슈타인의 시각적 표상에 대한 보고를 새로운 사상에 대한 출발점으로 제시했다(1966 174-182쪽 참조). 또한 앞(6.2장)에서 언급한 케쿨레의 우로보로스Uroboros 꿈, 자기 꼬리를 무는 뱀에 대한 꿈도 그런 시각적 표상이다.

통역학 연구에서 시각화는 이미 방법론으로 권장되고 있다(Seleskovitch 1978: 55, Seleskovitch & Lederer 1989: 24-26 참조). 이 장에서는 시각화가 번역에서 어떻게 구체적으로 기능하는지 서술할 것이다.

시각화는 의사소통에서 새로운 주제가 아니다. 정보 전달에서 시각화의 개념이 어떤 역할을 하는지 알아보기 위해, 먼저 일상을 한번 돌아보고 이어 번역가가 가장 흔히 사용하는 조사자료인 사전을 살펴보자. 그런 후에 번역에서의 시각화를 다루고자 한다.

7.2 일상에서의 시각화

시각화는 분명 우리의 일상에 확고하게 자리하고 있다. 예를 들어 사용설명서에서 기계의 다양한 부분들이 서술되어 있을 때, 이미지적 묘사는 글로 된 텍스트를 보충하여 쉽게 이해하도록 도와준다. 이를테면 이케아 가구의 조립 안내서는 종종 여러 단계의 그림으로만 이루어져 있다. 이를 통해 글로 된 텍스트에서는 꼭 있어야 했을 번역의 수고를 줄일 수 있다. 또 다른 이점은, 그림들이 일정한 정보를 언어적 서술보다 더 빨리 전달한다는 사실이다(Göpferich 1998: 42쪽). 이것은 바로 우리가 사고 과정에서 이미

지적 표상을 선호한다는 지표일 수 있다(Rickheit/Strohner 1993 237쪽). 자주 사용되는 특수한 형태로 픽토그램(한눈에 파악할 수 있는 단순한 그림)이 있는데, 픽토그램 역시 사물이나 개념, 감정 등을 가리키거나 언어 행위를 상징하기 위해 이따금 텍스트 없이 사용된다(Göpferich 1998: 41-60). 공항이나 고속도로 휴게소에서 픽토그램은 여행객들에게 엘리베이터나 레스토랑이 어디에 있는지 알려주는 데 도움을 준다.

그림 1

정의의 개념에서도 이미지가 생겨날 수 있다고 이미 앞에서 말한 바 있다. 정의와 사법부를 가리키는 픽토그램이 실제로 있는데, 이때 늘 저울을 볼 수 있다.

그림 2

마이크로소프트 사의 클립아트 목록에 있는 다음의 픽토그램은 기쁨(그림

3)과 슬픔(그림4)을 상징하기 위해 사용될 수 있다.

그림 3

그림 4

마이크로소프트 워드 메뉴란의 아이콘(도상)은 언어 행위를 대신한다. 우리가 잘 알고 있는 바와 같이, 인쇄기 그림은 "인쇄하시오!"라는 작업 요구를 가리킨다. 디스켓 그림은 "저장하시오!"를, 그리고 망원경은 "찾으시오!"를 가리킨다.

우리는 그림과 픽토그램, 아이콘을 의사소통에 성공적으로 이용할 수 있다. 우리의 두뇌가 시각적으로 사고할 수 있기 때문이다. 그러나 기계의 다양한 부분과 같은 우리가 눈으로 보는 것, 또는 커피 머신의 사용과 같은 구체적 행동에 대해서만 이런 방식으로 의사소통을 할 수 있는 것은 아니다. 우리의 두뇌는 추상적인 개념들도 시각적으로 가공할 수 있다. 앞의 저울 그림은 말 그대로의 의미에서 저울을 지시하는 게 아니라, 이미 말한 바와 같이 정의에 대한 관습적인 상징이다. 이 상징은 물론 저울의 구체적인 기능에 그 기원을 두고 있다. 우리가 품을 수 있는 감정, 즉 기쁨이나 슬픔이 그림 3과 4의 형상에서 드러난다. 기쁨은 그림 3에서 몸짓으로, 슬픔은 그림 4에서 비죽이 이지러진 입매와 눈물로 표현된다. 이러한 가시적인 표현 형식들을 원형적인 것이라고 말할 수 있을 것이다. 그림을 이해의 보조 수단으로 사용하는 사람은 원형성이란 현상을 의식해야 한다. 주자네 괴퍼리히Susanne Göpferich는 《상호 문화적인 기술적 글쓰기*Interkulturelles Technical Writing*》에서 원형적인 그림들을 사용하길 권장한다(1998: 58 이하).

번역가들이 흔히 사용하는 보조수단을 살펴보자. 누구나 그림 설명이 들어 있는 사전을 가지고 있을 것이다. 그림들은 낱말 의미의 언어적인 정의를 보충하는 역할을 한다. 《롱맨 현대 영어 사전》(*DCE*)에 예를 들어 '껴안다hug'란 낱말에 다음과 같이 기입되어 있다.

> 1. 사랑이나 우정을 보여 주기 위해 누군가를 팔로 두르고 꼭 잡는다
> 동의어 포옹하다embrace: 우리는 울면서 서로 껴안고 거기 서 있었다/그녀는 딸에게 다가가 꼭 껴안았다.

*DCE*의 전자사전(2003)에는 그림 5와 같은 그림도 실려 있다.

그림 5

여기서 *DCE*는 언어와 그림을 이용해 이중으로 정보를 제공한다. 이를 통해 정보들도 우리의 기억에 이중으로, 따라서 아주 효과적으로 저장된다.

우리는 픽토그램에서 먼저 그림을 보고 나중에 그 의미를 인식한다. 사

전의 그림에서는 역순으로 진행된다. 우리는 먼저 의미를 모르는 단어를 귀로 듣거나 읽는다. 그런 후에 그림을 보고서 의미를 인식한다. 그러나 두 과정은 우리의 뇌가 그림과 의미 사이의 관계를 만들어 낼 수 있다는 것에 근거한다.

사전의 그림들은 사전 사용자들이 귀로 듣거나 읽기는 하지만 이해하지 못하는 단어의 의미를 보여 준다. 이것은 두 개의 언어로 이루어지는 의사소통에서 이해의 과정을 도와준다. 여기서 이해의 과정이 역순으로 진행될 수도 있다는 점이 흥미롭다. 정확히 말하면 이미 단어들을 알고 있는 경우에는 역순으로 진행되는데, 그것은 당연한 일이다. 그런 경우에는 먼저 단어들을 귀로 듣거나 읽으면 뇌에서 이미지가 떠오른다. 즉, "그녀는 두 남동생을 껴안았다"와 같은 문장을 들으면, 그림 5와 비슷한 이미지가 우리의 머릿속에 떠오를 것이다. 우리는 이 단어들을 이해하는 데 아무런 어려움이 없다(그러나 그림의 가운데 있는 사람과 오른편 사람이 사내아이인지 여자아이인지는 명확히 분간이 가지 않는데, 여기에서는 중요한 문제가 아니다). 이것은 우리의 경험에 의해 각인된 이미지이고, 우리의 경험은 물론 문화의 제약을 받는다. 예를 들어 포옹하는 사람들의 피부 색깔이 그렇다. 독일인이 눈앞에 그리는 인물들은 아마도 밝은 피부색을 가질 것이다. 이것은 독일 문화의 원형적인 표상에 상응하는데, 그 이유는 원형들이 빈도수와 어느 정도 관련 있기 때문이다. 전 세계적으로 팔리는 *DCE*는 여러 민족들을 위해 편찬되었다.

전문 텍스트, 사용설명서, 사전, 학술서 그리고 논문 등에서의 시각화는 사태를 더욱 명료하게 이해하도록 도와준다. 이 책의 많은 그림들도 이런 목적을 가진다. 그러나 나는 "시각화Visualisierung"와 "시각화하다Visualisieren"

라는 개념을 약간 다른 의미로 사용한다. 내 경우에 텍스트의 그림은 정신적 표상을 위한 출발점이 아니라, 오히려 정신적 이미지적 표상이 텍스트의 단어에 의해 일깨워진다. 다시 말해 이미지는 출발점이 아니라 결과인 셈이다. 그러나 우리가 그림을 그리거나 스케치할 수 있어서 이미지를 캔버스나 종이에 확실히 옮길 수 있다 해도, 그것은 가시적인 이미지가 아니라 정신적인 눈앞에 떠오른 이미지이다.

귀로 듣거나 읽으면서 정신적 이미지를 떠올리는 우리 뇌의 능력을 어떻게 번역에 유용하게 활용할 수 있는지 지금부터 살펴보려 한다.

7.3 번역에서의 시각화

7.3.1 맥락을 통한 시각적 전체 장면의 자극

다음 사례는 2003년 여름 학기에 마인츠 대학 응용언어학과와 문화학과의 세미나에서 울리케 슈퇴켈Ulrike Stöckel과 예니퍼 융Jennifer Jung이 발표한 내용이다. 이 세미나에서 두 명의 피실험자는 서로 이야기를 나누며 텍스트를 번역하는 과제를 부여받았다. 이 대화는 카세트테이프에 녹음되어서 나중에 전사되었다. 번역할 텍스트는 메리언 키스Marian Keyes의 소설 〈처음 드시는 분들을 위한 초밥〉의 한 단락이었다. 딜런Dylan은 아내인 클로다Clodagh와 이혼하고자 한다. 클로다가 마커스Marcus와 정을 통한 사실을 알게 되었기 때문이다. 그래서 딜런과 클로다는 누가 아이들을 키우고 양육비를 지불할 것인지, 어떻게 공동 재산을 분할할 것인지 등등을 놓고 실랑이를 벌이는 중이다. 클로다의 새 애인인 마커스는 수시로 클로다를 찾아온다. 다음의 구절은 이런 맥락에서 벌어진 일이다.

In a floods of tears, Clodagh opened her front-door. 'What's wrong?' Marcus gasped.
'It's Dylan. He's a bastard.'
'What's he done?' Marcus demanded, following her into the kitchen, his face bruised with fury.
'Oh, I deserve it,' Clodagh sat at the table and wiped her leaking eyes. 'I'm not saying I don't. But it's so hard. Whenever I see him he has more bad news and he makes me feel awful.'
'So what's he done?' Marcus demanded again.
'He made me give back all my credit cards. And he's closed our joint account and instead he's going to give me an allowance every month. For guess how much?'
Sobbing again, she named a sum so low that Marcus exclaimed, 'Allowance? That's more like a forbiddance!'
(Marian Keyes: *Sushi for Beginners*. London: Penguin Books 2001, S.510. Unterstreichung von mir.)
클로다는 눈물을 펑펑 흘리며 현관문을 열었다. "무슨 일이야?" 마커스는 아연실색했다.
"딜런 때문이야. 정말 못된 인간이야."
"그가 어떻게 했는데?" 화가 나 일그러진 얼굴로, 마커스가 클로다를 따라 부엌으로 들어가며 물었다.
"그래, 내가 그런 대접을 받을 만한 짓을 했지", 클로다는 식탁에 앉아 눈물 젖은 눈을 닦았다. "나한테 책임이 없다는 말은 아니야. 하지만 이건 너무 심해. 그는 나하고 마주치기만 하면 안 좋은 말들만 하면서 겁을 줘."

"그래, 그가 어떻게 했는데", 마커스는 재차 물었다.
"내 신용카드를 전부 가져갔어. 그리고 공동 계좌도 해지했고, 대신 나한테 매달 생활비를 주겠대. 얼마인지 알아?"
클로다가 다시 흐느껴 울면서 너무 적은 액수를 말하는 바람에 마커스가 소리쳤다. "그게 생활비야? 차라리 안 주는 게 낫겠군!" (메리언 키스,《처음 드시는 분들을 위한 초밥》, 런던, 펭귄북 2001, 510쪽, 밑줄은 저자)

두 피실험자는 이 부분을 문학 텍스트로 번역하는 과제를 받았다. 두 사람은 '*his face bruised with fury*'에서 어려움에 직면했는데, 이것은 텍스트의 기능에 중요한 구절이다. '*his face bruised with fury*'는 새 연인이 클로다의 남편에 대해 느끼는 감정 상태를 나타낸다. 피실험자들은 이 문제에 대해 다음과 같이 논의하였다.

B: 자, 한번 상상해 봐. 그는 아주 화가 났어…
A: 그래, 왜 화가 났지? 무슨 일이 있었는지 아직은 전혀 모르잖아. 클로다는 다만 못된 인간이라고 말했을 뿐이야.
B: 그래. 하지만 잘 봐. 클로다가 엉엉 울면서 문을 열잖아, 그렇지?
A: 그래.
B: "In floods of tears, Clodagh opened the front door." 그러니까 여기에서 이미 그가 큰 충격을 받았다는 뜻이야. 내 여자친구가 엉엉 울고 있다.
A: 맞아.
B: 그 멍청한 놈 때문에.
A: 맞아.
B: 그래서 무지 화가 났어. 그런 다음에 일이 시작되는 거야. 그가 이렇

게 말해. "그가 어떻게 했는데?" 그렇지?

A: 맞아.

B: 한번 상상해 봐. 그가 집안으로 들어와 "그가 어떻게 했는데?"라고 말하는 거야. 그리고 엄청 화가 났어. 왜냐하면…

A: 흥분했거든, 아주 흥분했지.

B: 분통이 치밀었으니까 흥분했겠지, 흥분하고말고… 흠

A: 분통이 치밀고 화가 나고 흥분했단 말이지.

B: 그러고 나서 시뻘겋게 달아오른 얼굴로 그녀 뒤를 … 헤헤.

A: 하하.

B: 그래. 하지만 그것은, 잠깐, 사실 뭔가 지독히 곤혹스러울 때 얼굴이 시뻘겋게 달아오르는 거잖아.

A: 그래, 맞아.

하지만 분통이 치밀어도 뭐랄까… 뜨겁게 달아오를 수 있어, 그렇지 않아?

("분통이 치밀어 벌겋게 달아오르다vor Wut glühen"가 적절한 번역인지 그리고 마커스의 얼굴을 묘사할 다른 가능성은 없는지 토론이 길게 이어진다. 그러나 피실험자들은 자신들의 해결책에 만족하지 않았다. 그러다 갑자기 B가 말한다)

B: "fury"(화)… 음, 격분하여, … 완전히 격분하여.

A: 격분하여.

B: 그렇지 않을까, 마커스는 완전히 격분하여 클로다 뒤를 따라 부엌으로 들어가면서 물었다. "그가 어떻게 했는데?"

A: 그래, 그렇게 써… 실제로 …

B: 그러면 뭔가 새로운 표현이 되겠군.

(웃는다)

피실험자들의 시각화는 텍스트에서 얻은 정보, 즉 상향정보처리과정에서 떠오르는 것을 근거로 한다. 그들은 그 장면을 시각화하려고 의도적으로 노력한다("한번 상상해 봐… 잘 봐… 한번 상상해 봐"). 그러나 여기에서 곧장 해결책에 이르는지 의문을 제기할 수 있다. '*bruised*'(푸른 멍이 들다)라는 단어를 특이하게 조합하여 사용하기 때문에 피실험자들은 어려움에 직면한다. 그들은 먼저 마커스 얼굴의 색깔—장면의 세부 사항—를 묘사하고자 하지만, 결국 '격분하여'란 낱말로 장면을 에워싼다. 피실험자들이 '격분하여'라는 낱말이 떠오를 때까지 내내 전체 장면을 염두에 두고 있었다고 설득력 있게 추측할 수 있다.

전체 장면을 "마커스가 화가 났다"란 말로 지칭할 수도 있을 것이다. 피실험자들의 번역에서 '*face bruised with fury*'라는 장면 요소는 "격분하여aufgebracht"라는 틀로 묘사되었다. 여기서 어디에 초점이 맞춰졌는지 한번 생각해 보면 흥미롭다. "격분하여"라는 틀은 낯빛 이외에 가령 큰 목소리나 특정한 몸짓이나 표정 같은 다른 장면 요소들도 포함할 수 있다. 그러나 "격분하여"라는 말은 언제나 화를 야기한 외적 이유들에 초점을 맞춘다. 예를 들어 누군가가 자기 자신에 대해 화가 났다는 것을 묘사하고자 할 때는 거의 이 단어를 쓰지 않는다. "내 서투름에 격분했다"라고 말하기보다는 "내 서투름에 화가 났다"라고 말한다. 그러나 "그의 뻔뻔한 말에 격분했다"라고는 말할 수 있다. 물론 이 경우에는 "화냈다ärgerte mich…"는 말도 가능하다. 그러나 "격분하여"라는 말은 외적 동기에 초점을 맞춘다. 원형의미론의 개념들을 빌려, 화를 야기한 외적 동기가 "격분하여"라는 표상의 핵심에 자리한다고 말할 수 있다. 《바리히 독일어 사전》의 전자사전(1997)에 실린 "격분시키다aufbringen"의 정의와 예는 이런 방향을 가리킨다.

누군가를 격분시키다 jemanden aufbringen: 화나게 하다erzürnen, 흥분시키다erregen; 네 끊임없는 반대가 그를 격분시킨다.

그러므로 "격분시키다"는 매우 적절한 번역이다. 텍스트에서 읽을 수 있듯이, 마커스를 화나게 하는 것은 바로 그의 눈앞에 있기 때문이다.

이 구절에서 출발 텍스트의 명료함과 독창성이 사라졌다고 이의를 제기할 수 있을지도 모른다. 명료한 독일어 등가어를 장면의 세부 사항으로서 제시할 수 있다면 물론 효과적일 것이다. "화가 나 일그러진 얼굴"이 적절하지 않을까 생각해 볼 수도 있다. 그러나 그것은 출발 텍스트와는 반대로 너무 평범한 연어이다. 피실험자들은 다르게 결정했다. 그들은 출발 텍스트를 독창적으로 변화시키고 외적인 동기에 초점을 맞춤으로써 새로운 것을 덧붙이는 단어를 찾아냈다. 이것은 내가 창의적인 번역이라고 정의하는 것에(6.1장 참조)에 부합한다.

여기에서 문체의 층위를 약간 변화시킬 수 있을 것이다. "완전히Total"를 형용사와 함께 사용하면 일상어적 표현으로 높은 친밀감을 나타낸다. 그러나 이 텍스트 구절은 대화의 일부가 아니라 화자가 서술하는 부분이다. 어쩌면 "매우 격분하여"가 더 나을지도 모른다. 그러나 여기서는 우선 "격분하여"라는 낱말이 문제이고, 이것이 의미론적으로 적절한 번역이다. 피실

출발어 장면 요소 ⇩ 장면의 시각화 ⇩ 목표어 틀

그림 6

험자들의 머릿속에서 일어나는 것을 6.4장에서와 비슷하게 다음과 같이 그림 6으로 묘사할 수 있다.

7.3.2 기억에서 떠올린 장면의 세부 사항들

다음의 사례도 마인츠 대학의 응용언어학 및 문화학 세미나에서 분석한 대화 프로토콜에서 유래한다. 카탸 브릴Katja Brill, 율리아 뷔르첼레Julia Bürzele, 이자벨 뤼델Isabell Rüdel이 2003/2004년도 겨울학기에 이 보고서를 작성했다 (밑줄 친 곳이 주의 깊게 살펴볼 부분이다).

> 8 p.m. Off to dinner party. All the Smug Marrieds keep inviting me on Saturday nights now I am alone again, seating me opposite an increasingly horrifying selection of single men. It is very kind of them and I appreciate it v. much but it only seems to highlight my emotional failure and isolation - though Magda says I should remember that being single is better than having an adulterous, sexually incontinent husband. (Helen Fielding: *Bridget Jones' Diary*, London 1996)
>
> 오후 8시. 파티장으로 출발. 모든 스머그 매리즈Smug Marrieds들이 토요일 밤마다 나를 초대했고, 나는 오늘도 혼자서 점점 더 끔찍해지는 한 무더기의 싱글 남자들을 마주한 채 앉아 있다. 친절하게도 계속 초대한다는 점에 대해서는 나 역시 무척 고맙게 여긴다. 하지만 좌절감과 소외감만 더 두드러지게 되는 것 같다. 물론 매그더Magda는 바람이나 피우는 방탕한 남편을 두는 것보다야 싱글로 지내는 편이 한결 낫다는 것을 기억해야 한다고 말하기는 하지만 말이다. (헬렌 필딩Helen Fielding, 《브릿지 존스의 일기*Bridget Jones' Diary*》, 런던 1996)

이 경우에도 텍스트를 문학 텍스트로 번역하는 것이 과제였다. 밑줄 친 부분에 관해 학생들은 다음과 같은 대화를 나누었다.

> A: 그래, 좋아. "스머그"는 그런 "스머그-스마일"이야. 이것이 무엇인지는 알겠는데, 뭐라고 말해야할지 모르겠어. (웃는다) 그들은 … 정원이 딸린 그런 아담한 집에 사는 그런 안정된setteld 사람들이야. 개… 암코양이도 기르고 말이야. (둘 다 웃는다)
>
> B: 속물적인 사람들?
>
> A: 아니.
>
> A: 그리고 스머그와 매리즈가 대문자로 쓰여 있는 이유도 생각해 볼 문제야.
>
> B: 주인공이 아마 그렇게 결혼해서 행복하고 만족스럽게 사는 친구들을 어떤 그룹으로 분류해 놓고 일기에 그런 식으로 적고 있는 거 같아.
>
> A: 맞아, "스머그 매리즈"는 그런 사람들이야.
>
> A: 자기… 자기가… 자기가 옳다고 생각하는 것은 아니고, 이런 거를 뭐라고 하지?
>
> B: 자기만족에 빠져 있는.
>
> A: 자기만족에 빠져 있는? 그런 말이 있어?
>
> B: 그럼, 있지. 혹시 닭살 돋도록 행복한 기혼자들이 아닐까?
>
> A: 그거 좋다!
>
> B: 닭살 돋도록 행복한 기혼자 클럽 어때…

학생들은 '스머그 매리즈'의 번역에 관해 토론했다. 텍스트에서는 이 장면에 대한 자세한 설명을 찾을 수 없었다. 물론 화자의 감정과 전반적인 태도는 이어지는 내용과 전체 일기에서 추론할 수 있지만, '스머그 매리즈'라는 틀만 주어져 있다. 여기에서 학생들은 분명히 장면("무엇인지는 알겠는데")을 시각화하고 있고, 그 장면은 학생들의 기억에 저장되어 있다. "그런, 그렇게so"라는 단어가 자주 나타나는 점으로 보아 일종의 상투적인 것, 즉 원형적인 장면이 문제되는 것을 알 수 있다. 여기에서 이 장면은 하향정보처리과정을 통해 기억에서 일깨워진다. 이 상투적인 것을 구성하는 세부 사항들("정원이 딸린 아담한 집, 개, 암코양이")이 말 그대로 핵심 요소인데, 다른 말로 표현하면 원형적인 것이다. 이 사례의 경우에는 이런 원형적인 요소들을 시각화함으로써 "닭살 돋도록 행복한 기혼자들"의 번역에 이른 것이다.

통역학자인 셀레스코비치Danica Seleskovitch와 르드레르Marianne Lederer는 시각화를 교수법으로 추천하면서 원형성을 직관적으로 적용한다. 그들은 아프리카의 식량난에 관한 기사에서 발췌한 문장 '아이들은 식사하는 법을 완전히 잊어버렸다Children have forgotten how to eat, completely forgotten how to eat'의 번역을 위해, 팔다리가 앙상하고 배가 부풀어 오른 아이, 즉 언론에서 종종 볼 수 있는 광경을 상상할 것을 제안한다. 그럼으로써 예를 들어 프랑스어로 아이들은 좋은 식사 예절을 잊어버렸다고 오역하는 경우를 피할 수 있다는 것이다(Seleskovitsch/Lederer 1989 25-26쪽).

시각화를 통해 창의적인 해결책을 이끌어 낼 수 있다. "닭살 돋도록 행복한 기혼자 클럽"은 최종적으로 "닭살 돋도록 행복한 부부 클럽"으로 수정되기는 했지만, 창의적이라고 할 수 있는 번역이다. 화자의 부정적인 생각은 출발 텍스트에 명시되어 있지는 않지만 의심할 바 없이 확실한데, 바로 이런 생각을 표현하는 단어들이 번역에 새롭게 포함되어 있기 때문이다. 즉, 이 번역에서는 화자의 복잡한 감정이 강조된다. 아마 자기만족에 빠진

부부들이라고 번역할 수도 있지 않을까, 아니 어쩌면 이것이 더 좋은 번역이 아닐까라고 물음을 제기할 수 있을 것이다. 학생들이 생각해 낸 번역이 원문보다 훨씬 더 분명하게 의미를 드러낸다. 그렇다면 번역은 이 구절이 (문학) 텍스트에서 맡은 기능에 부합하는가? 이미 3장에서 언급했듯이, 출발 텍스트보다 번역문에서 뜻이 더 분명하게 표현되는 것은 오래전부터 알려진 현상이다(자세한 내용은 Englund-Dimitrova 2005 참조). 그렇다고 이러한 명확성이 처음부터 정당성을 인정받는다는 의미는 아니다. 이 텍스트에서는 화자의 생각과 감정이 분명하게 표현된다. 화자는 자신의 감정을 표현하기 위해 일기를 쓴다. 예를 들어 "점점 더 끔찍해지는 한 무더기의 싱글 남자들을" 그리고 "좌절감과 소외감만 더 두드러지게 되는 것 같다"라는 구절들은 화자의 감정을 알려준다. 화자의 관점에서 상황이 묘사되는 사실은 "닭살 돋도록 행복한"이라는 표현을 통해 뚜렷이 드러난다. 이처럼 일기에서는 관점을 분명하게 하는 것이 적절하다고 판단된다.

이 경우에도 사고 과정을 그림으로 일목요연하게 설명할 수 있는데, 6장에서 보았던 변이형에 새로운 것을 추가했다.

출발어-틀
⇩
원형적 장면 요소들의 시각화
⇩
도착어 틀

그림 7

앞에서 다룬 장면을 시각적으로 좀더 분명하게 보여 주고자 그림을 하나 덧붙인다. 한 부부의 모습을 보여 주는 이 그림에는 집과 정원, 고양이가 빠져 있어서, 우리 학생들이 머릿속에 떠올린 것과는 완전히 들어맞지 않을 수도 있다. 하지만 어쨌든 장면 요소로서 작은 개가 보인다.

그림 8

다음 사례에서는 시각화된 장면 요소들이 곧바로 도착 텍스트의 번역으로 사용된다. 스티븐 핑커Steven Pinker는 말을 어떻게 사용해야 청자와 독자에게서 새로운 표상 조합을 불러일으킬 수 있는지—이것은 우리가 여기에서 집중적으로 다루는 테마이기도 하다—보여 주기 위한 사례로서 한 텍스트를 이용했는데, 나는 그 텍스트를 학생들과 함께 번역했다. 핑커에 따르면, 다음 텍스트를 통해서 우리는 미국 텔레비전 프로그램 〈올 마이 칠드런All my Children〉에 등장하는 인물들의 세계로 들어가게 된다. 이 프로그램은 미국에서 수십 년 동안 방영된 드라마인데, 살펴볼 부분은 다음과 같다.

> When Dixie opens the door to Tad, she is stunned, because she thought he was dead. She slams it in his face and then tries to escape. However, when Tad says, "I love you," she lets him in. Tad comforts her, and they become

passionate. When Brian interrupts, Dixie tells a stunned Tad that she and Brian were married earlier that day. With much difficulty, Dixie informs Brian that things are nowhere near finished between her and Tad. Then she spills the news that Jamie is Tad's son. "My what?" says a shocked Tad. (Pinker 1995: 1f.)

딕시는 문을 열었을 때 이미 죽었다고 생각한 태드를 보고 깜짝 놀랐다. 그녀는 태드의 면전에서 문을 꽝 닫으며 그 자리를 피하려고 했다. 하지만 태드가 "당신을 사랑해"라고 말하자 집에 들어오게 했다. 태드는 딕시를 위로했고, 두 사람은 열정적인 상태가 되었다. 브라이언이 들어와 그들을 방해했을 때, 딕시는 이미 브라이언과 결혼한 사실을 놀란 태드에게 알려줬다. 또 딕시는 태드와의 관계가 끝나지 않았다고 브라이언에게 매우 어렵게 말했다. 그리고 제이미가 태드의 아들이라는 사실을 털어놓았다. 그러자 충격을 받은 태드는 "나의 뭐라고?"라고 말했다.

"그들은 열정적인 상태가 되었다"는 구절이 화제에 올랐을 때, 한 여학생이 "그들은 열정에 몰입했다"라고 번역할 것을 제안했다. 이 번역은 너무 추상적이고 지나치게 과장한 듯한 느낌이 든다는 비판을 받았다. 나는 학생들에게 태드와 딕시가 무엇을 하고 있는지 한번 시각적으로 상상해 보라고 말했다. 그런 장면을 직접 경험해 보지는 못했을지라도 텔레비전 드라마나 영화에서 얼마든지 볼 수 있기 때문이었다. 그러나 우리는 시각화한 내용을 묘사하지는 않았다. 나는 다만 그런 장면을 한번 상상해 보라고 말했을 뿐이다. 그러자 한 여학생이 "그들은 서로 포옹하고 키스를 나누었다"라는 번역을 제안했다. 여기에서 우리는 시각화한 내용을 언어로 표현하면 곧바로 우리가 찾는 번역이 될 수 있다는 것을 알 수 있다.

나는 "창의적인 번역"을 주제로 다룬 세미나에서 학생들로 하여금 두세 명씩 팀을 이루어 위의 텍스트를 번역하게 했고 다음과 같은 시각적인 번역을 얻었다:

> 그들은 서로 포옹하고 열정적으로 키스를 나누었다
> 그가 그녀의 눈물을 보았을 때, 그들은 서로 부둥켜안았다
> 그들은 소파에서 서로 꼭 껴안았다
> 그들은 포옹했고 열정이 타오르기 시작했다

이 드라마의 번역 과정을 다음과 같이 그림 9로 일목요연하게 나타낼 수 있다.

출발어-틀
⇩
표상: 장면
⇩
장면 = 도착어-틀

그림 9

이 장면을 시각적으로 보여 주기 위해 그림을 추가할 필요는 없을 것이라고 생각한다. 이 정도 장면은 누구나 상상할 수 있게 마련이다. 그러나 원형적인 장면 요소들이 과연 번역에서 언어로 표현되었는지에 대해서는 문제를 제기할 수 있을 것이다. 우리가 본 드라마 장면을 생각해 보면, 이 물음에 대해 "그렇다"라고 긍정적인 답을 할 수 있을 것이다.

또한 언어로 표현되는 과정에서 장면과 장면 요소들이 틀과 어떤 관계에 있는지도 6장에서처럼 물을 수 있을 것이다. 이미 말한 바와 같이, 필모어에 따르면, 언어로 표현되는 것은 모두 틀이고 장면들은 정신적 재현이다.

우리는 정신적 재현을 말로 표현하는 과정에서 장면 요소들을 하나의 단어나 관용구를 이용해 요약할 수 있다. 드라마 텍스트의 예에서는 "그들은 열정적인 상태가 되었다"는 출발 텍스트의 구절, 〈브리짓 존스의 일기〉의 예에서는 출발 텍스트의 "스머그 매리즈" 및 도착 텍스트의 "닭살 돋도록 행복한 부부"가 그런 경우이다. 그러나 "그들은 서로 포옹하고 열정적으로 키스를 나누었다" 혹은 "그가 그녀의 눈물을 보았을 때, 그들은 서로 부둥켜안았다"에서처럼 개개의 장면 요소들을 직접 언어로 표현할 수도 있다. 6장에서 암시했듯이, 과정의 측면에서 이것은 중요한 차이라고 생각한다. 장면 요소들을 말로 표현하는 것이 내용을 요약하는 틀보다 대부분 더 구체적이고 세부적이다. 틀은 추상적인 면이 강하다.

7.3.3 곤란한 경우—하나의 틀과 두 개의 장면

다음의 사례도 내 수업에서 옮겨 온 것이다. 우리는 의학 기술에 대한 믿음을 비판적으로 다룬 《뉴스위크》 텍스트를 번역했다.

> Will they [the doctors] be able to guide frightened, vulnerable people through life-and-death decisions and know when to stop? Or will the machines take on a life of their own, as doctors who have never really learned to listen or to touch become appendages to computers?
>
> We have gotten to where we simply dont't feel cared for unless we are on the frontier of technology. "No MRI scan? What's the matter, aren't I good enough?" "No genetic screen? Dont't stint, Doc, I want the best." But technology can come between us and our doctors, who may be afraid to talk to patients and their families - and even more afraid to touch them

in today's litigious atmosphere. Doctors are rarely sued for applying high technology, but they are often sued for omitting it.
의사들이 겁에 질리고 나약한 사람들을 생사가 달린 결정의 길로 인도할 수 있고 또 언제 멈추어야 하는지를 알 수 있을까? 아니면 경청하거나 만지는 것을 배운 적이 없는 의사들이 컴퓨터의 부속물이 될 때, 기계가 스스로 알아서 일을 할 것인가?
우리는 기술의 최첨단에 있지 않으면 보살핌을 받지 않는다고 느끼는 지경에 이르렀다. "MRI 스캔을 하지 않는다고요? 무슨 일이죠, 제가 그렇게밖에 안 돼요?" "유전자 스크린을 안 한다고요? 너무 아까워하지 마세요, 의사 선생님, 저는 최고를 원합니다." 기술은 우리와 의사 사이에 끼어들 수 있는데, 의사들은 환자와 그 가족에게 말 건네는 것을 두려워할지도 모르고, 또한 오늘날처럼 소송이 빈번하게 일어나는 분위기에서는 환자들을 만지는 것을 더 두려워할지도 모른다. 의사는 고급 기술을 사용해서는 고소당하지 않지만, 이 기술을 생략해서는 종종 고소당한다.
(《뉴스위크*Newsweek*》, 2001년 7월 18일. 밑줄은 저자)

위 텍스트의 "만지다touch"라는 단어에서 번역의 어려움에 직면했다. 이 단어는 텍스트에서 중요한 기능을 수행한다. 즉, 필자는 현재 의학 기술에 대한 믿음이 과도하다고 여기는데 "만지다touch"라는 단어가 "경청하다listen"라는 단어와 함께 이 믿음에 대한 대립 관계를 표현한다. 우리는 이 단어를 이해하는 데 전혀 문제가 없었다. 여기에서 "만지다"가 환자의 아픈 곳을 찾을 때 의사가 하는 행위와 관계된다는 것은 분명했다. 또한 우리는 "만지다"로 표현되는 행위가 오늘날 특히 미국과 같은 나라들에서는 성추행으로서 처벌 대상이 될 수 있다는 사실도 잘 알고 있었다(소송이 빈번하게 일어나는 분위기). 누군가가 "만지다touch"를 독일어 "만지다berühren"로 번역할 것을 제안했지만, 이 제안은 그 자리에서 거부당했다. 이 단어에는 성적性的인 의미만 내포되어 있을 뿐이며, 의사가 환자를 진찰할 때는 사용하지 않는다고 생각했기 때문이다.

'만지다touch'의 이중 의미를 살리는 것이 정말로 신뢰할 수 있는 해석인가 아니면 우리가 이 텍스트에 전혀 포함되어 있지 않은 의미를 읽어 낸 것인가? 의사들이 의료 장비를 사용하지 않으면 소송당할 수 있다는 사실이 이어지는 텍스트에서 분명히 드러날 뿐 아니라 소송이 빈번하게 일어나는 분위기, 즉 작금의 소송중독증 역시 여기에 관련된다고 주장할 수 있을 것이다. 그렇지만 이 텍스트의 그 어느 곳에서도 성추행에 대한 이야기는 없다.

나는 미국의 동료 돈 키랠리Don Kiraly와 베른트 셰퍼Bernd Schäfer에게 이 텍스트의 해석에 대한 점검을 부탁했는데, 두 사람은 우리가 성추행의 의미로 해석한 것에 대해 어떤 이의도 제기하지 않았다. 이 사실은 번역의 타당성과 관련해 우리의 흥미를 끈다. 그런 해석이 원어민인 그들에게도 그럴듯하게 여겨진 것이 분명하다.

뭔가를 해석하는 경우에는, 우리가 이미 잘 알고 있는 바와 같이 맥락과 세계 지식이 중요한 역할을 한다. 그러나 이번 사례에서는 두 가지 해석이 가능한 탓에 미국에 관한 세계 지식이 별로 도움이 되지 못했다. 미국 사람들은 일반적으로 성적인 추행에 매우 민감한 데다가(적어도 이 기사가 작성되었을 무렵에는 그랬다), 환자들이 의료 과실 때문에 의사들을 고소하는 일도 적지 않다. 말하자면 변호사들이 법률 서비스를 제공한답시고 병원 입구에서부터 환자들을 붙잡는 상황이라고 할 수 있다.

하향정보처리과정을 통해서 맥락과 세계 지식이 활성화된다. 하지만 상향정보처리과정을 잊어서는 안 된다. 만약에 의사가 전통적인 진찰 방식만을 고집하다가 의학적으로 중요한 진찰을 할 기회를 놓칠까 봐 두려워한다고 말할 생각이었다면, '의사들은 … 환자들을 만지기만 하는 것을 두려워할지도 모른다doctors ... may be afraid to merely/only touch them' 또는 '의사들은 … 진찰 방법으로 만지는 것을 두려워할지도 모른다doctors ... may be afraid to use touching as their means of examination'라고 텍스트에 쓰여 있었어야 할 것이다. 그러나 이 텍스트에는 '의사들은 … 환자들을 만지는 것을 두려워할지도 모른다 doctors ... may be afraid to touch them'라고 적혀 있다. 따라서 의료적인 실수나 태만의 의미에서의 맥락은 애초부터 제외된다.

다른 가능성은 없이 반드시 이래야 한다기보다는 이럴 가능성이 높지만 다른 가능성도 있을 수 있다는 식으로 이해해야 한다는 사실만큼은 적어도 여기에서 분명해졌다. 다른 말로 표현하자면, 이미 누차 확인했듯이 타당성에 대한 고려가 중요한 역할을 한다. 나와 학생들이 '만지다touch'의 이중 의미를 선택한 것은 이것이 더 타당하다고 판단했기 때문이다.

그러고 나서 나는 학생들에게 병원에서 진찰받는 장면을 상상해 보라고 했다. 그리고는 "어디가 편찮으세요?" 아니면 "윗옷/스웨터를 좀 벗어 주시겠어요?" 등과 같이 의사가 전형적으로 사용하는 표현에서 실마리를 잡

그림 10

도록 유도했다. 인지적으로 보면, 학생들의 기억에서 이런 장면을 불러낸 것이다. 그러자 한 여학생이 즉각 "촉진觸診하다abtasten"는 말을 제안했는데, 의사들은 바로 이 단어를 사용한다.

내가 수업 시간에 활용한 방법에 대해 여기서 말해 두고자 한다. 그것은 가르치는 사람이 일방적으로 자신의 지식을 학생들에게 전달하고 학생들은 가만히 앉아서 설명을 듣는 전통적인 방법이 아니라, 학생들이 서로 의견을 나누는 가운데 가르치는 사람이 조심스럽게 토론을 이끄는 상호 작용적 방법이다. 이때 가르치는 사람과 학생들이 함께 한 테이블에 둘러앉으면 이상적일 것이다(이 방법에 관한 상세한 설명은 Kiraly 2000 참조).

앞의 사례로 다시 돌아가 보자. 의미론적인 관점에서, 이것을 1장에서 살펴본 개념, 즉 분기分岐라고 말할 수 있다.

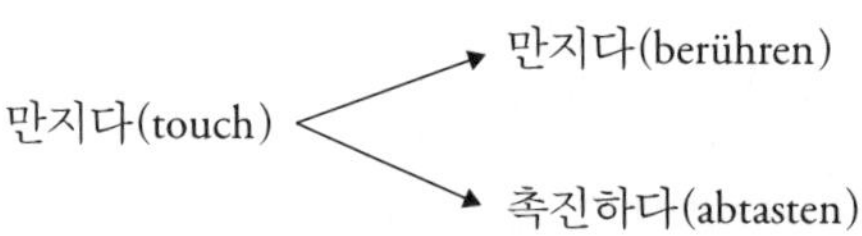

그림 11

신-프레임 의미론의 개념을 빌면, 우리는 출발 텍스트에서 두 장면에 부합하는 하나의 틀을 가지고 있다. 그것은 (a)의사가 환자를 진찰하는 장면과 (b)누군가가 성적인 추행을 당하는 장면이다. '만지다touch'를 '만지다berühren'로 번역했더라면, 둘째 장면만을 생각할 가능성이 높았을 것이다.

"촉진觸診하다"라는 낱말은 성추행 장면을 환기시키지 않을 것이고 따라서 텍스트에서 불가피하게 나타난 애매모호함도 없어질 것이라고 말할 수 있다(Don Kiraly 참조). 여기에서 '손을 대다anfassen'로 번역하는 것이 더 낫지 않을까?

이 문제는 서로 겹치는 장면들에 관해 이야기하다 보면 해결될 것이라고 생각한다. 먼저 의사가 환자를 진찰하는 장면에 이어서 성추행 장면을 살펴보도록 하자. 독일어에서 사용되는 단어들을 가지고는 애초에 두 장면 모두 포착할 수 없다. "만지다berühren"와 "손을 대다anfassen"는 진찰하는 장면을 암시하지 않는다. 그리고 "촉진하다abtasten"에는 원래 성적인 뉘앙스가 포함되어 있지 않다, 아니면 조금 포함되어 있던가? 이 단어는 일차적으로 진찰 장면을 불러일으키지만, 약간의 상상력을 보태면 성추행 장면을 일깨울 수도 있을 것이다. "그러더니 저 사람이 내 몸을 여기저기 만지고 더듬어 댔어요"라고 의사에 대한 불평을 터트리는 여자 환자를 상상할 수 있을 것이다. 아니면 이렇게 말할 수도 있다. "'도대체 지금 뭐하는 거지요?'라고 말했는데도 저 사람이 제 몸을 이리저리 만졌어요."

원형의미론의 개념들을 빌려 표현하면, "촉진하다abtasten"의 의미에는 불분명한 경계가 존재한다. 앞의 텍스트에서 '만지다touch'를 읽을 때, 핵심 표상은 의사가 환자를 진찰하는 장면일 것이다. 독일어 단어 "촉진하다abtasten"는 여기에 딱 들어맞는 틀이다. 그러나 독자 입장에서 약간의 (지저분한?) 공상을 덧붙이면, 성추행 장면도 "촉진하다abtasten"의 불분명한 경계에 떠오를 수 있다.

물론 이 사례의 경우에, '번역자가 제삼자, 특히 경험 많은 교수자의 자극을 받게 되면 좀더 효율적인 시각화가 가능할까?'라는 물음이 제기된다. 나는 장면 유발의 의미에서 시각화의 방법을 종종 수업에 성공적으로 사용했다. 전문 번역가들이 실제로 번역하는 경우에 상황은 당연히 다르다. 그러나 까다로운 텍스트 부분에 부딪히면, 번역가들도 문제를 해결하기 위해 때때로 사무실에 함께 모여 앉아 시각화 방법을 시험해 볼 수 있을 것이다.

아마 경험 많은 번역가가 토론을 이끌고 자극을 줄 수 있을 것이다. 심지어는 장면 유발을 유도하는 교수자 없이 피실험자 두 명만으로 구성된 팀의 사례에서, 번역 해결책을 찾는 도중에 저절로 시각화가 이루어지는 것을 볼 수 있었다.

8 전문적인 문제 해결을 위한 번역

8장에서는 지금까지 다루었던 몇몇 주제들을 번역에 중요한 개념들과 연관시켜 정리해 보고자 한다.

8.1 관행과 성찰

나는 이 책에서 문제 해결 과정을 집중적으로 다루었다. 그러나 많은 사람들이 아마 다음과 같은 질문을 던질 수 있을 것이다. "번역을 할 때 늘 문제가 있나요? 아무 문제 없이 순조롭게 번역되는 경우도 자주 있지 않은가요?" 물론 그렇다. 그리고 그렇다면야 좋은 일이다. 그런 경우에 우리는 관행에 따라 번역하며, 예를 들어 흔히 사용되는 전문 용어나 특정한 미사여구, 숙어 혹은 예전에 사용했던 문장이나 순간적으로 떠오르는 문장들을 전부 활용할 수 있다. 또한 인터넷에 올라온 유사한 텍스트들을 활용해 언어적 구조를 검토하는 것도 일반적인 관행이다. 어떻게 그런 식으로 검토할 수 있는지는 이미 앞에서 여러 차례 보여 주었다. 번역이란 관행인 동시에 문제 해결이다. 번역학의 대가인 볼프람 빌스Wolfram Wilss는 번역 수업의 교수법에 대해 논하는 자리에서 이 두 개념의 조합에 커다란 의의를 두었다 (1996 참조).

나는 관행의 유용성을 인정하면서도 이 책에서는 문제 해결을 중점적으로 다루었다. 번역가들이 문제를 해결하는 과정에서 더 많은 어려움을 겪고, 또 그에 대해 할 말도 더 많을 것이기 때문이다.

관행과 문제 해결은 한스 회니히가 말한 반사와 성찰의 개념에 비교할 수 있다. 이 두 개념을 빌려서, 번역 과정이 어떻게 진행되는지 상당히 구체적이면서도 이해하기 쉽게 설명할 수 있다. 한스 회니히는 이것을 누구보다도 더 잘 설명한다.

> 번역 과정이란 언어적 반사와 방법론적 성찰의 공동 작업이라고 할 수 있다. 번역해야 하는 외국어 텍스트를 처음 읽는 순간이나 아니면 늦어도 '옮기는 작업'을 할 때, 번역자들이 깊이 생각하지 않은 모국어 표현이 대개는 자동적으로 떠오르는데, 이런 현상을 언어적 반사라고 한다. 이런 반사적인 현상이 중단되거나("무슨 뜻인지 모르겠는 걸.") 순조롭게 진행되지 않을 경우에("아니 그런 뜻은 아닌 것 같은데.") 항상 방법론적 성찰이 개입한다.
>
> 번역 과정은 반사와 성찰의 상호 협력을 통해 진행되는데, 적절한 시기에 반사를 성찰로 또는 성찰을 반사로 전환하는 것은 효과적인 번역을 위한 필수적인 조건이다. 이런 전환 과정은 번역자의 통제 의식에 의해 조절된다. 번역자의 의식은 성찰이 언제 번역자를 잘못된 길로 이끌었고 또 번역자가 언제 자신의 성찰을 믿을 수 있는지 말해 준다. 다시 말해, 번역자는 번역을 하면서 자기 자신과 끊임없이 대화를 나눈다. 일단 표현을 생각해 냈다가 다시 이 표현을 비판하는 과정을 여러 차례 반복하다 보면, 마침내 더는 이의의 여지가 없는 결정적인 해답을 찾아내어 옮

겨 적게 된다.(Hönig 1986: 230)

여기서 두 가지 사실을 강조하고자 한다. 첫째, 반사는 저절로 이루어지는 과정이다. 우리는 오래 애쓸 필요 없이 우리의 기억 속에서 즉각 특정한 표현을 불러낸다. 볼프람 빌스는 문제 해결의 경우에는 "의식적인 행동조정장치"가 작동하는 반면에 관행적인 번역의 경우에는 "자동조정장치"가 작동한다는 사실을 지적하면서 관행의 이런 특성을 정확하게 꼬집어 말한다(Wilss 1996: 50). 따라서 반사는 관행을 토대로 나타난다고 할 수 있다. 둘째, 회니히가 번역자들의 표현을 빌려 성찰이라고 설명하는 것은, 빌스가 말하는 "의식적인 행동조정장치"에 해당한다. 번역을 할 때 적당한 시기에 반사에서 성찰로 전환할 수 있다는 회니히의 주장은 아주 중요하게 여겨진다. 다른 말로 표현하면, 훌륭한 번역자는 강한 난기류를 헤치고 안전하게 비행하기 위해서는 언제 자동조정장치를 끄고 직접 조종간을 손에 쥐어야 할지 잘 안다. 즉, 의식적인 성찰을 통해서만 문제를 해결할 수 있으며, 성찰하지 않고서는 문제를 인식할 수 없다.

그림 1

관행과 단순한 반사는 번역상의 문제를 인식하지 못하도록 방해하는 걸림돌이 될 수 있다. 그러나 번역을 한 직후나 아니면 다음 날에야 비로소 문제가 있었던 사실을 알아차린다고 할지라도("아니 이런 뜻이 아닌 것 같은데" 또는 "어떻게 이렇게 썼지!"), 전혀 문제를 인식하지 못한 것보다는 낫다. "스스로를 감독하는 의식"이 존재한다는 사실은 아주 중요하다. 그래서 우리는 적어도 훌륭한 번역을 할 수 있는 기회를 갖게 되는 것이다. 5.5장에서 성찰의 정도와 번역의 품질이 밀접한 상관 관계에 있음을 이미 확인한 바 있다.

8.2 번역 기술과 전략

반사에서 성찰로 전환하는 경우에, 문제 해결의 기술과 전략을 활용할 수 있다. 1982년에 나는 《번역의 전략*Strategie der Übersetzung*》이라는 책을 한스 회니히와 공동 출간한 적이 있다. 우리는 훌륭한 번역으로 이끄는 목표 지향적인 사고를 전략으로 이해했다. 이런 목표 지향적인 사고는 여러 단계로 구성된다. 우선 번역이 도착 문화의 독자들에게 어떤 기능을 가질 것인지 결정해야 한다. 번역의 이러한 전반적인 기능은 각 단락이나 문장, 단어의 번역에 영향을 미친다. 번역의 기능과 전략에 관한 이러한 견해는 이제 그 효율성이 충분히 입증되었으며 또한 이 책의 근간을 이루고 있다. 나는 이 책의 여러 곳에서 그러한 다단계적인 전략적인 사고가 어떻게 나타나는지 보여 주려고 꾸준히 노력해 왔다.

기술은 여러 단계를 거치지 않는 사고 과정이라고 할 수 있다. 번역 기술의 몇 가지 예를 들어 보자면, 연어 원리를 참조하는 것이나 사전이나 인터넷을 조사해 보는 것, 장면을 떠올려 보는 것 등이 있다. 그러나 원형의미론자로서 우리는 전략과 기술 사이의 경계가 유동적이라는 사실을 잘 알고 있다. 기술 또한 하나 이상의 사고 단계를 필요로 할 수 있다. 흔히 사용되는 연어의 중요성은 언어 능력을 보여 주고자 하는 저자의 필요성과 각 텍스트의 조건에 달려 있다. 자료조사는 조사 대상이 텍스트 안에서 맡는 역할에 좌우되며, 연상된 장면에서 어떤 요소에 초점을 맞출 것인지는 각기 정신적인 표상이 문맥에서 담당하는 기능에 달려 있다.

이제 가장 중요한 전략과 이를 위한 기술을 간추려 보자.

이미 말한 바와 같이, 전략의 첫 단계는 번역이 어떤 기능을 맡을 것인지를 규명하는 데 있다. 번역을 의뢰받으면서 그 기능을 정하는 것이 바람직하다. 그러나 번역의 기능이 명확히 제시되지 않았다면, 번역을 의뢰한 사람에게 직접 물어보고 함께 상의하는 것이 좋다. 물론 의뢰인이 그 문제에 대해 깊이 생각하지 않고서, "알아서 번역하세요!"라고 할 경우도 고려해야 한다. 이럴 경우 번역가는 언어 소통 분야의 전문가로서 보다 상세하게 질문을 해서, 이를테면 의뢰인이 번역할 텍스트를 얼마나 중요하게 여기는지(가령 고급스런 팸플릿으로 출판할 것인지 아니면 사내에서 간단히 복사할 것인지) 알아내야 한다. 또한 번역물을 읽을 독자의 지적 수준이 어느 정도이며, 텍스트를 도착 문화에 어울리게 적절히 조절해야 하는지도 알아야 한다.

번역하기 어려운 텍스트 구절에 부딪히면, 텍스트의 전반적인 기능이 각기 텍스트 부분에 어떤 영향을 미치는지 숙고해 봐야 한다. 예를 들어 소설을 번역할 경우에는, 일반적으로 원문의 문학적 특성을 유지해야 한다. 이는 등장인물들이 하는 말을 통해 그들의 성격이 그대로 드러나야 한다는 의미다. 각기 텍스트 구절이 가지는 문체의 특성이 이런 관점에서 얼마나 중요한지는 이미 살펴본 바 있다(2.2장). 대중과학적인 실용 서적을 번역할 경우에는, 명료하고 쉽게 이해하는 것이 관건이다(6.3장 참조). 이 책에서 가장 자주 인용한 설문조사의 경우에는, 무엇보다도 답변이 잘못된 방향으로 빗나가지 않도록 주의해야 한다. 만일 그런 일이 발생하면 답변의 신뢰도가 떨어질 수 있기 때문이다. 이런 기본 원칙은 각기 문항의 단어를 선택할 때 중요한 영향을 미친다. 이 점에 대해서는 이미 여러 차례 반복해서 고찰했다.

번역의 문제를 야기한 텍스트 구절의 기능을 정확히 인식하기 위해서는, 먼저 전체적인 기능을 파악해야 한다. 만약 언어에 대한 지식이나 세계 지식이 부족하다면, 자료조사의 기술이 도움이 된다(4장). 하지만 이러한 자료조사에는 불필요한 정보를 찾느라 쓸데없이 시간을 낭비할 위험이 도사리고 있다. 이런 위험을 피하기 위해서는 필수적인 세분화의 정도를 기준으로 삼아야 한다. 필요한 정보를 선별하고 다루는 방법은, 이미 4.3장에서 마틴 애이미스와 오프라 윈프리의 사례를 통해 알아보았다.

이때 인지언어학의 모델들을 텍스트 분석과 결합하여 사용하면 도움이 된다. 이 모델들을 바탕으로 출발 텍스트의 문장을 어떻게 적절히 파악할 수 있는지 확인할 수 있으며, 또한 번역된 텍스트 구절이 도착어의 독자들에게 어떻게 이해될 것인지도 어느 정도까지 예측할 수 있다. 장면 유발의 기술을 활용해 텍스트를 더 명료하게 이해할 수 있는데, 이때 핵심 표상과 불분명한 경계라는 개념이 주요한 역할을 한다. 장면으로 떠올린 표상들을 언어로 옮기는 작업이 곧 번역의 작업이고, 6장에서 보았듯이 이 작업에는 어느 정도 창조성이 요구된다. 5.4장에서는 출발 텍스트의 장면들에 연쇄된 장면들을 언어로 옮길 수 있다는 것을 보았다. 장면으로 떠올린 표상들은 종종 시각적이다. 7장에서 설명한 대로, 정신적 눈으로 본 장면을 언어로 표현한다면 훌륭한 번역이 될 것이다.

8.3 번역 윤리

번역의 정확성에 대한 문제는 이미 3장에서 다루었는데, 이 문제는 곧 번역 윤리와 관계가 있다. 전문 번역가들을 위한 헌장이 1984년 국제번역가협회FIT(Fèdèration Internationale des Traducteurs, www.fitift.org/en/news-en.php)에 의해 제정되었다.

이 헌장에 번역가들의 권리와 의무가 명시되어 있으며, 제4장에서 번역의 정확성에 대한 문제가 중점적으로 다루어진다.

> Every translation shall be faithful and render exactly the idea and form of the original- this fidelity constituting both a moral and legal obligation for the translator.
> 모든 번역은 충실해야 하며 원문의 이념과 형식을 정확하게 옮겨야 할 것이다. 이러한 충실성이 번역가의 도덕적 법적 의무인 것이다.

'이념idea'과 '형식form' 및 '충실한faithful'과 '충실성fidelity'의 의미는 제5장에서 구체적으로 다루고 있다.

> A faithful translation, however, should not be confused with a literal

translation, the fidelity of a translation not excluding an adaption to make the form, the atmosphere and deeper meaning of the work felt in another language and country.

그러나 충실한 번역을 직역과 혼동해서는 안 된다. 충실한 번역을 한다고 해서 다른 나라와 다른 외국어로 된 작품에 나타난 형식이나 분위기 또는 심오한 의미를 표현하기 위한 적응을 배제하지는 않는다. (Chesterman 1997: 188에서 재인용)

제4장에서 말하는 내용은 번역학자들이 발표한 초기의 등가성 이론과 매우 흡사하다(3.2장). 제5장은 헌장을 제정한 사람들이 나중에 4장을 다시 돌아보고, '충실Treue'(성실성faithfulness, 충실성fidelity)의 원칙이 언뜻 생각되는 것처럼 그렇게 간단하지만은 않다는 사실을 깨달은 듯한 인상을 준다. '분위기와 심오한 의미atmosphere and deeper meaning'라는 개념은 형식 이면에 다른 무언가가 더 있으며 말하자면 한 단계 더 깊숙이 파고들어야 한다는 사실을 시사하는 듯 보인다. 여기서 의도하는 바를 의미론의 개념을 빌려 보다 명확하게 표현할 수도 있었을 것이다. 그러나 이 헌장에서는 그런 언어학적인 개념을 사용하지 않으려는 의도가 엿보인다. 모든 번역가들이 언어학에 대한 지식을 가지고 있다고는 기대할 수 없었기 때문일 것이다. 여기서 '적응adaption'이란 개념은 번역 기능에 대한 문제가 이미 제기되었다는 것을 암시하는 듯 보인다. 1984년에 이미 그런 문제들이 논의된 바 있었다.

국제번역가협회의 헌장에서 거론하는 "충실Treue"과 동의어인 "충실성Fidelität"이라는 개념은 학문적으로 번역 윤리를 논하는 자리에서도 늘 빠지지 않고 화제로 떠오른다. 이 개념들에는 분명 도덕적인 의미가 내포되어 있다. 이 개념들을 번역에 적용하는 경우에는, 번역가가 출발 텍스트와 도착 텍스트 사이에 적절한 관계를 만들어 내야 한다는 생각이 그 배후에 깔리게 된다(Chesterman 1997: 178). 체스터맨이 "충실Treue"이란 개념 대신에 사용한 "진실Wahrheit"(truth)이라는 개념에도 강한 도덕적 요소가 내재되어 있다. 특히 영어의 'truth'라는 단어는 실상을 표현한다는 의미에서 아주 적절하게 활용할 수 있다. 이런 의미에서 번역은 원전에 충실해야 한다.

체스터맨은 출발 텍스트와 번역의 관계를 여권 사진과 비교해 쉽게 설명한다. 우리는 여권 사진에 대해 "이 사진은 실물을 꼭 닮았다It truly represents its bearer"라고 말할 수 있다. 여기서 독일어로는 "꼭wahr"이라는 말을 사용하는 대신, "이 사진은 실물과 똑같다Das Photo ist wirklichkeitsgetreu"라고 말한다. 체스터맨은 'truth'라는 개념에 어느 정도 융통성이 있는 사실을 지적하지만, 나는 번역과 사진을 비교하는 것에 문제가 있다고 생각한다. 물론 사진사가 여러 가지 방법을 동원해 얼굴의 일정한 특성을 표현할 수는 있지만, 사진은 결국 기계 장치를 통해 만들어지는 것이다. 그러나 번역은 대부분 사람이 하는 일이다(이 책에서는 기계 번역은 다루지 않는다). 나는 인물과 사진 대신 인물과 초상화를 비교해 보고자 한다.

예술가는 인물을 충실하게 그대로 재현할 수는 있지만 반드시 그럴 필요는 없다(지금부터 예술에 대한 논문을 쓰려는 것이 아니라 단순히 문외한의 시각에서 서술하는 것이다. 우리들 대부분이 문외한이 아니던가). 많은 예술가들, 특히 현대 화가들은 각기 그리는 인물의 고유한 특성을 재현한다. 즉, 자신들이 본질적이라고 느끼는 것을 집중적으로 표현한다. 인지언어학자들은 화가들이 인물의 특성에 초점을 맞춘다고 할 것이다. 따라서 초상화에 대해 논평할 때는 대개 "정확히 묘사했다"라고 말하기보다는 "매우 닮았다" 또는 "전혀 닮지 않았다", "그 사람 특유의 표정이다", "화가가 인물을 제대로 표현했다"라는 식으로 말한다. 초상화의 경우, 우리는 화가의 주관적인 관점이 그림에 담겨 있다는 사실을 인정하며 심지어는 그렇게 되기를 바라기도 한다. 물론 그런 주관성에 제약을 가하기도 한다. 예를 들어 "이 초상화는 실물과 전혀 닮지 않았다"고 말하는데, 이런 말은 그림에 대한 긍정적인 평가가 아니다. 평범한 사람들에게 초상화는 실물과 관계 있는 것이기 때문이다. 추상화의 경우에, 일반 관람객들은 흔히 현실과의 관계를 만들어 내려 하지만("…처럼 보인다"), 이런 의미에서의 현실성은 존재하지 않는다.

텍스트를 이해하고 번역하는 것도 주관성의 영향을 받는다. 이해한다는 것은 눈앞에 놓인 텍스트와 경험을 바탕으로 기억 속에 저장된 지식의 상호 작용이라는 사실을 우리는 이미 앞에서 누누이 보았다. 그리고 이것을 하향정보처리과정과 상향정보처리과정의 공동 작용이라고 불렀다. 기억 속에 저장된 지식이 함께 작용하는 탓에, 우리의 이해는 어쩔 수 없이 주관적일 수밖에 없다. 누구나 각자 나름대로의 지식을 소유하고 있기 때문이다.

그러나 우리는 완전히 주관적으로만 이해하지는 않는다. 이해와 번역에서 텍스트는 초상화에서 묘사해야 하는 인물에 해당한다. 우리 앞에 문자로 쓰인 출발 텍스트가 놓여 있고, 바로 이것은 우리가 자유롭게 이해하고 번역할 수 있는 여지를 제한한다. 종종 하나의 텍스트 구절에 대한 여러 가지 해석이 가능하지만, 텍스트가 실수나 고의에 의해 다의적이지 않다면(결함 있는 텍스트에 대해서는 앞으로 다시 논하게 될 것이다), 일반적으로 나머지 해석들보다 더 타당성 있는 해석이 있기 마련이다.

각기 단어들을 이해하게 되면, 해당 단어에 의해 일깨워진 장면의 핵심 표상들에서 적절한 해석을 찾을 수 있다. 그리고 이런 단어들을 번역하는 경우에는, 핵심 표상을 언어로 표현하는 것이 효율적인 전략이다. 어떻게 핵심 표상을 장면 요소를 사용해서 특정 단어를 통해서든, 바꿔 쓰기를 통해서든 언어로 표현할 수 있는지에 대해서는 3장과 5장, 6장에서 살펴보았다. 화가도 얼굴의 특성을 화폭에다 옮기려 할 때 이와 비슷한 방법을 시도할 것이다. 이를 위해서도 많은 기술적인 가능성이 있다.

번역과 초상화의 비교를 잠시 더 계속해 보자. 어떤 화가가 특징적으로 여기는 것이 다른 화가에게는 그렇지 않을 수도 있다. 두 명의 화가가 동일한 인물을 그릴 경우에, 결과적으로 두 개의 서로 다른 그림이 나올 뿐만 아니라 인물의 특성이나 얼굴에 대한 해석도 제각각 서로 다르다. 두 명의 번역가가 동일한 텍스트를 번역할 경우에도, 결과적으로 두 개의 서로 다른 번역물이 나온다. 그러나 두 개의 그림에서 원래의 인물 모습을 다시 알아볼 수 있듯이, 두 개의 번역물에서도 동일한 출발 텍스트를 인식할 수 있다.

"하지만 인식하다는 말로는 조금 미미하다"고 말할 사람이 있을지도 모른다. 사실 여기서 그림과 번역의 유사 관계를 끝까지 파헤칠 수는 없다. 여러 화가가 동일 인물을 그린 그림들보다는 여러 번역가들이 동일한 텍스트를 옮긴 번역물들이 근본적으로 더 비슷비슷할 것이다. 화가들에게는 가장 적절한 인물 분석이 존재하지 않는다. 그러나 원형의미론을 텍스트 이해의 이론적인 토대로서 활용하면, 가장 적절한 텍스트 해석은 존재한다. 범주나 장면의 핵심 표상 안에서 움직이는 해석이 가장 적절하다. 텍스트를 도착어로 얼마나 정확하게 표현할 것인지를 결정하는 것은 바로 이런 핵심 표상들이다.

번역과 초상화의 비교를 유용하게 활용하려면, 실제 인물에 비슷하게 그리려고 노력하는 화가들로 그 범위를 제한할 필요가 있다. 번역물은 실제

인물과 유사한 초상화와 같기 때문이다. "유사한Ähnlich"은 양적인 개념이다. 초상화는 대체로 실제 인물과 유사하다. 마찬가지로 번역물도 대체로 출발 텍스트와 유사하다. 체스터맨은 고무 밴드의 절묘한 비유를 빌려서 이것을 설명한다. "출발어와 도착어의 관계는 탄력이 있어야 하지만, 그 고무 밴드가 완전히 절단되어서는 안 된다Source-target relations are elastic; but the elastic must not be cut completely"(Chesterman 1997 180쪽). 3장에서 'other practitioner'는 "그 밖의 건강 전문가 또는 대체의학 의사"라고 더 상세하게 묘사하고, 'meet socially'는 "만나다treffen sich"로 더 짧게 표현했던 것을 생각해 보라. 따라서 "성실"과 "충실성"의 개념이 너무 막연하다는 사실을 분명히 알 수 있다.

그러므로 국제번역가협회 헌장의 윤리 항목을 좀더 상세하게 구체적으로 표현할 수 있을 것이다.

> 출발 텍스트를 이해하는 과정에서 비록 온갖 주관성이 개입할 수는 있지만, 출발 텍스트의 타당한 해석이 번역의 토대를 이루어야 한다. 번역해야 하는 개념들의 핵심 표상이 충분히 반영되었다면, 그 해석은 타당한 것이다. 번역의 정확도는 바로 이런 핵심 표상에 달려 있기 때문이다.

초상화와 번역은 화가나 번역자의 기분이나 의욕에 따라 쉽게 만들어지는 것이 아니라 상황에 따라 달라진다. 예를 들어 작품을 의뢰한 사람이 화가에게 원하는 조건을 구체적으로 제시할 수 있다. "제 아내를 그려 주십시오! 하지만 무엇보다도 아름답게 그려야 합니다." 이런 경우에 의뢰자의 부인이 화가의 눈에 어떻게 보이는가는 중요하지 않다. 화가가 보수를 받으려면, 설령 부인의 코가 무척 길고 입이 크다 하더라도 아름다운 모습으로 그려 낼 것이다. 이와 마찬가지로 번역가 또한 의뢰 조건을 준수하는 것이 최소한 바람직하다.

번역 의뢰 조건에 관해서도 이미 앞에서 여러 번 논한 적이 있다. 번역 의뢰 조건이 번역의 기능을 결정하는데, 이 점에 대해서는 더 이상 말할 필요가 없을 것이다. 그러나 윤리나 성실성과 관련해서, 기능의 개념이 타당한 해석보다 우선한다는 사실을 짚고 넘어가야 한다. 다시 말해 해석한 내용을 언어로 옮기는 방법은 기능에 좌우된다는 의미다. 만약에 내가 전문가들을 위한 전문 텍스트를 번역한다면 개념과 관련된 핵심 표상들을 전문용어로 표현하려고 할 것이고, 일반 독자들을 위한 텍스트를 번역한다면 핵심 표상들을 상황에 맞게 바꿔 쓸 것이다. 이 책에서 거듭 사례로 제시한 설문조사의 경우에, 번역 의뢰 조건은 예를 들어 1.5장에서 다음과 같았다. "도착 텍스트의 질문들이 출발 텍스트에서와 똑같은 기능을 하도록 번역하십시오. 필요한 경우에는 질문들을 도착 문화에 맞게 적절히 바꾸어 주십시오!" "충실"이라는 개념을 곧이곧대로 이해하게 되면 문화적인 적응과 합치할 수 없다는 사실은 분명하다. 먼저 출발 텍스트의 단어에 결부된 원형적인 장면들을 떠올린 데 이어서, 이에 상응하는 도착 문화의 원형적인 장면들을 일깨우는 번역어를 찾아내는 것이 중요하다.

의뢰인이 화가에게 실물과는 다르더라도 무조건 아름답게 그려야 한다고 말한다면, 번역의 경우에도 이와 유사한 상황이 있다. 번역 의뢰인이 "비록 출발 텍스트는 그렇지 못하더라도, 되도록 아름답고 명료하고 적절한 표현으로 옮겨 주십시오!"라고 말할 수 있다. 이것은 출발 텍스트의 품질을 개선하려는 뜻이 분명한 의뢰 조건이다. 이 점에 대해서는 곧 상세히 논하게 될 것이다.

그러므로 번역 의뢰 상황을 고려하는 항목 하나를 윤리 규범에 더 첨가할 수 있을 것이다.

> 번역은 전반적으로 수용자를 고려한 전체 기능에 상응하도록 표현되어야 한다.

8.4 품질 관리와 평가

우리는 앞에서 많은 번역 사례들을 살펴보았으며 그와 동시에 번역에 대한 평가도 내렸다. 번역 수업에서 평가는 중요한 역할을 한다. 번역을 연습하는 과정과 필기시험에서 다양한 번역물들을 비교하고, 그중 몇몇 번역을 좋은 번역 아니면 적어도 괜찮은 번역으로 제시해야 한다. 번역 시험에서는 주로 오역을 근거로 평가하지만, 때로는 훌륭하게 번역한 텍스트 부분을 평가의 기준으로 삼기도 한다. 실제 번역 실무에서는 번역문을 최종적으로 한 번 더 정독하고, 필요한 경우에는 수정한다. 설문지를 번역할 때에는 이 단계에서 많은 시간이 소요된다.

번역 평가 및 이를 위한 방법은 번역학의 한 분야로 확고하게 자리 잡고 있다. 이와 관련해 메리 스넬-혼비 등이 편집 출간한 《번역 길라잡이》(1998) 108-114쪽을 참고하면 좋을 것이다. 그 가운데 몇 가지 주요한 사항을 여기서 요약해 보려 한다.

번역의 품질 관리는 일단 체계적으로 이루어져야 한다. 품질 관리는 번역물을 "만들어 내는 과정"의 특정 시기에 확실하게 행해져야 한다. 번역 회사들이 오늘날 필요한 자격 수준에 도달하려고 노력하는 경우 이것은 특히 중요하다. 자격 수준은 국제표준기구 ISO의 9000 이하와 독일표준협회의 DIN2345의 규정을 따르는데(Schmitt 1998b: 394ff. 참조), 2006년부터는 DIN2345 대신 유럽 규정인 EN15038이 통용되고 있다. 교정(품질 평가)은 보통 번역 종료 후에 시행된다. 많은 번역가들이 함께 모여 일하는 번역 사무실에서는, 일반적으로 동료들끼리 서로 교정을 한다.

그림 2

사회과학 분야의 설문지를 번역하는 경우에 품질 관리가 어떻게 진행되는지에 대해서는 이미 3.2장에서 간단히 설명해 두었다. 앞에서 언급했던 TRAPD 방법에서는 훌륭한 번역물을 만들어 내기 위해 번역, 검토, 적절한 문장 선별, 테스트, 기록의 여러 단계를 거친다. 대개 두 명의 번역가가 먼저 출발 텍스트를 번역하면, 다른 여러 사람이 모여 앉아 두 번역 중 하나를 선택한다. 이런 과정을 통해 비교적 믿을 만한 객관적인 번역이 보장되는 것이다. 이처럼 이상적인 절차를 밟는데도 이해와 번역의 문제점이 있을 수 있다는 사실을 4.4장에서 '*nowadays*'와 '*government*'의 번역 사례를 빌려 보여 주었다.

프리랜서로 혼자서 번역하는 사람은 대개 스스로 직접 수정을 해야 한다. 학생들이 집에서 번역 숙제를 해야 하는 경우에도 이런 상황이 자주 발생한다. 직접 수정하는 경우에 문제가 따른다는 사실은 새삼 말할 필요조차 없다. 누구나 자신이 쓴 것에는 익숙해져서 문제점이 눈에 띄지 않을 때가 많다. 자신이 쓴 문장을 어느 정도 거리를 두고 읽어야 하는데, 시간적으로 간격을 두고 읽으면 좋다. 번역 후 하루쯤 지나서 교정을 하게 되면, 곧바로 교정하는 것보다 더 많은 오역을 발견할 수 있다.

번역 사무실에서 번역의 품질을 검사하는 경우, 교정은 최종 단계에 속한다. 창의적인 과정의 네 단계 모델에서도 평가는 마지막 단계에 속한다(6.2장 참조). 그러나 6.4장에서 대화 프로토콜을 통해 보았듯이, 네 단계가 엄격하게 순서를 따르는 것은 아니다. 번역은 네 단계를 서로 넘나들며 이루어진다. 그러므로 무조건 번역부터 하고 나서, 마지막에 모든 것을 한 번 더 검토하는 식은 결코 아니다. 문제점을 해결하는 과정에서 그때그때 떠오르는 생각들을 수시로 검토하고, 마지막에 가서 한 번 이상 다시 살펴보아야 한다. 번역 과정을 항상 비판적인 시각으로 지켜보아야 한다. 나는 이 점을 명시적으로 지적하지는 않았지만, 번역의 문제를 토론할 때마다 이런 깨어 있는 비판 의식이 결정적인 도움이 되었다.

번역학자들이 번역 평가의 척도에 관해 집필한 저서들도 시중에 나와 있다. 카타리나 라이스Katharina Reiß의 《번역 비평의 가능성과 한계*Möglichkeiten und Grenzen der Übersetzungskritik*》(1971)가 이 분야 최초의 전문 서적인데, 현재 번역학의 고전으로 자리 잡았다. 카타리나 라이스는 번역가들을 위해서 출발 텍스트의 텍스트 유형을 평가의 기준으로 제시한다. 간략히 소개하자면, 내용을 강조하는 텍스트의 경우에는 강조된 내용을 잘 살리고, 형식을 강조하는 텍스트 유형에서는 미학적인 수준을 그대로 살려 주는 것이 바람직하다는 것이다. 또 호소력을 강조하는 텍스트에서는 언어 외적인 효과를 노려야 한다는 것이다(Kaindl 1998: 373 참조). 그러므로 번역가의 시선은 언제나 출발 텍스트를 돌아보아야 한다.

스코포스 이론 내지는 기능적인 관점을 토대로 번역하는 경우에는, 번역문의 텍스트 유형이 출발 텍스트의 텍스트 유형과 일치하지 않을 수도 있다. 그런 사례들을 앞의 2.3장에서 기능 변환과의 관계에서 설명한 바 있다. 그러나 이 책에서 제시하는 나머지 대다수의 사례들에서는 기능 불변이 문제되었으며, 텍스트 유형에 따른 접근법은 오늘날까지도 성찰의 좋은 토대를 제공한다. 번역의 문제가 발생하는 경우에, 텍스트의 유형이 각각의 텍스트 부분에서 어떻게 나타나는지 생각해 볼 수 있다. 예를 들어 사회과학적인 설문지는 내용을 강조하는 텍스트에 속하는데, 도착 텍스트를 읽는 답변자가 무엇보다도 질문의 내용을 이해하는 데 어려움이 없어야 한다. 더 정확히 말하면, 설문이 어떤 정보를 요구하는지 답변자들이 쉽게 인지할 수 있어야 한다. 카타리나 라이스의 저서가 출판될 때만 해도, 원형의미론이나 신-프레임 의미론은 존재하지 않았다. 이러한 이론들은 텍스트의 정보 내용을 의식할 수 있도록 많은 도움을 준다. 번역가가 이해한 장면이 도착 텍스트에서 적절히 재현되었는지, 번역 평가와 관련해 지금까지 거듭 살펴보았다.

번역을 가르치는 교수자들은 필기시험 답안지에서 발견한 오류를 분류하고 평가해야 한다. 번역 실무 현장에서는 감독관이 이런 역할을 맡을 수 있다. 이 책에서는 오역에 대해 많이 다루기보다는 어떻게 하면 좋은 번역을 할 수 있는지 그 방법을 집중적으로 파고들었다. 그러나 예를 들어 1장에서처럼 오역을 분석할 경우에는, 오역이 의사소통에 미치는 부정적인 영향을 설명하려고 했다.

이 책은 번역 교수법이 아니라 번역 교재의 용도로 집필했기 때문에 오역의 등급을 매기는 문제에 대해서는 그리 상세히 다루지 않았다. 다만 언어학적으로 설명할 수 있는 오역의 유형들을 산술적으로 계산하는 방법에는 문제가 있다는 점만을 밝히고 싶다. 이를테면 정서법 실수는 0.5점, 문법 실수는 1점, 관용어 실수도 1점, 의미론적인 실수는 2점으로 계산하는 방법 말이다. 여기서 중요한 것은 오역이 전체 텍스트에 미치는 영향이라고 생각한다. 단순한 정서법 실수도 경우에 따라서는 문장의 의미를 흐리게 할 수 있으며, 그 결과 단어나 문장, 단락, 심지어는 텍스트 전체에 부정적인 영향을 미칠 수도 있다. 오역을 곧바로 유형별로 분류해서 등급을 매기는 것이 편하긴 하지만, 개개의 경우에 대개는 한 번의 실수가 얼마나 부정적인 영향을 미치고 얼마나 심각한 결과를 낳는지 깊이 생각하지 않을 수 없다. 심각한 오역일수록 그 비중도 커지는 법이다. 다른 책에서 나는 텍스트를 실례로 들어, 오역이 미치는 영향이라는 원칙에 따른 평가 방법을 소개했다(Kußmaul 1995: 127-148). 그 외에도 노르트의 《교정의 투명성*Transparenz der Korrektur*》(Nord 1998), 메리 스넬-혼비 등이 공동 편찬한 《번역 길라잡이》에 실린 회니히의 〈인간 번역(임상과 진단)〉(Hönig 1998b), 카우츠(Kautz 2000: 277-286)의 《통번역 교수법 안내서*Handbuch Didaktik des übersetzens und Dolmetzens*》에 실린 '번역 평가'의 장을 참조할 수 있을 것이다.

앞에서 소개한 도착어 표현들 가운데는 창의적인 것들도 가끔(아니 어쩌면 자주) 섞여 있었다. 직접 자신의 번역을 평가할 때, 창의적인 표현이라는 생각이 들면 기쁘기 마련이다. 창의적인 생각이 떠오르면, 대부분 행복감으로 이어진다. 따라서 창의적인 해결책에 대한 우리의 입장은 긍정적이다. 다른 사람들의 번역을 검토하거나 평가하는 경우에도 이런 긍정적인 입장을 견지해야 한다고 이 자리에서 분명하게 강조하고 싶다. 번역을 평가하는 역할을 맡게 되면, 표면적인 유사함만을 척도로 삼을 것이 아니라 외관상 유사해 보이지 않는 것들도 의도된 뜻을 적절히 표현할 수 있지 않을까 거듭 되돌아봐야 한다.

번역 수업 시간에 나는 먼저 창의적인 해결책에 가산점을 주고 나서 잘못된 부분의 점수를 제한다. 이것은 말할 것도 없이 아주 간단한 방법이어서 좀더 정교하게 다듬을 수 있을 것이다. 그러나 어쨌든 이 방법을 통해서 창조적인 해결책의 양을 가늠할 수 있다.

주자네 하게만은 영어를 독일어로 옮겨본 경험을 토대로—이때 독일어는 외국어였다—창의적인 성과를 평가하는 문제에 대해 깊이 고찰했다. 이러한 고찰들은 물론 모국어로 옮길 때에도 응용할 수 있다. 주자네 하게만은 오역 평가의 경우처럼 창의적인 성과를 평가하는 경우에도 그 영향력의 범위를 기준으로 삼을 수 있지 않을까 문제를 제기하면서, 아주 유용해 보이는 두 가지 범주를 제안한다.

1. 출발 텍스트의 표현이 출발어, 출발 문화 등의 주변 환경에 적합하듯 도착어, 도착 문화, 번역 의뢰 조건에 적합하게 표현하는 창의적인 해결책.
2. 텍스트를 개선하는 창의적인 해결책.

하게만은 텍스트를 개선하는 창의적 해결책을 그 영향 범위에 따라 구분하고 평가한다.

a) 미시적 차원에서 텍스트를 개선하는 경우, 두 개 이하의 연이어지는 문장을 검토한다. b) 거시적 차원에서 텍스트를 개선하는 경우, 세 개 이상의 연이어지는 문장들을 검토한다(Hagemann 근간).

여기에서 창의적 성과에 대한 평가를 다룬 것은, 내가 학생들을 가르쳐 본 경험을 바탕으로 긍정적인 평가가 배우는 사람들에게 심리적으로 중요한 영향을 미친다는 사실을 잘 알고 있기 때문이다. 이는 경험 많은 동료에게 평가를 받는 번역가들의 경우도 마찬가지일 것이다. 창의성을 인정받은 사람은 당연히 많은 자부심을 갖게 되기 마련이다. 이런 자부심이 성공적인 번역에 얼마나 중요한지는 이미 5.3장에서 충분히 살펴보았다.

8.5 출발 텍스트가 미진할 때

출발 텍스트를 개선할 수 있다고 방금 앞에서 말했는데, 이 주제에 대해서도 그 전에 이미 여러 차례 거론한 바 있다. 3.3장에서 목이 아플 때 누구에게 조언을 듣거나 치료를 받을 것이냐는 질문에 대해 'other practitioner'라는 답변은 너무 모호하므로 출발 텍스트를 좀더 상세하게 표현해야 했다고 지적했다. 또한 5.4.5장에서 피실험자 마르쿠스는 은유적 표현을 적절히 통일함으로써 출발 텍스트를 개선하는 동시에 "여행"이라는 전체 장면을 주도적으로 활용해 번역했다.

학생들은 종종 이런 질문을 던진다. "출발 텍스트를 마음대로 고쳐도 되나요? 그건 우리가 할 일이 아닌 것 같은데요. 텍스트의 저자는 따로 있잖아요." 이런 질문의 배후에는 대부분 출발 텍스트를 "성스러운 원전"으로 여기는 생각이 숨어 있는데, 그러면 문학 작품이나 "성서"가 머리에 떠오른다. 셰익스피어나 워즈워스, 데이비드 로지의 작품을 번역하는 경우에, "원문의 의미가 명확하지 않아서 조금 고쳐 번역해야겠어요"라고 말하는 사람은 물론 아무도 없을 것이다. 그러나 사용설명서, 제품 안내서, 대중과학적인 기사, 실용서, 혹은 이 책에서 자주 인용한 설문지 같은 실용적인 텍스트들의 문장은 늘 이상적이지만은 않다. 텍스트를 번역하려고 읽다 보면(1.5장의 'sub specie translationis'를 상기하라), 결함이 특히 분명하게 드러난다. 수업 시간에도 종종 이런 경험을 한 적이 있다. 예를 들어 얼핏 적절하게 표현된 듯 보이는 신문 기사를 번역할 때에도, '대관절 무슨 생각으로 이렇게 쓴 거야, 이 부분의 뜻이 너무 모호해, 도대체 부문장이 어디에 걸리는 거야' 이런 등등의 의문이 생긴다. 우리 자신이 직접 쓴 글의 경우에도 이런 일이 자주 발생한다. 직접 쓴 텍스트를 다시 한 번 읽어 보면, 어딘가 고쳐야 할 부분이 항상 눈에 띄기 마련이다. 페터 슈미트Peter A. Schmitt(1998)의 말을 빌리면, "차선책으로" 표현된 구절이 거의 모든 텍스트에서 눈에 띈다(여기서 "차선책"이라는 말은 부족하다거나 "형편없다"는 뜻이 아니라, 텍스트를 좀더 고쳐서 정교하게 다듬을 수 있다는 의미다).

그렇다면 이것은 원문에 대한 충실성과 앞에서 논한 번역가의 윤리적 책임하고 어떤 관계에 있는가? 크리스티아네 노르트Christiane Nord는 '충실'이라는 개념에 "성실Loyalität"이라는 개념을 첨가했다. 번역가는 출발 텍스트에 대한 의무만이 아니라 번역 의뢰인이나 출발 텍스트의 저자, 번역된 텍스트를 읽을 독자에 대해서도 성실해야 할 의무를 진다. 만약 번역자가 'GIGO 원칙'[1]에 따라 번역한다면(Schmitt 1998: 148), 그 누구에게도 도움이 되지 못할뿐더러 충실의 원칙도 준수하기 어려울 것이다.

1 〔옮긴이〕 'garbage in, garbage out'의 약자. 원래 전산 분야에서 널리 사용되는 용어로, 완전하지 못한 프로그램을 입력하면 완전하지 못한 답을 얻는다는 원칙을 말한다. 번역에서는, 출발 텍스트가 혼란스럽고 비논리적인 정보를 담고 있으면 양질의 번역물이 나오기 어렵다는 것을 뜻한다.

실용적인 텍스트의 저자는 자신의 글이 아무 문제 없이 의도한 대로 이해되기를 바란다. 성실성은 이런 바람이 충족되는 것을 뜻한다. 물론 이해와 해석의 문제에 대해서는 여러 가지 생각이 있을 수 있고, 또 문학 텍스트의 수용사를 살펴보면 한 작품에 대해서도 시대에 따라 해석이 크게 달라지는 것을 알 수 있다. 이런 생각을 끝까지 파고들면, 독자들의 수만큼이나 다양한 해석과 다양한 의미가 나올 것이다. 원형의미론자들에게는 항상 핵심 표상이라는 것이 존재하는데, 나는 이런 핵심 표상을 이따금 타당한 해석이라는 말로 표현했다. 실용 텍스트의 경우에는, 타당한 해석을 찾아내는 데 별 어려움이 없다. 그러나 번역가의 입장에서 볼 때는, 텍스트를 좀 달리 표현했더라면 독자들이 타당한 해석을 하기가 보다 쉬울 텐데 하는 아쉬움을 느낄 때가 있다.

번역가들이 옮기게 되는 텍스트들은 대부분 엔지니어나 경영 전문가, 의학자, 행정관과 같은 각 분야의 전문가들에 의해 저술된다. 이들은 글을 전문적으로 쓰는 사람들이 아닐 때가 많다. 아니, 사실은 대부분 아닐 것이다. 그 반면에 훌륭한 번역가들은 텍스트 전문가들로서, 적어도 두 개 이상의 언어와 문화에 대한 전문적인 지식을 갖추고 있다. 따라서 텍스트의 결함을 제거하는 능력을 갖추고 있을 뿐 아니라, 어떤 텍스트든 늘 개선의 여지가 있다는 사실을 잘 알고 있어서 자신의 개선안을 적절히 제안하는 데 필요한 겸손함도 지니고 있다.

텍스트를 개선할 필요가 있을 경우에는, 번역가가 번역 의뢰인이나 출발 텍스트의 저자와 의논을 하는 것이 바람직하다. 이것은 그 저자가 앞으로 쓰게 될 텍스트에도 영향을 미칠 수 있다. 예를 들어 설문지를 번역하는 과정에서 번역 팀들은 출발 텍스트를 좀더 이해하기 쉽게 썼더라면 좋았을 것이라고 자주 말하곤 했다. 지나치게 추상적인 개념들이 많아서 응답자가 설문의 의도를 빠르고 쉽게 이해할 수 없겠다는 판단이 들었다.

그래서 설문지를 번역한 팀은 설문지를 작성한 사회학자들에게 이런 생각을 제안했으며, 그동안 그 개선안은 설문지 제작진에게 긍정적으로 받아들여진 듯 보인다. 국제 사회조사 프로그램(ISSP) 2007에서는 특히 여가 활동을 주제로 설문 조사를 벌였는데, 그 가운데 문화 행사에 참여하는 것과 관련한 질문이 있었다. 만일 옛날식으로 출발 텍스트를 작성했더라면 이렇게 물었을 것이다.

> How often do you attend cultural events?
> 문화 행사에 얼마나 자주 참여하십니까?

그러나 이제는 이렇게 물었다.

> How often do you attend cultural events such as concerts, live theatre, exhibitions?
> 음악회나 연극, 전시회 같은 문화 행사에 얼마나 자주 참여하십니까?

국제 사회조사 프로그램에서 이처럼 구체적으로 실례를 들어 가며 질문하는 것을 자주 볼 수 있다. 이것은 번역가와 출발 텍스트 저자의 효율적인 협동을 위한 첫걸음이라고 생각한다.

8.6 전문적 논증

법률가나 의사, 엔지니어들이 직업적인 주제로 대화를 나눈다면, 학술적인 전문 용어나 전문가들이 쓰는 논증 방식을 자주 활용하게 된다. 이 경우 문외한의 입장에서는 대부분 이해하는 데 문제가 생길 것이다. 따라서 이들 전문가들은 의사소통에 능숙하다면 의뢰인이나 환자, 고객과 대화를 나누는 동안 전문 용어의 사용을 자제하거나, 전문 용어가 나오더라도 일반 고객에게 쉽게 설명을 해 주려고 한다. 그 결과 이들은 전문가의 말을 쉽게 이해할 뿐 아니라, 대부분 깊은 감명을 받게 된다.

번역자들이 번역상의 문제점을 서로 의논할 때, 전문적인 용어를 사용하는 경우는 의외로 드물다. 일반인들과 대화할 때는 더욱 그렇다. "독일어 · 영어 · 프랑스어로는 바로 그렇게 말해요." "느낌이 괜찮은데요." "어쨌든 나쁘지는 않은 것 같아요." "정말 적절한 단어인데요." "문장의 의미를 제대로 살리지 못한 것 같아요." 이런 말은 일반인들도 충분히 할 수 있으며, 그다지 전문적으로 들리지 않는다.

학생들은 다음과 같은 질문을 자주 한다. "왜 이런 이론을 전부 알고 있어야 하나요?" 그들의 질문에 이렇게 대답할 수 있다. "여러분은 대학생입니다. 대학에서는 모든 사실에 논리적 근거를 제시해야 합니다. 하지만 중요한 것은 그게 아닙니다. 여러분들이 나중에 직장에서 논증을 해야 할 경우가 생기면, 이런 논리적인 방식이 필요합니다. 이때 여러분이 해명하려는 사태에 대한 사유 모델과 정확한 개념이 필요하게 되죠. 동료나 의뢰자에게 그런 문제를 입증하려면 이와 같은 모델과 개념이 필요합니다. 특히 이런 논증 방식을 통해 여러분의 노련한 전문성이 드러날 수 있습니다."

여기서 중요한 사실은 번역하는 사람들은 메타 능력, 다시 말해 메타언어적인 능력을 갖추어야 한다는 것이다. 여러분들은 각자의 생각, 특히 언어적 사고를 표현할 수 있는 능력을 갖추는 동시에 이런 능력을 상세하고 생생하게 실현할 수 있어야 한다. 이런 능력을 키우는 것이 번역 교육에서 추구하는 목표 중 하나이다(물론 통역 교육도 마찬가지이다)(Schäffner 2005: passim). 하지만 어떻게 말로 표현하는가가 중요한 관건임을 다시 한 번 밝혀 둔다.

나는 이 책의 모든 장에서 번역학과 언어학의 전문 개념을 소개했으며, 그 외에도 언어적 인지 과정을 표현하는 데 필요한 논리적 모델도 다루었다. 예문을 설명할 때나 과제 해결 방안을 제시할 때 이런 개념과 모델을 사용했을 뿐 아니라, 전문적인 논증도 제시했다.

지금까지 독자 여러분은 여러 종류의 개념과 모델들을 경험하게 되었으니, 앞으로는 동료들과(이를테면 여러분들처럼 이 책을 읽은 사람들과) 번역 문제를 논의할 때 이런 것들을 모두 활용할 수 있을 것이다. 하지만 출발 텍

그림 3

스트의 저자나 의뢰인과 상담할 때 전문 용어를 너무 남용하지 않기 바란다. 전문 용어를 남용하다 보면 듣는 사람은 이해하기도 힘들 뿐 아니라, 불쾌한 기분이 들 수도 있기 때문이다. 그러므로 전문 용어나 모델 유형을 사용할 때는 매우 신중해야 한다. 그러기 위해서는 상황을 잘 헤아려서 직감적으로 이해해야 한다. 많은 전문 용어들을 사용하고, 또한 그 용어들을 상세히 설명할 때도 있겠지만, 때로는 전문 용어를 사용하지 않고서도 가능할 것이다.

지금까지 명시적으로 말하기보다는 많은 실례를 빌려 전문적으로 논증했지만, 여기에서 다시 한 번 구체적으로 그 과정을 보여 주고자 한다. 아래의 사례는 적절한 번역을 시도하는 과정을 다루고 있는데, 8.4장에서 확인했듯이 중간 단계에서 문제 해결을 평가하는 것과 연계된다. 이 과정에서 내가 번역학 전문가의 역할을 넘보았다면 너그럽게 이해해 주기 바란다. 사실은 그 역할을 맡았다고 할 수 있다.

'정부의 역할Role of Government'이라는 주제를 다룬 《국제 사회 조사 프로그램*ISSP*》(2006)의 한 단락을 번역하는 일을 놓고 설문조사 번역가들과 토론을 벌인 적이 있다고 4.4장에서 말한 바 있다. 그 단락에 다음과 같은 질문이 있었다.

> How successful do you think the government in [Country] is nowadays in controlling crime?
> 요즘 정부의 범죄 관리는 얼마나 성공적으로 이루어진다고 생각하십니까?

우리는 이 질문에 나오는 '범죄crime'를 어떻게 번역할 것인가 고민했다. 이 단어에 해당하는 적절한 독일어 표현은 "범죄Verbrechen"와 "범법Kriminalität" 두 개가 있다. 우리는 먼저 다음과 같이 번역했다.

> 요즘 독일 정부의 범죄 예방 정책은 얼마나 성공적으로 이루어진다고 생각하십니까?
> Was meinen Sie, wie erfolgreich ist heutzutage der deutsche Staat bei der Verbrechensbekämpfung?

여기서 "범죄 예방"이라는 단어가 좀 회의적으로 느껴졌다. 이 책에서 소개했던 전문 어휘를 사용했더라면 다음과 같이 말했을 것이다. "이것은 전형적인 분기의 상황입니다. 유사 동의어로 보이는 두 개의 어휘소 가운데 하나를 결정하기 위해, 신-프레임 의미론의 방법들을 동원해 의미론적 분석을 실시해야 합니다. 우리의 세계 지식에서 떠오른 '범죄' 장면은 과연 어떻게 보일까요? 이 범주를 대표하는 원형적인 것들은 무엇일까요? 또한 이런 물음도 제기할 수 있습니다. '*crime*'이라는 범주를 대표하는 원형적인 것들 가운데 무엇이 설문조사의 맥락에서 가장 많이 떠오를까요? '*crime*'에 의해 연상되는 표상들을 '범죄'의 표상들과 비교한다면, 이 임시 번역을 평가할 수 있으며, 필요한 경우 새로 번역할 수도 있을 겁니다."

물론 나는 이런 식으로 말하지는 않았다. 첫째, 만약 그렇게 말했다면 언어학자도 번역학자도 아니었던 상대는 거의 이해하지 못했을 것이다. 둘째, 전문가들끼리라 해도 그런 식의 대화는 너무 현학적이었을 것이다. 그래서 나는 다음과 같이 질문을 유도했다. "'*crime*'에 해당하는 독일어는 '범죄Verbrechen'와 '범법Kriminalität' 두 가지가 있는데, '범죄'란 단어에서 무엇이 연상되나요?" 이 질문에 "살인", "약탈", "폭행", "신체 부상을 동반한 절도 행위" 등 폭력이 중요한 역할을 담당하는 것들이 거론되었다. 이런 예들은 "범죄"의 범주를 원형적으로 대표하는 것이라고 볼 수 있다. 즉 그 장면의 핵심 표상들이다. 그러나 토론하는 자리에서 나는 이렇게 말하지 않고, 그것들은 우리가 "범죄"라는 단어를 들었을 때 연상되는 전형적인 사례들이라고만 말했다. 그런 후에 나는 설문조사에서 말하는 '*crime*'의 의미가 그것들을 통해 충족되느냐고 물었고, 출발 텍스트에서는 경제 범죄와 온갖 종류의 절도 행위도 확실히 연상되었다는 답변을 즉석에서 들었다. 이를테면 경범죄도 포함된다는 것이었다. 그래서 우리는 두 단어 중 "범법"으로 결정하고 이렇게 번역했다.

> 요즘 독일 정부의 범법 예방 정책이 얼마나 성공적으로 이루어지고 있다고 생각하십니까?
>
> Was meinen Sie, wie erfolgreich ist heutzutage der deutsche Staat bei der Bekämpfung von Kriminalität?

그 토론에서 중요한 것은 무엇보다도 추상적인 개념들을 구체적인 예시를 통해 명료하게 파악하는 것이었다. 여기서는 이런 과정이 시각화를 경유하지 않았다고 추정된다. 예를 들어 "살인"이라는 단어에서, 총이나 칼을 든 범죄자를 떠올릴 필요는 없었다. 경제 범죄라는 단어의 경우도 시각화는 쉽지 않을 것이다. 하지만 늘 그렇듯이 핵심 표상을 생각해 냈다는 데 큰 의의가 있다.

나는 설문 전문가들과 논의하는 자리에서 가급적이면 전문 개념들을 사용하지 않으려고 자제했다. 번역학자나 언어학자가 아닌 사람들과 전문적인 논의를 할 때에는, 전문적인 개념이나 모델, 방법들을 염두에 두기는 하되, 가능하면 일상 용어로 쉽게 풀어서 사용해야 한다.

메타언어로 논증하고 전문 개념들을 적절히 활용하면, 전문가로서 진지하게 대우받을 것이다. 여러분들이 이 책을 읽고 사례들을 활용하는 동안, 이런 기회는 더욱 많아질 것으로 기대한다.

참고 문헌

Albrecht, Jörn (2005): *Übersetzung und Linguistik.* (Grundlagen der Übersetzunsgsforschung 2). Tübingen: Narr.

Alves, Fabio (Hrsg.) (2003): *Triangulating Translation. Perspectives in process oriented research.* Amsterdam/Philadelphia: John Benjamins.

Austermühl, Frank (2001): *Electronic Tools for Translators.* Manchester: St. Jerome.

Barbosa, Heloisa G. & Neiva, Aurora M. S. (2003): "Using think-aloud protocols to investigate the translation process of foreign language learners and experienced translators." In: Alves, Fabio (Hrsg.): *Triangulating Translation. Perspectives in process oriented research.* Amsterdam/Philadelphia: John Benjamins, 137-155.

Barcley, J. R., Bransford, John D., Franks, Jeffrey J., McCarrell, Nancy S. & Nitsch, Kathy (zit. als Barcley et al.) (1974): "Comprehension and Semantic Flexibility." In: *Journal of Verbal Learning and Verbal Behaviour* 13, 471-481.

Bertelsmann Universallexikon in 20 Bänden (1989). Gütersloh: Bertelsmann.

Brodbeck, Karl-Heinz (1995): *Entscheidung zur Kreativität.* Darmstadt: Wissenschaftliche Buchgesellschaft.

Bußmann, Hadumod (1990): *Lexikon der Sprachwissenschaft.* 2., völlig neu bearbeitete Auflage. Stuttgart: Kröner.

Chesterman, Andrew (1997): *Memes of Translation. The Spread of Ideas in Translation Theory.* Amsterdam/Philadelphia: John Benjamins.

Clark, Charles (1966): *Brainstorming.* Deutsche Übersetzung von B. Wimmer: München: Moderne Industrie 1966. Originalausgabe: *Brainstorming.* Garden City, N.Y.: Doubleday 1958.

Clark, Herbert H./Clark, Eve V. (1977): *Psychology and Language. An Introduction to Psycholinguistics.* New York: Harcourt Brace Jovanovich.

Crystal, David (1987): *The Cambridge Encyclopedia of Language.* Cambridge: Cambridge University Press.

Crystal, David & Davy, Derek (1969): *Investigating English Style.* London: Longman.

De Bono, Edward (1971): *Laterales Denken. Ein Kursus zur Erschließung Ihrer Kreativi-*

tätsreserven. Deutsch von Margaret Carroux und Wolfgang Eisermann. Reinbek bei Hamburg: Rowohlt. Originaltitel: *Lateral Thinking. A Textbook of Creativity*. London: Ward Lock Educational 1970.

Duden (1963): *Etymologie. Herkunftswörterbuch der deutschen Sprache*. Mannheim: Bibliographisches Institut. (Zitiert als Duden, *Etymologie*)

Duden (1976): *Das große Wörterbuch der deutschen Sprache in sechs Bänden*. Mannheim: Bibliographisches Institut. (Zitiert als Duden)

Eco, Umberto (2006): *Quasi dasselbe mit anderen Worten. Über das Übersetzen*. Aus dem Italienischen von Burkhart Kroeber. München/Wien: Carl Hanser 2006. Italienische Originalausgabe: *Dire quasi la stessa cosa. Esperienze di tradazione*. Mailand: Bompiani 2003.

Englund-Dimitrova, Birgitta (2005): *Expertise and Explicitation in the Translation Process*. Amsterdam/Philadelphia: John Benjamins.

Ericsson, K. A. & Simon, H. A. (1984[1993]): *Protocol Analysis. Verbal Reports as Data*. Revised edition. Cambridge, Mass.: MIT.

Fillmore, Charles J. (1977): "Scenes-and-Frames Semantics." In: Zampolli, Antonio (Hrsg.): *Linguistic Structures Processing*. Amsterdam: North Holland, 55-88.

Gerhardt, Stefan (1998): "Software-Lokalisierung." In: Snell-Hornby, Mary et al. (Hrsg.): *Handbuch Translation*. Tübingen: Stauffenburg, 213-216.

Gerloff, Pamela (1986): "Second Language Learner's Reports on the Interpretive Process: Talk-aloud Protocols of Translation." In: House, Juliane & Blum-Kulka, Shoshana (Hrsg.): *Interlingual and Intercultural Communication*. Tübingen: Narr, 243-262.

Göhring, Heinz (2002): *Interkulturelle Kommunikation. Anregungen für Sprach- und Kulturmittler*. Herausgegeben von Andreas F. Kelletat und Holger Siever. Tübingen: Stauffenburg.

Göpferich, Susanne (1998): *Interkulturelles Technical Writing. Fachliches adressatengerecht vermitteln. Ein Lehr- und Arbeitsbuch*. Tübingen: Narr.

Göpferich, Susanne (2002): *Textproduktion im Zeitalter der Globalisierung. Entwicklung einer Didaktik des Wissenstransfers*. Tübingen: Stauffenburg.

Guilford, Joy Peter (1975): "Creativity: A Quarter Century of Progress." In: Taylor, I. A. & Geztels, J. W. (Hrsg.): *Perspectives in Creativity*. Chicago: Aldine, 37-59.

Hagemann, Susanne (im Druck, vorgesehen für *Lebende Sprachen* 3/2007): "Zur Evaluierung kreativer Übersetzungsleistungen."

Halliday, M. A. K., McIntosh, Angus & Strevens, Peter (1964): *The Linguistic Sciences and Language Teaching*. London: Longman.

Hansen, Gyde (1999): "Das kritische Bewusstsein beim Übersetzen. Eine Analyse des Übersetzungsprozesses mit Hilfe von *Translog* und Retrospektion." In: Hansen, Gyde (Hrsg.): *Probing the process in translation: methods and results*. (Copenhagen Studies in Language 24). Frederiksberg: Samfundslitteratur, 43-68.

Hansen, Gyde (2003): "Controlling the process: Theoretical and methodological reflections on research into translation processes." In: Alves, Fabio (ed.): *Triangulating Translation. Perspectives in process oriented research.* Amsterdam/Philadelphia: John Benjamins, 25-42.

Hansen, Gyde & Hönig, Hans G. (2000): "Kabine oder Bibliothek? Überlegungen zur Entwicklung eines institutionell anwendbaren Versuchsdesigns zur Erforschung der mentalen Prozesse beim Übersetzen." In: Kadric, Mira, Kaindl, Klaus & Pöchhacker, Franz (Hrsg.): *Translationswissenschaft. Festschrift für Mary Snell-Hornby zum 60. Geburtstag.* Tübingen: Stauffenburg, 319-338.

Harkness, Janet (2003): "Questionnaire translation." In. Harkness, Janet A., Van de Vijver, Fons J. R. & Mohler, Peter Ph. (Hrsg.): *Cross-Cultural Survey Methods.* Hoboken N. J.: A. John Wiley & Sons, 35-56.

Harkness, Janet, Penell, Beth-Ellen & Schoua-Glusberg, Alisú (zit. als Harkness et al.) (2004): "Survey Questionnaire Translation and Assessment." In: Harkness, Janet A., Van de Vijver, Fons J. R. & Mohler, Peter Ph. (Hrsg.) (2003): *Cross-Cultural Survey Methods.* Hoboken, N. J.: A. John Wiley & Sons, 453-473.

Harkness, Janet A., Van de Vijver, Fons J. R. & Mohler, Peter Ph. (Hrsg.) (zit. als Harkness et al. Hrsg.) (2003): *Cross-Cultural Survey Methods.* Hoboken, N. J.: A. John Wiley & Sons.

Heath, David, Herbst, Thomas, Kucharek, Richard & Mittmann, Brigitta (1997): *Dictionary Skills. Das Workbook zum DCE.* München: Langenscheidt-Longman.

Henschelmann, Käthe (1999): *Problembewusstes Übersetzen. Französisch-Deutsch. Ein Arbeitsbuch.* Tübingen: Narr.

Hohenadl, Christa & Will, Renate (1994): *Into German. Ein systematisches Übersetzungstraining English-Deutsch.* München: Hueber.

Holz-Mänttäri, Justa (1984): *Translatorisches Handeln. Theorie und Methode.* Helsinki: Suomalainen Tiedeakatemia.

Hönig, Hans G. (1986): "Übersetzen zwischen Reflex und Reflexion — ein Modell der übersetzungsrelevanten Textanalyse." In: Snell-Hornby, Mary (Hrsg.): *Übersetzungswissenschft — eine Neuorientierung.* Tübingen: Francke, 230-251.

Hönig, Hans G. (1990): "Sagen, was man nicht weiß — wissen was man nicht sagt. Überlegungen zur übersetzerischen Intuition." In: Arntz, Reiner & Thome, Gisela (Hrsg.): *Übersetzungswissenschaft. Ergebnisse und Perspektiven. Festschrift für Wolfram Wilss zum 65. Geburtstag.* Tübingen: Narr, 152-161.

Hönig, Hans G. (1991): "Holmes' 'Mapping Theory' and the Landscape of Mental Translation Processes." In: Van Leuven-Zwart, Kitty & Naaijkens, Ton (Hrsg.): *Translation Studies: The State of the Art. Proceedings of the First James S Holmes Symposium on Translation Studies.* Amsterdam: Rodopi, 91-101.

Hönig, Hans G. (1993): "Vom Selbst-Bewußtsein des Übersetzers." In: Holz-Mänttäri,

Justa & Nord, Christiane (Hrsg.): *Traducere Navem. Festschrift für Katharina Reiss zum 70. Geburtstag* (= *studia translatologica* ser. A, vol 3). Tamperen Yliopisto: 77-90.

Hönig, Hans G. (1995): *Konstruktives Übersetzen*. Tübingen: Stauffenburg.

Hönig, Hans G. (1998a): "Textverstehen und Recherchieren." In: Snell-Hornby, Mary et al. (Hrsg.): *Handbuch Translation*. Tübingen: Stauffenburg, 160-164.

Hönig, Hans G. (1998b): "Humanübersetzung (therapeutisch vs. diagnostisch)." In: Snell-Hornby, Mary et al. (Hrsg.): *Handbuch Translation*. Tübingen: Stauffenburg, 378-381.

Hönig, Hans G. & Kußmaul, Paul (1982): *Strategie der Übersetzung*. (6. Auflage 2003) Tübingen: Narr.

Hörmann, Hans (1981): *Einführung in die Psycholinguistik*. Darmstadt: Wissenschaftliche Buchgesellschaft.

House, Juliane (1988): "Talking to oneself or thinking with others." In: *Fremdsprachen Lehren und Lernen, FLuL 1988*, 84-98.

Huber, Dieter (1998): "Phonologie." In: Snell-Hornby, Mary et al. (Hrsg.): *Handbuch Translation*. Tübingen: Stauffenburg, 47-49.

Jääskeläinen, Riitta (1989): "Translation Assignment in Professional vs. Non-professional Translation: A Think-Aloud Protocol Study." In: Séguinot, Candace (Hrsg.): *The Translation Process*. Toronto: H. G. Publications, 87-98.

Jääskeläinen, Riitta (1993): "Investigating Translation Strategies." In: Tirkkonen-Condit & Laffling, John (Hrsg.): *Recent Trends in Empirical Translation Research* (= Studies in Languages. University of Joensuu, Faculty of Arts No. 28). Joensuu: University of Joensuu, 99-120.

Jääskeläinen, Riitta (1996): "Hard work will bear beautiful fruit? A comparison of two think-aloud protocol studies." In: *MεTA* vol. 41, no.1, 60-74.

Jääskeläinen, Riitta (1999): *Tapping the Process: An Explorative Study of the Cognitive and Affective Factors Involved in Translating*. Joensuu: Joensuun yliopisto.

Jääskeläinen, Riitta & Tirkkonen-Condit, Sonja (1991): "Automatised processes in professional vs. non-professional translation: A think-aloud protocol study." In: Tirkkonen-Condit, Sonja (Hrsg.): *Empirical research in translation and intercultural studies. Selected papers of the TRANSIF seminar, Savonlinna 1988*. Tübingen: Narr, 89-110.

Jakobsen, Arnt Lykke (1999): "Logging target text production with Translog." In: Hansen, Gyde (Hrsg.): *Probing the process in translation: methods and results*. (Copenhagen Studies in Language 24). Frederiksberg: Samfundslitteratur, 9-20.

Jakobsen, Arnt Lykke (2003): "Effects of think aloud on translation speed, revision, and segmentation." In: Alves, Fabio (Hrsg.): *Triangulating Translation. Perspectives in process oriented research*. Amsterdam/Philadelphia: John Benjamins 2003, 69-95.

Jakobsen, Arnt Lykke (2005): "Instances of Peak Performance in Translation." In: *Lebende*

Sprachen 3/2005, 111-116.

Jensen, Astrid (2001): *The effects of time on cognitive processes and strategies in translation.* Copenhagen Business School, Faculty of Modern Languages. Copenhagen Working Papers in LSP.

Kade, Otto (1968): *Zufall used Gesetzmäßigkeit in der Übersetzung.* (= Beiheft zur Zeitschrift *Fremdsprachen* I) Leipzig: VEB Verlag Enzyklopädie. (= Beiheft zur Zeitschrift *Fremdsprachen* I)

Kadric, Mira, Kaindl, Klaus & Kaiser-Cooke, Michèle (2005): *Translatorische Methodik.* Wien: Facultas.

Kaindl, Klaus (1998): "Übersetzungskritik." In: Snell-Hornby, Mary et al. (Hrsg.): *Handbuch Translation.* Tübingen: Stauffenburg, 373-378.

Kautz, Ulrich (2000): *Handbuch Didaktik des Übersetzens und Dolmetschens.* München: Iudicium.

Kiraly, D. (2000): *A Social Constructivist Approach to Translator Education: Empowerment from Theory to Practice.* Manchester: St. Jerome Publishing.

Koestler, Arthur (1966): *Der göttliche Funke. Der schöpferische Akt in Kunst und Wissenschaft.* Bern/München/Wien: Scherz Verlag.

Koller, Werner (2001): *Einführung in die Übersetzungswissenschaft.* 6. durchgesehene und aktualisierte Auflage. Wiebelsheim: Quelle und Meyer.

Koller, Werner (2004): "Der Begriff der Äquivalenz in der Übersetzungswissenschaft." In: Kittel, Harald, Frank, Armin Paul, Greiner, Norbert, Hermans, Theo, Koller, Werner, Lambert, José & Paul, Fritz (Hrsg.): *Übersetzung. Translation. Truduction.* 1. Teilband. Berlin/New York: de Gruyter, 343-354.

Königs, Frank G. (1987): "Was beim Übersetzen passiert: Theoretische Aspekte, empirische Befunde und praktische Konsequenzen." In: *Die Neueren Sprachen* 87/2, 162-185.

Königs, Karin (2000): *Übersetzen Englisch-Deutsch. Systemischer Ansatz.* München/Wien: Oldenbourg.

Krings, Hans-Peter (1986a): *Was in den Köpfen von Übersetzern vorgeht: Eine empirische Untersuchung zur Struktur des Übersetzungsprozesses an fortgeschrittenen Französischlernern.* Tübingen: Narr.

Krings, Hans (1986b): "Translation Problems and Translation Strategies of Advanced German Learners of French (L2)." In: House, Juliane & Blum-Kulka, Shoshana (Hrsg.): *Interlingual and Intercultural Communication.* Tübingen: Narr, 263-276.

Krings, Hans P. (1987): "Der Übersetzungsprozess bei Berufsübersetzern — Eine Fallstudie." In: Arntz, R. (Hrsg.): *Textlinguistik und Fachsprache. Akten des Internationalen übersetzungswissenschaftlichen AILA-Symposiums Hildesheim 13.-16.4.1987.* Hildesheim: Olms.

Kupsch-Losereit, Sigrid (1997): "Übersetzen als transkultureller Verstehens- und

Produktionsprozess." In: Snell-Hornby, Mary / Jettmarova, Zuzana & Kaindl, Klaus (Hrsg.): *Translation as Intercultural Communication. Selected Papers from the EST Congress - Prague 1995*. Amsterdam/Philadelphia: John Benjamins, 249-260.

Kupsch-Losereit, Sigrid (1998): "Interferenzen." In: Snell-Hornby, Mary et al. (Htsg.): *Handbuch Translation*. Tübingen: Stauffenburg, 167-170.

Kußmaul, Paul (1978): "Kommunikationskonventionen in Textsorten am Beispiel deutscher und englischer geisteswissenschaftlicher Abhandlungen." In: *Lebende Sprachen* 2/1978, 54-58.

Kußmaul, Paul (1986): "Übersetzen als Entscheidungsprozess. Die Rolle der Fehleranalyse in der Übersetzungsdidaktik." In: Snell-Hornby, Mary (Hrsg.): *Übersetzungswissenschaft — eine Neuorientierung*. Tübingen: Francke, -229.

Kussmaul (d.i. Kußmaul), Paul (1995): *Training the Translator*. Amsterdam/Philadelphia: John Benjamins.

Kußmaul, Paul (1998a): "Die Erforschung von Übersetzungsprozessen: Resultate und Desiderate." In: *Lebende Sprachen*, 2, 1998, 49-53.

Kußmaul, Paul (1998b): "Stilistik." In: Snell-Hornby, Mary et al. (Hrsg.): *Handbach Translation*. Tübingen: Stauffenburg, 70-72.

Kußmaul, Paul (2000a): *Kreatives Übersetzen*. Tübingen: Stauffenburg.

Kussmaul (d.i. Kußmaul), Paul (2000b): "A cognitive Framework for Looking at Creative Mental Processes." In: Olohan, Maeve (Hrsg.): *Intercultural Faultlines. Research Models in Translation Studies I. Textual and Cognitive Aspects*. Manchester: St Jerome, 57-71.

Kußmaul, Paul (2003): "Der Professionalität auf der Spur." In: Nord, Britta & Schmitt, Peter A. (Hrsg.): *Traducta Navis. Festschrift zum 60. Geburtstag von für Christiane Nord*. Tübingen, 131-149.

Kußmaul, Paul (2005): "Translation through Visualization." In: *MεTA*, 2, 378-391.

Lakoff, George (1987): *Women, Fire and Dangerous Things. What Categories Reveal about the Mind*. Chicago: University of Chicago Press.

Langacker, Ronald W. (1987): *Foundations of Cognitive Grammar*. Stanford: Stanford University Press.

Langenscheidt/Collins *Großwörterbuch Englisch. English-Deutsche, Deutsch-Englisch*. (2004) Berlin et al.: Langenscheidt.

Leisi, Ernst (1985): *Praxis der englischen Semantik*. 2., durchgesehene und ergänzte Auflage. Heidelberg: Winter.

Lewandowska-Tomaszczyk, Barbara (2004): "Semantics and translation." In: Kittel, Harald, Frank, Armin Paul, Greiner, Norbert, Hermans, Theo, Koller, Werner, Lambert, José & Paul, Fritz (Hrsg.): *Übersetzung. Translation. Traduction*. 1. Teilband, Berlin/New York: de Gruyter, 301-312.

Livbjerg, Inge & Mees, Inger M. (1999): "A study of the use of dictionaries in Danish-English translation." In: Hansen, Gyde (Hrsg.): *Probing the process in Translation:*

methods and results. Copenhagen: Samfundslitteratur, 135-149.

Livbjerg, Inge & Mees, Inger M. (2003): "Patterns of dictionary use in non-domain-specific translation." In: Alves, Fabio (Hrsg.): *Triangulating Translation. Perspectives in process oriented research*. Amsterdam/Philadelphia: John Benjamins, 123-136.

Longman Dictionary of Contemporary English (DCE). (2003) Harlow: Longman.

Lörscher, Wolfgang (1986): "Linguistic Aspects of Translation Processes: Toward an Analysis of Translation Performance." In: House, Juliane & Blum-Kulka, Shoshana (Hrsg.): *Interlingual and Intercultural Communication*. Tübingen: Narr, 277-292.

Lörscher, Wolfgang (1991): *Translation Performance, Translation Process, and Translation Strategies. A Psycholinguistic Investigation*. Tübingen: Narr.

Neubert, Albrecht (Hrsg.) (1968): *Grundfragen der Übersetzungswissenschaft*. Leipzig: VEB Verlag Enzyklopädie.

Neubert, Albrecht (1988): "Top-down-Prozeduren beim translatorischen Informationstransfer." In: Jäger, Gert & Neubert, Albrecht (Hrsg.): *Semantik, Kognition und Äquivalenz*. Leipzig: VEB Verlag Enzyklopädie, 18-30.

Neubert, Albrecht (2004): "Equivalence in Translation." In: Kittel, Harald, Frank, Armin Paul, Greiner, Norbert, Hermans, Theo, Koller, Werner, Lambert, José & Paul, Fritz (Hrsg.): *Übersetzung. Translation. Traduction*. 1. Teilband, Berlin/New York: de Gruyter, 329-342.

Neubert, Albrecht & Kade, Otto (Hrsg.) (1973): *Neue Beiträge zu Grundfragen der Übersetzungswissenschaft*. Frankfurt am Main: Athenäum.

Nida, Eugene A. (1964): *Toward a Science of Translating with special Reference to Principles and Procedures Involved in Bible translating*. Leiden: Brill.

Nida, Eugene A. (1975): *Componential Analysis of Meaning. An Introduction to Semantic Structures*. Den Haag/Paris: Brill.

Norberg, Ulf (2003): *Übersetzen mit doppeltem Skopos. Eine empirische Prozess- und Produktstudie*. (= Studia Germanistica Upsaliensia 42). Uppsala Universitet.

Nord, Britta (2002): *Hilfsmittel beim Übersetzen: eine empirische Studie zum Rechercheverhalten professioneller Übersetzer*. Frankfurt am Main: Lang 2002.

Nord, Christiane (1989): "Loyalität statt Treue. Vorschläge zu einer funktionalen Übersetzungstypologie." In: *Lebende Sprachen* 3, 100-105.

Nord, Christiane (1994): "Aus Fehlern lernen: Überlegungen zur Beurteilung von Übersetzungsleistungen." In: Snell-Hornby, Mary, Pöchhacker, Franz & Kaindl, Klaus (Hrsg.): *Translation Studies. An Interdiscipline*. Amsterdam/Philadelphia: John Benjamins, 363-375.

Nord, Christiane (1997): *Translation as a Purposeful Activity. Functionalist Approaches Explained*. Manchester: St. Jerome.

Nord, Christiane (1998): "Transparenz der Korrektur." In: Snell-Hornby, Mary, Hönig, Hans, Kußmaul, Paul & Schmitt, Peter A. (Hrsg.): *Handbuch Translation*. Tübingen:

Stauffenburg, 384-387.

Opitz, Conny (2004): "Zum Aufschlusswert prozesswissenschaftlicher Untersuchungen für die Übersetzungsdidaktik." In: Fleischmann, Eberhard, Schmitt, Peter A. & Wotjak, Gerd (Hrsg.): *Translationskompetenz. Tagungsberichte der LICTRA (Leipzig International Conference on Translation Studies 4.-6.10.2002.* Tübingen: Stauffenburg 2004, 659-677.

Paepcke, Fritz (1986): *Im Übersetzen leben. Übersetzen und Textvergleich.* Hrsg. Von Klaus Berger und Hans-Michael Speier. Tübingen: Narr.

Pinker, Steven (1995): *The Language Instinct.* London: Penguin Books.

Preiser, Siegfried (1976): *Kreativitätsforschung.* Darmstadt Wissenschaftliche Buchgesellschaft.

Prunč, Erich (2001): *Einführung in die Translationswissenschaft. Band 1 Orientierungsrahmen.* Institut für Translationswissenschaft. Universität Graz (Selbstverlag).

Putnam, Hilary (2004): *Die Bedeutung von "Bedeutung".* Herausgegeben und übersetzt von Wolfgang Spohn. 3. ergänzte Auflage. Frankfurt am Main: Klostermann. Originalausgabe: Putnam, Hilary: "The meaning of 'meaning'." In: Putnam, Hillary: *Mind, Language and Reality. Philosophical Papers Vol. 2.* Cambridge: Cambridge University Press 1975, 215-271

Pym, Anthony (1992): "Translation error analysis and the interface with language teaching." In: Dollerup, Cay & Loddegaard, Anne (Hrsg.): *Teaching translation and Interpreting. Training, Talent and Experience.* Amsterdam/Philadelplua: John Benjanins, 279-290.

Reiß, Katharina (1971): *Möglichkeiten und Grenzen der Übersetzungskritik.* München: Hueber.

Reiß, Katharina & Hans Vermeer (1984): *Grundlegung einer allgemeinen Translationstheorie.* Tübingen: Niemeyer.

Rickheit, Gert & Strohner, Hans (1993): *Grundlagen der kognitiven Sprachverarbeitung. Modelle, Methoden, Ergebnisse.* Tübingen: Francke.

Rosch, Eleanor (1973): "Natural categories." In: *Cognitive Psychology* 4, 328-350.

Rosch, Eleanor (1977): "Human categorization." In: Warren, N. (Hrsg.): *Studies in Cross-Cultural Psychology.* London: Academic Press.

Rothe-Neves, Rui (2003): "The influence of working memory features on some formal aspects of translation performance." In: Alves, Fabio (Hrsg.): *Triangulating Translation. Perspectives in process oriented research.* Amsterdam/Philadelphia: John Benjamins, 97-119.

Schäffner, Christina (2005): "Über Denken reden: Zur Entwicklung von Meta-Kompetenzen in der Übersetzerausbildung." In: *Lebende Sprachen* 3, 132-136.

Schmid, Annemarie (1994): "Gruppenprotokolle — ein Einblick in die black box des Übersetzens." In: *Textcon Text* 9, 121-146.

Schmitt, Peter A. (1998): "Defekte im Ausgangstext." In: Snell-Hornby, Mary et al. (Hrsg.): *Handbuch Translation*. Tübingen: Stauffenburg, 147-150.

Schmitt, Peter A. (1998a): "Anleitungen / Benutzerhinweise." In: Snell-Hornby, Mary et al. (Hrsg.): *Handbuch Translation*. Tübingen: Stauffenburg, -213.

Schmitt, Peter A. (1998b): "Qualitätsmanagement." In: Snell-Hornby, Mary et al. (Hrsg.): *Handbuch Translation*. Tübingen: Stauffenburg, 394-399.

Schmitt, Peter A. (1999): *Translation und Technik*. Tübingen: Stauffenburg.

Schottländer, Rudolf (1972): "Paradoxien der Kreativität." In: *Zeitschrift für philosophische Forschung* XXVI/2, 153-170.

Séguinot, Candace (Hrsg.) (1989): *The Translation Prorcess*. Toronto: H. G. Publications, School of Translation, York University.

Séguinot, Candace (2000): "Management Issues in the Translation Process." In: Tirkkonen-Condit, S. & Jääskeläinen, R (Hrsg.): *Tapping and Mapping the processes of Translation and Interpreting. Outlooks on Empirical Research*. Amsterdam/Philadelphia: John Benjamins, 143-148.

Seleskovitch, Danica (1978): *Interpreting for International Conferences*, Washington: Pen and booth

Seleskovitch, Danica & Lederer, Marianne (1989): *Pédagogie raisonnée de l'interpretation*. (Collection Traductologie n° 4.) Brusselles: Didier Érudition.

Shuttleworth, Mark & Cowie, Moira (1997): *Dictionary of Translation Studies*. Manchester: St. Jerome.

Snell-Hornby, Mary (1986): "Übersetzen, Sprache, Kultur." In: Snell-Hornby, Mary (Hrsg.): *Übersetzungswissenschaft — ein Neuorientierung*. Tübingen: Francke, 9-29.

Snell-Hornby, Mary (1988): *Translation Studies. An Integrated Approach*. Amsterdam: John Benjamins.

Snell-Hornby, Mary (2006): *The Turns of Translation Studies*. Amsterdam/Philadelphia: John Benjamins.

Snell-Hornby, Mary, Hönig, Hans G., Kußmaul, Paul & Schmitt, Peter A. (Hrsg.) (1998) (zit. als Snell-Hornby et al.): *Handbuch Translation*. Tübingen: Stauffenburg.

Stanley-Jones, D. (1970): *Kybernetics of Mind and Brain*. Springfield, Ill.: Charles C. Thomas.

Stolze, Radegundis (1992): *Hermeneutisches Übersetzen. Linguistische Kategorien des Verstehens and Formulierens beim Übersetzen*. Tübingen: Narr.

Stolze, Radegundis (1998): "Sprachphilosophie (Hermeneutik)." In: Snell-Hornby, Mary et al. (Hrsg.): *Handbuch Translation*. Tübingen: Stauffenburg, 115-119

Stolze, Radegundis (2001): *Übersetzungstheorien. Eine Einführung*. 3. Auflage. Tübingen: Narr.

Störig, Joachim (Hrsg.) (1968): *Das Problnn des Übersetzens*. Darmstadt Wissenschaftliche Buchgesellschaft.

Tannen, Deborah (1990): *You Just Don't Understand. Women and Men in Conversation.* New York: Ballantine Books. Deutsche Übersetzung: *Du kannst mich einfach nicht verstehen, Warum Männer und Frauen aneinander vorbeireden.* Aus dem Amerikanischen von Maren Klostermann. Gütersloh: Bertelsmann 1991.

Tirkkonen-Condit, Sonja (1990): "Professional vs. non-professional translation: A think-aloud protocol study." In: Halliday, M. A. K., Gibbons, John & Nicholas, Howard (Hrsg.): *Learning, Keeping and Using Language: Selected Papers from the Eighth World Congress of Applied Linguistic.* Sydney, 16-21 August 1987. Amsterdam: John Benjamins, 381-394.

Tirkkonen-Condit, Sonja (1997): "Who Verbalises What: A Linguistic Analysis of TAP Texts." In: *Target* 9:1, 69-84

Ulmann, Gisela (1968): *Kreativität. Neue amerikanische Ansätze zur Erweiterung des Intelligenzkonzepts.* Weinheim: Beltz.

Venuti, Lawrence (1995): *The Translator's Invisibility. A history of translation.* London/ New York: Routledge.

Vermeer, Hans J. (2000): "Skopos and comnission in translational action." In: Venuti, Lawrence (Hrsg.): *The Translation Studies Reader.* London/New York: Routledge, 221-232.

Vermeer, Hans J. & Witte, Heidrun (1990): *Mögen Sie Zistrosen? Scenes & frams & channels im translatorischen Handeln.* Heidelberg: Groos.

Wahrig, Gerhard (Hrsg.) (1997): *Wörterbuch der deutschen Sprache.* Neuausgabe. Deutscher Taschenbuch Verlag. CD-ROM; AND Software Gmbh Deutscher Taschenbuch Verlag 1997. (Zitiert als *Wahrig*)

Wilss, Wolfram (1977): *Übersetzungswissenschaft. Probleme and Methoden.* Stuttgart: Klett.

Wilss, Wolfram (1996): *Übersetzungsunterricht. Eine Einführung.* Tübingen: Narr.

Wilss, Wolfram (2005): "Übersetzen als Sonderform des Risikomanagements." In: *MεTA*, 656-664.

Witte, Heidrun (2000): *Die Kulturkompetenz des Translators. Begriffliche Grundlegung und Didaktisierung.* Tübingen: Stauffenburg.

Wotjak, Gerd (1997): "Äquivalenz und kein Ende? Nochmals zur semantischen, kommunikativen und translatorisch-diskursiven Äquivalenz." In: Wotjak, Gerd & Schmidt, Heide (Hrsg.): *Modelle der Translation. Festschrift für Albrecht Neubert.* Frankfurt am Main: Vervuert Verlag, 133-170.

인명 찾아보기

용어 찾아보기

번역학총서 · 13

이해와 번역

초판발행 2011년 2월 25일
초판 1쇄 2011년 2월 25일

지은이 파울 쿠스마울
옮긴이 고려대학교 독일어권문화연구소

펴낸곳 고려대학교출판부
www.kupress.com
kupress@korea.ac.kr
136-701 서울특별시성북구안암동
02-3290-4230, 4232
Fax 923-6311

찍은곳 한국컴퓨터인쇄정보

ISBN 978-89-7641-738-1 94700
ISBN 978-89-7641-417-5 (세트)

값 14,000원

* 잘못 만들어진 책은 바꿔드립니다.